教育部人文社科研究项目“以‘UDS合作实践共同体’为孵化器，
促进教育学知识创生与实践转化的行动研究”（项目批准号：11YJA880134）成果

学校改进叙事丛书 / 主编 / 杨朝晖

触摸教育最柔软的地方

——北京市育翔小学的育心教育之路

胡晓峰 等◎著

北京师范大学出版集团
BEIJING NORMAL UNIVERSITY PUBLISHING GROUP
北京师范大学出版社

编　委　会

序　言

这套丛书是首都师范大学首都基础教育发展研究院依托与北京市、西城区、海淀区教委合作开展的“UDS项目”①，致力于促进现代学校改进与自主发展的实践成果。

在实践中，项目立足校本，倡导学校自主发展。他们从学校领导团队整体发展入手，自上而下启动变革；从学校发展计划入手，优化学校整体运行结构和发展过程；通过行动研究和“三微行动”(微改进、微研究与微创新)促进学校日常文化变革。在此过程中，大学项目团队以沉浸式校本支持的方式，融入学校，日常跟进，伴飞引领。同时，充分发挥UDS的合作优势，催生变革，实现了学校日常文化静悄悄的革命以及UDS合作实践共同体的共同发展。

纵观这一成果，我觉得有以下几个突出的特点。

第一，探索聚焦学校的日常文化变革和自主发展，具有前瞻性和深刻性。

长期以来，中国的基础教育改革总是停留在课程的加加减减、教材的修修改改以及教学技术的提升和模式的建构上，而该成果抓住日常生活转

① 编者注：从2010年开始，首都师范大学依托与西城区和海淀区合作开展的“UDS合作学校发展共同体建设”项目、与北京市教委合作开展的“基于UDS合作的学校自主发展行动计划”项目以及“基于UDS合作的学校自主发展与效能提升”项目，对现代学校改进与自主发展的变革之路进行了持续的探索。UDS代表三方构成的合作实践共同体。其中的U是指大学(University)；D指地区(District)，特指地方行政部门；S指学校(School)。为了方便，人们习惯将这些以UDS合作实践共同体为依托的项目统称为“UDS项目”。

型——对学校日常生活进行批判与重建，鲜明地提出“改进在日常”的学校理念，通过以“质疑、对话、反思”为特征的反思性学研文化的建立，聚焦习以为常，关注熟视无睹，重构与优化学校师生日常生活空间和生活方式，从而将中国现代化所期待的文化转型任务落到了实处。因此，这一探索是非常具有前瞻性和深刻性的。

第二，这是一个非常务实的探索，成果具有可推广性。

这种务实不仅体现在“尊重规律，回归本真”指导思想上，更体现在“改进在日常”的操作性和适切性上——校校可以改进，人人可以改进，处处可以改进，时时可以改进。这不仅激发了教育工作者不断审视自我，寻求改变的向善愿望，更唤醒了每一个教育工作者自身的主体意识，激发了每一个行动主体的创新潜能和内在的行动力，实现在学校教育各个空间的微改进、微创新，从而为学生造就新的文化成长环境。因此，这一成果具有很强的可推广性，适合于所有学校的自我变革。

第三，探索符合时代发展的要求，体现了教育改革发展的方向。

新课程改革自实施以来，非常强调和重视学校的主体地位和主体能动性的发挥。在十八大的文件中，也明确提出了教育要进行整体综合改革，强调开展学校治理与协同创新。而该成果以整体、有机、复杂的思维方式，以UDS合作实践共同体为依托，从行政文化变革入手，聚焦于学校领导团队的整体建设，充分依靠组织的结构和系统，自上而下启动变革。通过“制定、执行、总结”三个环节的优化与创新，促使学校建立起自主发展的闭环机制，帮助学校形成从宏观到微观、从整体到局部的各个大小齿轮持续自主发展和运作的良好机制，从而很好地实现了发展的迭代螺旋式上升。这一发展经验符合当前学校治理中通过结构优化功能的思想，对学校进行深层的文化变革，体现了“深综改”的理念。

第四，促进了合作文化的新发展以及教育协同合作机制的新发展。

该成果在US合作的基础上，结合我国特有的国情，生成了新型的UDS合作文化与机制。S从被动的执行者、实践者，转化拓展为主动的发展者、行动研究的探索者；U从旁观的研究者、指导者，转化拓展为学校教育实践的介入者、支持者和行动研究者；D从项目的委托者、监督者、保障者，转化拓展为实践共同体的参与者、研究者和传播者，实现了US合作文化的新发展。

这种合作共赢的结果在今天的中国教育界是非常难能可贵的，尤其是它实现了地方行政角色的拓展与改变，这样的实践成果也是不多见的。

第五，探索出了大学与中小学、教育理论与实践双向建构与创新发展的新路径。

从知识论的视角，该成果提出“以‘UDS合作实践共同体’为孵化器，促进教育学知识创生、转化与传播”的观点并付诸实践。这从一定程度上弥补了传统的“研究—开发—普及”的知识生产模式的局限，建构了促进知识创生与实践转化的新机制，实现了对教育理论与实践的双向建构与创新，为繁荣我国的教育学发展，构建有生命力的教育学做出了贡献。

总之，这是一项非常好的实践研究成果，有很多可圈可点之处，值得大力推广与践行。

我也祝愿UDS合作事业在新的教育改革背景下有更大的发展和更多的创新！

国家教育咨询委员会委员

联合国教科文组织协会世界联合会副主席

2016年，立春

总编序

致力于改变，改变静悄悄

——探索现代学校改进与自主发展的变革之路

一、变革如此之艰

正如香港学者郑燕祥所言，“这是一个激变的世代，个人求发展社会求进步，浩浩荡荡成了世界的潮流，差不多每样事物都在变化之中，教育的转变也在所难免”。① 的确，面对如此变化的世界，教育必须做出应对与改变。当前，我国的基础教育课程改革已经进入第八轮。然而，不管怎样改革，其背后都在围绕“教育应该培养什么样的人”——这一个核心问题展开。培养能够适应现代社会发展需求的一代“新人”成为时代对教育的呼唤与要求。

其实，早在五四时期，梁启超就提出了塑造“新民”的理想，他希望国民应具有自治、自尊、自信、自强、自立、进取、冒险、坚毅、尚武等西方现代精神。陈独秀也敬告“青年”，要成为自主而非奴隶的，进步而非保守的，进取而非退隐的……“新青年”。然而，一个世纪过去了，我们国家早已进入到现代化发展阶段，但是培养“现代新人”的文化使命还远远没有完成，教育改革的任务依然艰巨，国家基础教育课程改革至今还跋涉在“深水区”②中。

叶澜教授曾这样来描述基础教育改革之艰难。她说，已有的教学理论传统之长，深入实践主根之深，形成的硬壳之坚，传习的可接受性之强，都使今日教学改革面临着强劲的真实“对手”。教学改革要改变的不仅是传统的教学理论，还要改变千百万教师的观念，改变他们每天都在进行着的、习以为

---

① 郑燕祥．教育范式转变：效能保证[M]．上海：上海教育出版社，2006．

② 人民教育出版社和中国教育学会于2013年10月18～19日在上海举办的“第三届基础教育课程改革与发展论坛”，其主题为“深水区：基础教育课程改革必经之地”．

常的教学行为，这几乎等于要改变教师习惯了的生活方式，其艰巨性就不言而喻了。[①]

二、聚焦日常生活变革

的确，我们在改革中遇到的真正难题和挑战，不是课程的加加减减、教材的修修改改，而是我们习以为常的日常生活方式，是来自教育者自身文化的阻碍。早有学者对我们的日常生活进行了研究与批判。他们认为，所谓日常生活是我们须臾不可分离的活动世界。它往往是一个凭借重复性实践和重复性思维而运行，以传统习俗、经验、常识等经验主义因素为基本图式，以生存本能、血缘关系、天然情感等自然主义因素为立根基础的自在的和未分化的领域。[②] 也许初看起来，日常生活有着微不足道的卑微外观，这也正是人们经常轻视它的原因。然而，日常生活通过家庭、教育、社会示范、模仿类比等方式，自发地渗透到一代又一代日常生活的主体之中，成为直接左右人的活动的“生活的样法”，即自在的文化因素。于是，日常生活的自在性、自发性与传统文化的惰性、保守性达到了契合。重复性和自在性的日常生活为具有稳固性和惰性的传统文化因素提供了根基和寓所，而传统文化的稳定性和保守性反过来进一步加强了日常生活的重复性和自在性。[③]

因此，有的学者认为，日常生活的转型是现代现象最直观、最具特色的形态表现，也是文化的内在动力机制。中国现代化所期待的文化转型任务如要落到实处，就应当对日常生活进行批判与重建。

由此看来，如果我们不能对日常生活加以批判和突破，教育的变革只会停留于表层，而不能引发文化的真正变革。

既然日常生活变革是教育的真正变革，那么，我们能否对学校的日常文化加以改变？怎样加以改变呢？

有人说：学校日常文化是流淌在指尖却抓不到挥不去的东西；是萦绕在心头却说不清道不明的东西；是走在校园内，从空气中都能感受到却难以恰当指代的东西。那就是文化！有人说，学校日常文化是一条活动着情感、社

---

① 叶澜．让课堂焕发出生命活力——论中小学教学改革的深化[J]．教育研究，1997(09).

② 李小娟．走向中国的日常生活批判[M]．北京：人民出版社，2005.

③ 衣俊卿．现代化与日常生活批判——人自身现代化的文化透视[M]．北京：人民出版社，2005.

会习俗和群体行为的河流，永远不断地在学校内部流淌着。亚太教育研究学会会长郑燕祥教授认为："每所学校都有自己的校园文化，因此，重要的不是有没有校园文化，而是有什么样的校园文化。正确的、开放的、前进的、迈向未来的校园文化，对学校的发展自然有积极的影响，没落的、悲观的、封闭的校园文化产生的影响，必然是消极的。"

从这些理解中，我们认为学校的日常文化具有以下一些特征。

第一，群体性与弥散性。学校日常文化首先是一种群体性行为，它含涉于学校一切日常的教育教学活动中，体现在制度规范、活动礼仪、行为方式、话语内容与方式以及校园的物化风格等方面。可以说，学校日常文化无处不在。

第二，积淀性与稳定性。学校日常文化不是与生俱来的，而是经过长期的历史积淀形成的，学校日常文化一旦形成就会体现为稳定的价值观念和习以为常的思维定式、生活方式。

第三，日常性与无意识性。由于学校日常文化已经成为人们习惯了的思维方式、生活方式，因此，它就会以一种司空见惯和习以为常的无意识方式存在于日常生活的每个角落。

第四，整体性与规定性。学校日常文化是以学校群体成员所共同认定的潜规则、潜假设和价值观念为核心的学校制度规范、活动礼仪、行为方式、话语内容与方式以及校园的物化风格等内容的集合体。因此，它以整体的方式存在着。其中，潜在的规则、假设和价值观念、思维方式对人们的日常行为起着制约作用，影响和规定着人们的外显的行为和表达。

第五，复合性与建构性。学校日常文化具有复杂形态。在一所学校中，既有积极文化，也有消极文化的存在。虽然学校日常文化具有稳定性，但也不是一成不变的，经常因某些事物的介入和影响，而呈现此消彼长、不断变化的现象。

通过对以上学校日常文化的理解，我们得出如下认识。

第一，学校日常文化是学校保守文化寄居的寓所和载体。要促进学校自主发展并向现代化学校迈进，就要促进学校自主、自觉地对日常生活进行批判与重建。

第二，学校日常文化以积极的和消极的多种方式存在着，我们有必要化消极为积极，对消极的、悲观的、封闭的文化产生干预，推动积极的、进步的、开放的文化向前发展，用文化的力量变革学校，用文化的力量孕育学校。

第三，学校日常文化是人的文化，是全体成员共同创造的，虽然它对生活于其间的人有制约作用，但是学校日常文化是其与人不断进行建构生成的，因而作为具有能动主体性的人可以对学校日常文化进行改造。

第四，由于学校日常文化附着在人们日常的行为、做事方式之中，以无声的方式存在，因此，学校日常文化的改变也需要从日常例行化的行为方式入手，进行润物无声式的改变。

第五，由于学校日常文化建设是一个极其缓慢的过程，需要持久的建设与培育，因此，学校日常文化建设不仅需要耐心与坚持，更需要有不断的、持续的措施跟进，只有这样，新的文化特质才能得以诞生、固化与沉淀。

第六，由于潜在规则、假设和价值观念制约着人们的日常行为，因此，我们必须要研究服务于学校中心任务和学生需要的那些潜在规则、假设和价值观念、思维方式，并通过建立反思性的学研文化来触及它们，才能使学校发生根本性的改变。

第七，由于学校日常文化是一个由内而外的复杂结构体系，它以整体的方式存在着，因此我们也需要内外结合，从整体入手，利用多种文化载体，通过由内而外、由外而内的持续互动，才能促进变革真正发生。

正是基于以上认识，从2010年开始，我们依托与西城区和海淀区合作开展的“UDS合作学校发展共同体建设”项目、与北京市教委合作开展的“基于UDS合作的学校自主发展行动计划”项目以及“基于UDS合作的学校自主发展与效能提升”项目，对现代学校改进与自主发展的变革之路进行了持续的探索。UDS代表三方构成的合作实践共同体。其中的U指大学(University)；D指地区(District)，特指地方行政部门；S指学校(School)。(本书将这些以UDS合作实践共同体为依托所开展的项目统称为“UDS项目”)

三、致力于改变

UDS合作为我们创建了平等合作的互动关系，创建了在一起共同探索学校自主发展变革之路的平台和可能。在五年多的实践中，我们从以下几个方面进行了探索。

(一)立足校本，倡导自主

我们认为，学校是教育系统的基本组织单位，是一个自组织系统。每一所学校都是不一样的，每一所学校都有能力认识和改进自己的问题。因此，我们提出“以校为本，主体承责”，即充分尊重学校的主体地位，充分调动学校领导、教师、学生的主体积极性和责任意识，充分认识和尊重学校原有经验的价值与基础，帮助学校挖掘自身的发展潜力，依据自身的现实条件，解决自身的特有问题，实现学校的自主发展。

(二)自上而下，管理入手

不言而喻，学校领导者对于学校日常文化的形成起着重要的作用。不同的领导风格、管理方式会形成不同的学校氛围以及学校成员之间的相互关系。尤其是领导者团队秉承的教育信念、思维假定、教师观念、思维方式、工作习惯等，对学校的整体发展起着至关重要的作用，因此，我们首先从管理团队入手，自上而下启动变革，提出“成事、成人、成己”三位一体的干部领导团队发展目标。

所谓“成事”，是指提升干部作为学校组织运行环境营造者和执行者的工作效能，包括提升日常计划制订与执行的能力、活动策划与组织的能力、工作总结与反思的能力等，以优化日常的组织方式、工作流程、管理习惯等。

所谓“成人”，是指提升干部作为校本教师领导者身份角色意识的认知与能力，包括优化学校现有的提升教师的日常发展的途径与做法，如校本培养的规划与落实、参与式校本培训的策划与组织、以行动研究深化校本教研等。

所谓“成己”，是指在成就他人、成功工作的过程中，也实现自我的内在成长与工作价值感的获得。

对于这些发展目标，我们不仅仅是一般性的号召，而是通过每个学期干部领导团队的工作坊研修、沉浸式的校本支持、校长沙龙、联系工作会议、学校活动开放日、校园走访活动、专题评比等一系列的措施和路径来加以落实和跟进的，进而逐渐形成“在参与培训中引领，在差异参看中改进，在伴飞互动中成长，在校本支援中浸润，在持续跟进中突破，在自我反思中前行”的发展机制和效果。

(三)聚焦结构，优化过程

管理学结构理论认为，结构决定组织功能。因为学校组织结构规定了组织内部的职权和责任的界限，确定了学校中的信息沟通渠道和沟通方式，确立了各专业教师间的活动方式，确立了学校中的有效资源的分配，因而学校的日常运行结构会影响学校的效能和学校日常文化。

那么，怎样才能改进学校日常发展的运行结构呢？在此，我们借鉴了对过程进行改进的结构性方法——“休哈特循环”，即计划(plan)—行动(do)—检查(check)—改进(act)循环(PDCA 循环)，提出“学校因规划而长远，工作因计划而扎实，生活因策划而精彩”的理念，努力提升学校理性办学能力，建立发展的目标意识。通过“制定、执行、总结”三个环节的优化与创新，促使学校建立自主发展的闭环机制；通过“三划”能力建设，帮助学校形成从宏观到微观、从整体到局部的各个大小齿轮持续自主发展和运作的良好机制。

(四)笃行于微，改进日常

学校的日常生活存在于哪里？它存在于我们每天习以为常的日常时空和例行化的事物之中。为此，我们提出“改进在日常”。学校日常的作息、节奏、流程、节日、典礼、仪式、会议、班级、科组等都是我们进行学校日常文化变革的对象和作用空间。

在此过程中，我们依托一些小而实的载体和抓手，致力于“三微行动”(微改进、微研究与微创新)，以实现发展的迭代螺旋式上升，以重构与优化学校师生日常生活与发展的空间。

在此过程中，我们对领导者团队开展了“在相互参看中学习，在自我反思中成长”“在行动研究中发展前行”“再学行动研究”“让工作因策划而精彩”“今年我们这样做总结”等主题工作坊研修，开展了“让故事在校园流传”的教育叙事案例培训和评比，以试图通过上述手段来帮助干部“学会在熟视无睹中发现问题，学会在习以为常中反思定势，学会在彼此参看中系统思考，学会在言说表达中明晰自我，学会在交流碰撞中获取思路”。我们相信，“量的积累必然带来质的飞跃”。

(五)融入日常，伴飞引领

鸡蛋由外打破是死亡，由内打破是新生。真正的文化变革必须要建立在学校内部主体意识的觉醒与生命力的勃发之上。但是，由于我们所致力于改变的学校日常文化具有异常坚固的保守性和稳定性，学校内部成员对此常常处于熟视无睹之中，很难从内打破和改变，因此，学校就需要借助外力，撬动变革，引入“鲶鱼”，产生“鲶鱼效应”。

我们的实践证明，作为外部力量的介入者——大学人员和地方行政人员共同以合作的方式介入到学校发展的变革中，不仅是必要的，而且是有效的。

在介入学校实践变革的过程中，大学项目团队始终以智力、道德和情感三位一体的能量聚集，作为立身之本和推动变革的基本力量，坚守如下的工作理念："尊重主体，顺势而为""站在身后，不替代""做推手不做枪手""帮忙而不添乱"。

在这样的理念之下，我们首先全面沉浸了解已有文化，帮助学校找到变革的突破口。在项目启动初期，我们对学校开展了全面的文化诊断。项目所采取的沉浸式校本支持方式则显示出了特有的功能魅力。通过持续的深入现场观察和感受，我们了解和诊断出了影响学校发展的学校日常文化中存在的深层主要问题，并帮助学校制定出有针对性的发展策略。校本支持专家与学校开展的持续的"日常性互动研讨"以及穷追不舍的不断"追问式"互动，成为我们发挥外来专业人员"鲶鱼"角色，帮助学校人员破解原有的思维观念和思维方式的主要方式和手段。

(六)发挥合力，催生变革

在中国现有的文化与组织架构下，要撬动学校变革，必须多主体参与形成合力才能使变革卓有成效。为此，我们提出"UDS合作共同体"的发展理念。这种理念表达了一种"彼此平等，相互尊重，多元共生，互惠共赢"的文化追求。它表明，在UDS之间不是"指导—被指导"的关系，也不是"我和你"彼此相互分离的关系，而是同处于促进学校教育发展的"实践共同体"中的"我们在一起"的关系，是一种有机的伙伴关系。在这样一种关系中，大家彼此发挥着各自不同的作用。这是一种作为独立的主体进行相互理解、相互对话、相互影响的新型文化，是一种合作共生的"伙伴"文化。

在这样的文化中，我们努力实现着多元共发展：人与学校共发展、校长与中层团队共发展、项目团队与项目学校共发展、共同体学校共发展、项目辐射区域带动更多学校共发展。

四、这里的改变静悄悄

转眼，五年的时间过去，我们的项目在一轮又一轮的推进和实践中不断发展、成熟，我们的共同体也在"改进在日常"的文化变革中悄然改变。

三里河第三小学原来是一所区域内发展非常良好的学校，但因多种原因，出现了发展的高原期。几年来，学校在邢晓琰校长的带领下，提出“改变是为了更好”的发展理念，努力激发每个人的潜能，坚信每个人都能做最好的自己。他们从变革干部的行政会入手，依托“月工作总结表”的不断改进，提升干部的自主发展能力，并以此带动学校会议文化、制度文化、文本文化等诸多方面的变革，带领学校走上了一条“幸福”发展之路。

育翔小学胡晓峰校长紧紧抓住项目契机，借助项目专家团队的力量，整合了“行为更进”和“全元心育”两大优势，明确确定了将“以行为更进式策略，促进学校‘育心教育’办学特色的形成”作为“十二五”的学校发展方向。他们从“改变干部管理行为”入手，逐步建立了一种“调查研究—计划制订—方案解读—过程指导—及时评价—总结反馈”螺旋上升的行动研究机制，形成了在研究状态下工作的习惯和以“尊重、服务、高效”为核心的新的行政管理文化，培养出了具有“公心、责任心、奉献心”的“育心型”干部，进而为学校探索“育心教育”之路打下了坚实的基础。

北京教育学院附属海淀实验小学(原田村中心小学)，立足于学校各个主体作用的发挥，提出“教师站前排”“学生站前排”的发展理念，让日常工作都成为师生自主发展的空间。在此过程中，他们让教师参与学校办学理念的梳理，让教师接待上海校长团来访，让教师自己来决定新教师的聘任，让教师自己制定团队的榜样标准，让教师成为学校会议的主角……使得教师个个都成为学校发展的参与者、建设者，并由此带动了教师自主发展的自觉，学校逐渐呈现出“田有界，春无限”的美好景象，在有限的教育空间内创造了诸多令人惊讶的无限可能。

羊坊店中心小学沿着学校的历史脉络，创建了以“和谐、超越”为核心的奥林匹克教育理念体系，将奥林匹克教育纳入学校计划、校园文化、课程资源、学生活动、体育项目，探索出了将奥林匹克教育与学校文化相结合的管理模式、与课堂教学相结合的教学模式、与构建高素质人才队伍相结合的培养模式、与学校教育活动相结合的实践模式，走出了一条适合学生健康发展的“奥林匹克特色教育”发展之路。

“十一五”末，北京市海淀区万泉小学形成了“营造绿色教育生态，传递教育幸福”的办学理念，初步构建起了绿色教育生态建设的构架体系。进入“十二五”以后，学校深刻认识到，好的教育就是要把日常工作做好、做扎实，日常高水平才是好教育。于是，学校把项目所倡导的“改进在日常”理念作为促进学校绿色教育生态建设发展的重要指导思想，从“三划”(规划、计划、策划)能力入手，从自我反思做起，不断推进学校日常文化改进和教育创新，引领教师从个人生活“小幸福”走向职业“大幸福”，把学校办成了一所家长满意、学生幸福的绿色教育生态学校。

在进行项目总结时，项目学校的干部们说，我们的变化是微不足道的，但又是每时每刻都在发生的。西颐小学殷卫红校长说：“‘改进在日常’，这是我们最深切的体验——改变无处不在。改变会带来不适甚至阵痛，但是我们痛并快乐着！”

干部的改变，带来的是教师、学生日常生活的变化：开学典礼、国旗下的讲话，从传统的说教模式，变成了学生自己当家做主的生动课堂；家长会、教师大会，从被动听讲、接受训导，变成了主动参与、互动研讨的开放式会议；社会大课堂，从上车傻吃、下车傻玩到有策划、有组织、有研究、有体验的研究性课程；“六一”儿童节，从只是少数学生的表演舞台，变成了所有学生自己的欢乐“嘉年华”；毕业典礼，从草草收场的简单仪式变成了丰富多彩、情趣盎然的系列毕业季课程……

不仅S在发生变化，D的角色作用也在发生着变化。过去，地方行政部门开展推进工作通常是行政指令性的，受UDS合作实践共同体理念的影响，他们也逐步转变了观念和习惯。在一次次的互动与合作中，他们实现了从委托者、保障者到参与者、研究者，从评价者、监督者到激励者、传播者的角色转变。①

作为U方的大学团队，我们自身的改变与发展也极其显著。在此过程中，大学项目团队逐渐形成了发展学校的“人本”“校本”理念，形成了以整体、复杂性思维开展学校建设的思想，形成了学校日常文化变革与特色发展，校长、干部团队建设与校本教师发展等诸多领域的学校改进经验，积累生成了“立足校本的校长专业发展”“中层干部团队建设”“学校自主发展的共同体建设”“行动研究”“学校发展规划、计划、策划、总结”“平稳度过一年级”“以教育叙事促进教师发展”等多项主题的实践性知识。

---

① 刘会民，韩晓峰．教育行政部门在UDS合作共同体中的作用[J]．北京教育：普教版，2015(07)．

我们的实践成果还成为教育部人文社科项目“以‘UDS合作实践共同体’为孵化器，促进教育学知识创生与实践转化的行动研究”(项目批准号：11YJA880134)的实践研究成果。

五、绽放花开，传播种子

面对项目几年来所取得的成果，我们为之欣喜，为之激动！我们以我们的行动证明了学校日常文化是可以改变的。这种改变虽然是缓慢萌生、潜移默化的，但却是水到渠成、自然花开的。我们实现了静悄悄的革命。

为了更好地呈现项目的探索成果，传播项目的发展理念和学校的自主发展经验，我们决定出版《学校日常变革自主发展叙事丛书》。在编纂本丛书的过程中，我们力图突出以下特点。

第一，力图整体呈现每一所学校日常变革与自主发展的脉络与经验。

在每一本书中，我们不仅要让读者看到发展的成果，更要看到成果背后的故事。因为正是这些故事才是导致发展成果的真正原因，也是本丛书致力于传播的最有价值的发展经验。这些经验也许是某所学校生成的，但我们认为教育是相通的，发展是相通的。我们所呈现的每一本书，都是一所所学校自主发展的大案例。案例的传播方式不是强行的行政命令，而是读者深入其中的启发与共鸣。我们期待着我们的故事能对更多有志于学校自主发展和教育变革的同人有所启发与引起共鸣，以让我们的项目理念和成果能在更广博的教育大地上传播和辐射。

第二，正确处理项目推动与学校自主发展的互动关系。

在学校发展的过程中，尽管UDS项目对学校的发展起到了很大的促进作用，但是，我们依然认为内因决定外因。作为一种外部的介入力量，如果没有学校自主发展意识的觉醒和能动作用的发挥，再强大的外力也无济于事。因此，在日常实践中，我们强调“顺势而为，整合融通”，努力将项目的发展理念，有机融入学校的日常发展之中。在丛书的编写过程中，我们也注意处理好学校自主发展与项目推进之间的关系，将学校的自主发展作为叙述的主线，而将项目的推进作为学校发展的背景或推动的外界因素来处理，以便让读者能更好地吸收来自学校一线自主发展的经验。

第三，鼓励学校以教育叙事的方式进行自我表达。

教育叙事探究倡导教师在研究时，不是去写那些自己并不熟悉的理论性文章，而是关注发生在自己真实教育生活中的实践本身，关注从内心流淌出来的声音，从而改进和重建自己的教育生活。因此，有学者认为，教育叙事为教师提供了一种可以让理论界听到教师自己声音的方式。它表明了叙事性的教育表达与科学性话语具有同样的地位，从而为教师在研究中的解放与赋权找到了一种现实的途径。我们很赞同这种认识，因此，非常鼓励学校以自己的叙事方式表达自己的实践与认知，以帮助他们建立起自己的专业自信和实践理性，为建立具有鲜活生命力的中国教育学做出自己的贡献。

第四，重结果，更重过程。

能够组织编写出丛书固然可喜，但是我们更加看重出书的过程。常常听到这样的声音，“让我们干可以，但让我们写，不会”。这正是一线教育工作者的真实写照。平时让大家写篇案例、总结、发言都不容易，更何况要写一本几十万字的书呢！因此，每一本书稿的新鲜出炉，都来之不易，经历了很多风风雨雨、沟沟坎坎。在成书的两年时间里，从坐在一起梳理学校发展线索，到逐步明确指导思想和撰写定位；从先堆砌出一堆堆原始素材，到逐渐拆分缕析，分门别类；从分工到人到组，生成每一章、每一节的主题和标题，再到一次次的讨论、修改，推倒重来……一次次的皱眉与流泪，一次次的颜开与欢笑，都构成了编写这部丛书的真实意义。

丛书的编写为每一所学校提供了重新认识教育、重新认识自我的机会、形式与可能。在编写的过程中，每个故事的叙述主体都实现了对自我的不断理解与审视。这不仅外化了他们的实践智慧，帮助他们实现了从观念到行为的转化与强化，更促进了他们对自身生命意义与价值的内在肯定，强化了每一位参与者的教育信念和教育自信，实现了从原文化到新文化的跨越与新生！因此，编写丛书的过程固然很艰辛，但是，我们认为这一切都是值得的！

迈克尔·富兰说：变革是一项旅行，而不是一张蓝图。[1] 他旨在说明变革的不确定性和复杂性。而聚焦于日常生活变革的学校自主发展与改进更是一项复杂的变革，充满了未知、艰难和阻碍。但是，在变革面前，问题恰恰是我们的朋友。我们不仅有“问题的朋友”，更有在一起共同面对问题的UDS项目的伙伴朋友。我们相信，通过这样的风雨同舟，通过这样的艰难

---

① 迈克尔·富兰．变革的力量——透视教育改革[M]．北京：教育科学出版社，2000.

与共，学校教育一定会朝着我们心中的理想目标不断迈进。

同时，我们也相信种子的力量，希望这套丛书能像蒲公英的种子那样，在广阔的教育大地上不断生根、发芽、开花、结果……

我要特别感谢国家教育咨询委员会委员陶西平先生，北京大学陈向明教授，北京市教委基础教育处张凤华处长，西城区教委赵蓬欣主任、张燕军主任、芦乃静科长，西城区教科所林春腾所长，海淀区教委张彦祥主任、吴瑾科长，海淀区教科所吴颖慧所长，首都师范大学首都基础教育发展研究院郑开义院长、张景斌院长、王海燕院长。因为有了你们的支持与帮助，才使得我们的项目得以启动与发展；因为有了你们的关注与鼓励，才给了我们不断前行的力量。

在这里，我更要感谢UDS合作实践共同体的所有伙伴们。“伴飞”的形容真是再贴切不过了！五年的风风雨雨，五年的伴飞历程，不仅让我们彼此成长、成熟，更让我们的心连在一起，收获在其他的工作中难以获得的幸福和快乐。虽然一路风雨兼程，但是，我们从不言弃，因为在那遥远的地方，一直有我们追逐的目标和梦想。

最后，我也要感谢出版界的朋友。正是因为有你们的赏识与推动，才有了我们今天的付梓。谢谢你们！也谢谢所有对我们的项目推进做出贡献的人们！

杨朝晖

首都师范大学

2016年2月22日

目录 CONTENTS

工作以来，经我手制订的大大小小的计划很多，这对我来说已是轻车熟路。让我没想到的是，“伴飞”行动竟是从计划开始的，而我在新学校的工作呢，也在计划的改进中开始并展开着……

第一章　美丽相遇，踏上新途

你是我今生最美丽的相遇
寻寻觅觅
茫茫人海终于找到你
一路有你
天涯海角不是遥远的距离

你是我今生最动人的传奇
来来去去
滚滚红尘注定遇见你　一生有你
青葱岁月充满温馨的记忆

这是一首名为《你是我今生最美丽的相遇》的歌词片段，描述的是一段恋人的相遇相知。人生又何止与恋人的相遇相知呢？茫茫人海，芸芸众生，人的一生会相遇多少人和事啊！相遇是一种偶然，相遇也是一种缘分。有时相遇很平常，擦肩而过，转瞬即逝；有时相遇却很美丽，很神奇。而我与育翔小学和UDS伙伴们的相遇，则可以称为是一段美丽的相遇。

第一节　一纸调令，相遇育翔

从2003年做校长至今，我任职过四所学校。2009年7月，是我在复兴门外第一小学(以下简称“复兴门外一小”)工作的第18个月。经过18个月的努力，我了解了学校、教师，理顺了各部门的工作头绪，正在按照制订的办学思路，总结学校期末工作、思考安排假期和新学期计划。这时，我突然接到教委的一个电话，把我叫到了教委组织部。领导的谈话直接切入正题：根据工作需要，调我到育翔小学接任校长。这项任务是没商量的，要求放假前报到，两边的交接都要做好。突然的调令，让毫无思想准备的我很是纠结：刚刚那么艰难地使复兴门外一小的工作进入正轨，离开真是遗憾；而即将调任的育翔小学又是一所全区出名的优质学校，这对我来说，无疑又是一次新的挑战。没有更多的准备时间留给我纠结，领导的信任、工作的压力让我结束了在复兴门外一小的工作，又一次走上了领导一所新学校的征程。

一、美丽校园，梦圆之乡

2010年7月10日，如空降兵的我只身来到育翔小学。走进育翔，校园里一片生机勃勃的景象不禁深深地打动了我。

校园的早晨，美丽的花朵欣喜地看着空中的云朵，从它眼中映出那镶着金边的朝霞。地上的嫩草浅浅地笑着，头顶两层楼高的树木伸直了手臂，不断地召唤着太阳，争着、抢着第一缕阳光。太阳渐渐露出了半边脸，同学们也陆陆续续来到了学校。听，教室里书声琅琅，整齐的读书声，余音绕梁。生机勃勃的人在生机勃勃的景中，生机勃勃的景映出生机勃勃的人来……

这就是育翔小学——西城区北部地区知名度较高的一所学校。学校大门设计独具匠心，在两扇主体大门之间，镶嵌着36只金色和平鸽，它们昂着头、张着翅膀围成了“育翔”的字母缩写“Y”“X”。在和平鸽的周围，雕刻着100朵金色小花。经询问，我了解了其中的涵义：36只和平鸽代表着育翔的全体学生(学校原规划为36个教学班)，100朵金色小花代表着育翔的全体教师。它预示着育翔小学的每一名学生将在老师的精心呵护下，像和平鸽一样，搏击长空，振翅高飞！

学校由一栋“回”字形教学楼和一栋综合楼组成，醒目的办学目标“以人为本、严谨治学、和谐发展”高高地镶在外墙上。楼内设有演播室、多媒体教室、计算机教室，并设有音乐、美术、科学、劳技、形体等专业教室，各教室均备有多媒体教学设施。

驻足在学校二楼东侧的“心心屿”小屋，犹如进入了童话的世界。“团团圆”“哈哈乐”“悄悄话”“对对碰”四个板块深深地吸引了我。这是同学之间、师生之间、教师之间、家校之间，心与心沟通、心与心碰撞的地方，是让大家心灵休息的岛屿。

回眸操场上，鲜艳的国旗迎风招展，同学们正迎着太阳生龙活虎地运动着……他们是祖国的未来！他们将去开辟，去探索，去奋斗…… 他们将创造未来的辉煌！

金色的太阳将金色的光辉洒向金色的校园。育翔，生机勃勃的校园；育翔，美丽可爱的校园！

漫步育翔校园，看着可爱的孩子们，让我不由得想起散文家苇岸在《现代的城市孩子》中写过的一段话：“现代的孩子隔绝于孕育万物的风雨和泥土，远离童年游戏，远离儿童天然的集体主义，闲置起造物者为行走而赋予人类的双足，过多地享用和获取，他们的性格中将缺少坚毅和创造力，缺少意外、恐惧和冒险，他们将来回忆的将是失去色彩的童年。”

的确，现在的独生子女一代从表面上看，绝大多数都拥有最幸福、最快乐的童年，衣食无忧，备受宠爱。然而，时代的烙印、政策的缺憾，让这些本该绚丽多彩的童年却少了一份色彩，多了一份沉重；少了一份烂漫，多了一份忧虑；少了一份轻松，多了一份忙碌……每每看到现实中苇岸所描述的画面，我的内心都会涌动出一股力量，推动着我为了让孩子们拥有一个快乐美好、多姿多彩的童年而不懈努力，不断追寻、探索。

尽管这么多年来我的工作岗位一直在变动，但始终不变的是时常在我心中涌动着的那份教育的情结，那就是我深信每一个学生都会拥有属于他们自己的灿烂人生。在他们的童年时代，作为教育者就要悉心地呵护他们的心灵，留住孩子的天真，留住孩子的天性，留住孩子的自然，留住孩子的梦想，留住属于孩子的一切……

而今天，当我迈入育翔校园的时候，这个以关注孩子身心健康成长为首要目标，将心理健康教育作为发展特色的学校；这个以严谨、规范与高质而著称的学校，深深地吸引了我的目光。尤其是学校提出的“创造适合每个学生的教育”的办学理念和“全元心育”的办学思想，更让我心仪，让我心动。在这里，我与育翔之间好像有了某种契合——做“滋养心灵的教育”，关注学生心灵的成长，在孩子们的心中打下一道亮丽的底色，让他们感受生命的美好和人性的可贵，让他们满怀自信地朝着自己心中的梦想快乐地飞翔。啊，育翔，这里难道不就是我实现教育梦想的理想之地吗？

二、回首往昔，思绪如潮

漫步育翔校园，也让我思绪如潮。1986 年师范毕业后，我被分配到西城区中古友谊小学(以下简称“中古”)工作。当班主任、教语文课、当大队辅导员，年轻的我，努力地和孩子们打成一片，受到他们的喜爱，也不断做出点成绩，干劲儿倍增。这些年来，我一直忘不了“中古”，因为那是我梦寐以求的教师生涯的开始；我一直感恩“中古”，因为在这个奋进的团队中，在教师们敬业爱生的良好职业道德影响下，我懂得了做人要诚实善良，正直无私；做事要脚踏实地，追求完美；待人要真诚友善，宽容大度。这为我后来作为校长形成真诚待人、踏实做事、追求完美的管理风格奠定了基础。我在爱的奉献中快速成长，也一点一点地理解、感悟到教师之爱。

2003 年，带着对“中古”的眷恋，带着对教育的美好梦想与追求，我开始了作为校长的一段全新的职业生涯。十年间，我先后担任雷锋小学、力学小学、复兴门外第一小学、育翔小学的校长兼党支部书记。期间我最大的感悟是：每所学校在历史的发展过程中都有着各自的历史积淀与文化传统，也有着独特的办学风格与发展脉络，这是一种重要的、不容忽视的教育、发展资源。而一所学校的成长，恰恰取决于“学校精神”的塑造。

接任北京雷锋小学校长时，学校开展“学雷锋”活动已经 30 年，校名彰显着学校的办学特色。雷锋精神对小学生来说最为重要的是什么？怎样才能让雷锋精神真正走进孩子们的生活？我在与干部教师深入的研讨中，明确了“像雷锋那样做人成才”的核心理念，依托“小学生正确价值观形成策略”课题研究，创编了低、中、高年级三册校本教材《雷锋精神代代相传》，传承发展学校特色，把学雷锋教育引入课堂，融入学生的生活，师生活力得到激发，学校得到快速发展。当三年后再次接受全面督导时，学校综合评价获得优秀。

在雷锋小学，我是满腔热情地摸索着干，我感受到表率作用的力量，懂得了学校特色是发展的最大优势，学校需要在传承中发展。

力学小学是一所有着丰富教育资源与优良办学传统的百年老校，教育教学质量高，曾因在西城区“金秋杯”教学大赛中获得三连冠而享有盛名。2006 年，当我来到力学小学时，正值西单地区改造，学校变迁，骨干调走，生源减少……如何让力学小学这所百年老校重新焕发青春？

在深挖校史、系统梳理后，我感到“致力于学”是能够代表力学小学过去、现在，也将影响力学未来的学校精神，应该成为力学小学的核心文化价值观。于是，我明确了“以文化塑形象，以质量求生存，以特色创品牌，以精品促发展”的学校发展战略和“通过建设‘一主、两翼’发展学校特色”的办学思路。所谓“一主”，是以“自主”为发展的主导方向，构建以学生身心健康发展为中心的自主教育德育体系和构建以学生主体学习能力发展为目标的课堂实施模式，努力构建校本课程新体系。所谓“两翼”，即以“中华经典文化教育”和“英语教育”为内容，凭借“诵读国学经典，内塑民族气质；触摸西方文化，外拓国际视野”的主题教育构建学校特色品牌。

围绕核心文化，我们还不断挖掘“学”的含义，丰富它的内涵。对于学生，“学”即“学习做人的道理，学习学习的方法与能力，学习生活的方式与技能，学习创新的意识与途径”。对于教师，“学”即“学习专业理论知识，学习教育教学方法，学习相关技能技法”。教师要创造性地从事教育教学工作，不断完善、发展自我，为学生、学校的发展，努力成为“爱教、乐教、善教”的学者型教师。“致力于学”的核心文化激发了教师的潜能，引领学校把优势做大做强，教学质量逐步回升，一批骨干教师脱颖而出。

在力学小学，我的研究意识在提升，在挖掘、发展核心文化的过程中，教师的发展促使我实现了从“关注做事到关注人的改变”——关注师生的需求、困难、情感、生活……

2009 年，我走进了复兴门外第一小学。这是一所由三所规模相当的学校合并而成的组合校。合并之初，为了稳定，全部人员安排岗位。随着生源的逐年减少，富余人员增多，工作量不满，整体工资不高，整体发展动力不足。摆现象、找原因，在艰难的座谈、沟通、分析后，我和干部达成“在学校的不断发展中逐步解决问题”的共识，确定了“树口碑、立形象、促发展”的近期目标和“稳定、融合、发展”三步走战略，并大力倡导“家和万事兴”的“家文化”，以此凝心聚力。同时，以“爱”为核心提出“和美教育”办学理念，汲取三校精华，形成合力，打造学校特色。一年多的时间中，教师通过参与学校管理、建设，充分体现主人翁地位，建立起与学校同舟共济的归属感。原有的优势整合后得到发展，学校鼓号队代表西城区参加了新中国成立 60 周年国庆阅兵仪式；学校成为北京市科技示范校。

在复兴门外一小，我懂得了做事不能急功近利，管理有时候需要放慢脚步、承认差异，善于发现闪光点，通过放大优点、弥补不足，最大限度地调动和激发各类教师的积极性，发挥管理的最大效能。

而今，我又来到了育翔小学，在我心目中，育翔小学是很多人向往的优质资源校，有着前瞻的理念、优秀的团队、辉煌的业绩，也正因此，我的内心又充满了不安：我能做好吗？我有这个能力做好吗？但是，当我回想这些年自己所走过的路，所经历的历练，想起我身后站着一支强大的 UDS 项目专家支持团队，我又增强了某种自信……

第二节　牵手“伴飞”，相识新知

随着全国第四次教育工作会议召开，《国家中长期教育改革和发展规划纲要(2010—2020)》的颁布，可以说中国教育进入了一个全新的时代。国家对未来教育发展和人才培养都提出明确的目标和要求，也为基础教育改革与发展指明了方向。教育要尊重多元，倡导生态多样性，体现现代社会的重要价值观念和文化形态的全新理念，使我们意识到开展立足于自主的学校特色建设，是教育自觉应对社会时代变革的必然结果，也是学校教育自身的使命所在。而《首都教育发展规划纲要》提出的“为每一个学生提供适合的教育，为学生的终身发展和幸福生活奠定坚实基础”的目标，则要求我们的教育要适应学生健康成长，满足全面发展的需求。作为教育资源优质区，2010 年西城区进行区域合并重组，实现强强联手，明确提出了区域教育发展的目标——“校校精彩，人人成功”，特别强调了每一所学校在全面发展的基础上，要有特色。

一、牵手首师，结为伙伴

为了实现自己的区域教育发展目标，为了充分利用和发挥首都的教育资源优势，西城区教委联合北京师范大学、首都师范大学、北京教育学院三所高校，启动了“高校支持学校发展项目”。这一项目旨在借助高校智力资源，提升学校办学品质，促进学校内涵发展，提升校长的办学领导力。非常幸运的是，我们育翔小学与首都师范大学合作签订了“UDS 合作发展共同体项目”。

这一项目是具有一定行政色彩的工作项目，是以学校实践改进为直接目的，以促进学校全面改进和内涵发展为指针的行动研究，是地方行政部门、大学、学校三方合力共建的计划。其中U是指大学(University)，D指地区(District)，特指地方行政部门，S指学校(School)。UDS代表三方构成合作共同体。我们一直把它简称为“UDS项目”或“伴飞计划”。

UDS项目由首都师范大学杨朝晖教授主持。项目主要的研究目标是立足于学校整体变革，探索学校组织生态环境下的干部管理团队与教师发展机制；提升学校自主发展能力；促进学校日常文化变革。同时，培育、固化学校自主内涵发展经验以及大学与教育行政部门、学校合作经验，以引领、带动区域更多学校发展。

项目在“科学发展、人本发展、校本发展、内涵发展、共同发展”理念的指导下，努力建设一种“相互尊重，平等合作，多元共生，互惠共赢”的合作共同体文化，试图通过合作共同体的建设，拉动UDS三方、理论与实践工作者、区域与区域、学校与学校、校长与干部管理团队之间的相互学习、对话和自我反思，以实现共同体的共同发展。

为了促进学校和共同体的共同发展，项目采取了“整体推动与校本发展相结合；个体支援与团队支援相结合；调研诊断与日常实践持续改进相结合；先行设计与过程反思调整相结合；整体构建与局部突破相结合；实践典型引路与理论引领相结合”等实施策略。通过以牵动全局而又“近、小、实”的日常改进为抓手，促进学校观念转变，催生新行为发生，最终实现学校的可持续发展。

这是一个非常接地气的务实项目。它并没有提什么高大上的口号，而是立足于学校内部条件和个性发展需求，通过最大限度地发挥学校内部人的主观能动性，利用一切可利用的内、外部资源，提升学校自主发展能力，实现学校的可持续发展。

我们尤其欣赏项目团队立足校本的沉浸式校本支持方式。每周每校有专人融入学校，顺势而为，持续跟进学校发展生长点，帮助我们开展量体裁衣式的学校改进。因此，我们的合作定位于学校的自身建设，我们的重心在于通过专家团队高层次的理念引领，转变思维模式，借助大学为我们搭建的平台拓宽教育视野，利用区域间、校际间交流研讨，借鉴彼此的办学经验。更重要的是，在合作、研究、实践中促进我校管理团队和教师团队的发展，实现学校文化的变革，为我们插上追逐教育梦想的翅膀。

二、项目相随，温暖心扉

其实早在2009年5月，在UDS三方正式签约仪式之前，项目组的专家团队就已经开始前期的调研工作了。那时，我还是复兴门外一小的校长。

杨朝晖教授带着她的团队来到了复兴门外一小。他们以自己特有的方式、视角，开展听课、调研、访谈活动，在参与中了解学校、干部教师，与我们一道分析学校发展的优势与不足，与我交流学校发展的思路，分析学校发展的现状，在不断沟通中帮我明晰办学理念，梳理发展思路。

在短短不到两个月的时间里，项目组真心、实干的工作作风给我们留下了深刻的印象。两个月以后，随着我来到育翔小学工作的新安排，教委领导决定让项目组跟随我到新的学校，继续伴我在新的岗位上一起成长。

当得知这一消息后，我感到无比温暖和喜悦。我想，有教委领导的厚爱，有专家团队的强力支持，我还有什么理由不把育翔小学办好呢？想到这些，我内心充满了力量。

第三节　培训起步，相聚团队

应该说我是在项目组的陪伴下走进育翔小学的。因为有项目组的相伴，我内心踏实多了，脚步也更坚实了。然而，面对这样一所新学校，挑战与困难依然是不能绕过的。

正是因为育翔小学的优秀，它成为了西城区干部成长的摇篮。当我接手育翔小学的时候，我们面临着三位干部的调离与升迁，留给我的是一支年轻、富有朝气，但也缺少经验的干部队伍。他们率真，对工作充满热情；他们踏实，对工作严谨认真；更重要的是他们爱育翔，希望腾飞。

我将如何带领这支年轻的团队，他们对于我这个空降校长又持以怎样的态度呢？我如何在短短的时间里尽快将他们凝聚，形成一支有战斗力的团队呢？显而易见，这是我这个新校长首先想到的一些问题。然而，一切都是那么的巧合和顺理成章。项目组组织的第一次工作坊研修，一下破解了我的工作难题，让我和我的团队迅速融合、凝聚。

一、别样培训，别样收获

2010年8月下旬，酷暑骄阳的日子，本应该清闲地消夏避暑，寻取阴凉。然而，育翔小学的行政干部们却顶着烈日，放下各自的出行计划，从四面八方赶来，只为参加“UDS项目”所组织的“学校发展从我做起，从计划开始”的工作坊研修。

(一)学校发展从我做起

在延庆的中银酒店，来自海淀、西城和延庆的80多名“UDS项目”的伙伴们聚集一堂。顺着人流，带着某种希冀或是渴望的我们步入了会场。人真多啊！会场不大，却布置精致。会幅醒目，人员按校为坐，甚是温馨。只见几台摄像机静静地立在那里，倒多了几分庄重。人流穿梭，各自做着会前的准备，那么多陌生的面孔，大家相互招手致意，彼此相望。点头、摇头、默然、彷徨、欣喜，每个人脸上的表情都在告诉对方，我和你一样，不知道这将是一场怎样的活动。“UDS项目”将带领我们经历怎样的旅程？收获的又是一种怎样的希望？两天的时间，我们会不会由生疏而转为熟识呢？那标语的内容到底是什么含义呢？然而，在随后的活动中，所有的疑问都渐渐有了答案。

杨朝晖教授首先为我们解读了“UDS项目”的含义和追求，介绍了工作坊研修的特征——这是以现实问题的研究解决为引领，以弹性化的研修活动设计为依托，通过自我反思和同伴互助的团队学习与行动学习来相互提升的参与式研修方式。其中，“平等、主体、对话、生成”是参与式研修最独特的魅力。

杨教授的话音刚落，我们就认真地把这句话记到了本子上。但真正让我们感受到工作坊魅力的，还是杨教授带领我们开展的破冰活动。

“让我们彼此相识吧。请1～6报数，进行随机重新分组，然后相互以自己特有的方式告诉对方：我是谁？认真倾听了解他(她)是谁。”

大家在茫然中离开各自的集体，然后重新组成一组。此时，陌生的育翔团队对我来说竟是那样的亲切和温馨。带着恋恋不舍，也带着莫名的紧张，我择一不显眼处慌忙落座，环视着周围十几个无比陌生的面孔，蓦然发现，他们的脸上也和我一样写满了忐忑不安。就这样，陌生的人拉起了手，组成了一个圆环，开始用自己的方式向大家介绍：“别看我个儿矮，我可负责学校体育科任教学”“我性格活跃，做学生思想工作的”……由惊异、好奇再到喜欢、熟识，这一过程竟在这么短的时间内完成了。

紧接着，杨朝晖教授又提出了进一步的任务：“我到底是谁？请用一个比喻或意向来描绘自己目前的职业生活状态。”我们每个人开始在纸上描绘自己的工作状态。

静下心来想想，每天的工作很忙，很累，不得停歇，此时扇动翅膀的小蜜蜂在花间采蜜的形象在我脑海盘旋。对，就是它，飞到东、飞到西勤劳地采着花蜜。大家用不同的方式表现着自己目前的工作状态和角色定位：有的画的是一只小乌龟，昂着头，慢慢地向前奋力爬行。她说，我虽然慢，但我真的很努力，很坚持。有的画的是一只小蜗牛，背上背着厚厚的壳。他说，背上的壳很沉，但它是我生命的一部分，所以我不能放弃，只有不断向前。

在共同的分享中，大家感悟到人的一生就是在不断扮演各种社会角色，从而实现人的社会化的过程。对于教师本人来说，做教师不仅是一种职业，还是一种个人的生活状态！教育的成功主要靠良好的生命状态，每天与孩子的相遇就是生命的相遇。

当大家的认识上升到这样高度时，杨教授又转而向我们提问：教师实现生命价值的场所在课堂，那么作为管理者呢？我们实现生命意义的场所在哪里？我们在为谁而工作？为什么而工作？

大家因这两个带有深层次思考的问题而陷入到深深的沉思中。是啊，我们管理工作的意义又在哪里呢？我们工作的理念是什么？我是否看到和感受到了我的管理工作给我带来的内在的价值和欢乐？

此时，杨朝晖教授顺势让大家落笔内化：书写我们对自身作为管理者发展的新期待。

此时，周围静极了，只听到下笔的“唰唰”声。大家已经完全陶醉于这种富有激情与思考的学习中。在20分钟的汇报中，我们的干部回答说：“我们终于明白一个干部对自身角色的期待应该是这样的：让自己从‘管理者’到‘领导者’，让自己成为自身生命价值和理想教育的‘追求者’，让自己成为自主自觉终身学习的‘发展者’，让自己成为不断探索的‘研究者’和‘创造者’。”

期待是一种愿望，是一种力量，更是一种效应。我们开始在自我的期待中有了新的憧憬、萌动。“独特的工作坊，别样的内心体验，我们在亢奋中憧憬着，在碰撞中感悟着，在对比中思考着。”我校的干部黄蕾如是说。培训让干部们明确了个人与学校发展的关系，形成了“学校发展从我做起”的共识。“学校的发展从我做起，从干部开始”的研修目标就这样悄然实现了。

(二)学校发展从计划开始

“现在我们头脑风暴。请用比喻的方式与你身边的伙伴进行交流：我们为什么要研究计划？计划对于学校意味着什么？”工作坊新的研修内容开始了。

此时，大家已经开始喜欢这种特殊的培训方式了，彼此交头接耳，点头、摇头，打着不同的手势，相互碰撞着自己对于学校工作计划的理解，神情是那样的专注和认真。

在大家的相互碰撞中，计划就如菜谱、药方、家庭发展蓝图、建筑设计图、程序、节目单等一系列比喻和意向被激发出来。在不同的意向解读中，计划的意义和价值以及特征被逐一揭示出来。

正如杨教授所说，计划是开展学校发展行动的重要依托和载体。计划的制订可以清晰发展思路，明确发展任务，约束实践行为，提供评价反思依据。通过杨教授的讲解，我们了解到工作计划不仅作为一种文化的窗口和建设的载体，更是一种组织的任务运行结构。最终，计划是学校行政管理的重要手段，是学校行政文化的重要组成部分，也是学校组织的任务运行结构。从一定意义上说，它规定着学校日常的工作轨迹和内容，决定着生活在学校里的人的生活状态和行为方式，决定着一个学校的文化内涵和方向以及学校的效能。因此，我们应该对学校的工作计划给予足够的重视。

在理论的指导下，我们开始案例学习：我们以几所学校的计划文本为案例，共同研究发现这些计划中存在哪些问题，一个好的工作计划文本应该是怎样的。拿到计划文本，伙伴们开始兴致勃勃地分析。大家发现，有的计划中有目标没内容；有的有内容，没措施；还有的有任务，没分工。之所以出现这些问题，大家觉得主要是由于缺少充分的研究和准备，缺乏整体协调意识，没有用计划检验、考评工作。还有对问题缺乏自身的系统思考与研究，计划罗列的许多事项缺乏主线和重点，工作中眉毛胡子一把抓了。再有就是干部的管理理念和方式存在问题，计划行为主体错位，只有要求，没有引导和帮助。

通过对问题计划的挑毛病、找问题，什么才是一个好的计划的概念内涵也就逐渐在我们的头脑中建立起来：好的工作计划要结合校情，有自己明确的目的性，为什么要做，解决什么问题要清晰；计划要有重点，要用发展主题串起相关工作，形成拳头；计划要体现先进的教育理念和管理理念，要体现出以人为本，以教师和学生的发展为中心。计划还应具有整体性、层次性和协调性，全校各部门一盘棋；计划应可操作，重落实，分工明确，具有跟进行为与措施，落实到校历和日常工作中；应该用计划进行工作评价，形成有效的工作机制……

短短两天的工作坊研修很快结束了，但留给我们的感悟是深刻的。从教多年，从未有如此的培训能让人始终处于一种激情与亢奋之中。在短短的时间便调动起人内在的无限潜能，将人的潜力发挥到极致，收获自然是满满的。

【感悟分享】

独特的工作坊，别样的心体验

——黄蕾

回想这次研修的成功，我觉得项目组精心的设计安排是此次培训带来非凡感受的关键。

首先，从游戏引入，瞬间将彼此的陌生变为熟识，将现场的沉闷化为活跃。以本身熟悉的工作为导线，用生活中的某些意向、画面勾画出自己的工作形象，进而确定自己的角色定位。从角色入手，深入到教师角色，再到管理者的角色。从管理者引出学校计划的制订与实施，以及正确计划的模式。在此基础上再以实际案例为文本进行研讨，找到文本的不足，进而修改案例，制订更加理想化的计划。培训的环节一环套一环，紧张有序，新颖充实，有自主，有互动，有交流，有讨论，有汇报。多样的形式，调动起了所有参会干部的热情，让每个人在短暂的时间里都能做培训的主人，主动地思考，主动地行动。这正是这次培训获得成功的原因。

其次，兄弟校之间精彩的汇报与分享，也让此次培训色彩纷呈，人才辈出。

活动过程中，分别穿插了两个学校的案例分享以及全体交流，另外还有若干个学校汇报。每个学校的理念是不一样的，甚至每个区也存在着某些差异，再具体到干部身上也有不一样的差别。海淀区的干部外向，开朗；西城区的干部内敛，低调；远郊区的干部则奔放，激昂。虽然理念不同，但每所学校的汇报却都是精彩而又独特的，每一次都让我们赞叹不已，深深佩服。他们的睿智、果敢、应变等特殊的能力让我们看到了人与人之间还是有很大的差异，也看到了自身所缺少的一些东西。感谢这次培训，使我能跨出本区的限制，感受各区不同的教育风采，结识了众多不一样的朋友。

最后，工作坊式的培训风格，让此次培训与众不同。

重在参与，重在获得。所有的程序设计都旨在调动全员参与。每个人都处在学习的氛围之中，并感受着这种氛围带来的强烈刺激，正是这种外来的强有力的刺激，调动着每个参与者本身的内在动力，激发他们自身的潜能。这种培训方式虽然紧张，但却因形式的多样、内容的丰富而使培训获得真正的成功，使每一个培训者感到两天的时间不仅仅获得的是脑力上的收获，在心理上也同样得到了锤炼。

分别的时刻很快就到了。每个充满笑意的脸上都写着不愿离去，但相聚永远是那样短暂，离别终会来临。挥手，再见，带着收获的满足，带着成功的喜悦，更带着深深的眷恋。离开，意味着不久的将来我们还会再来，我们还会相聚在一起。

短暂的培训，收获的是幸福，沉淀的是希望。它犹如隐形的翅膀，带着育翔的团队奋力飞翔，为每一个干部指明了方向：在学习中工作，在思考中前行。

这次工作坊研修带给我无限欣喜。在这里，我这个新校长与我的干部团队近距离接触，共同学习提高。我们明确了我们为谁制订计划，制订计划为了什么，又该如何制订好计划，并逐渐形成了“依托学校计划更进，促进自身与管理团队提升，推进学校整体发展”的新学期工作思路。

二、认真反思，微调改进

这次研修带给我们很多启迪和震动，其中对当前学校工作计划中存在问题的揭示，也引起了大家的共鸣和思考：我们在制订计划时的确存在很多问题，特别是在计划的生成过程中缺少教师的参与、认可，使得我们计划的针对性、引领性、可操作性、可检测性都不够明显，从而削弱了计划对工作的指导和推动作用。

考虑到在我上任前育翔小学已经完成了学期工作计划制订的现实，也考虑到新校长到新学校应注意考虑继承与发展，改进计划应以突出针对性和实效性为目的，而不能完全推翻，于是我决定在原计划基础上只是做出微调整，调整的内容如下：

第一，重新明确工作指导思想。以往学校计划中的指导思想，是区级计划指导思想的摘录，基本是大话、空话，与本校计划没有直接关系，缺乏工作针对性。此次，我和干部们首先对指导思想进行重新定位，明确学校工作计划中的指导思想应能统领全局，指导学校全面工作，因此，要具有很强的针对性和指导性。根据这样的认识，我们对计划中的“指导思想”进行研究分析，删去了一些比较空泛的内容，保留了真正指导学校全面工作的内容。

第二，增加了“深入调研”的工作思路。在计划中，我们把“以 UDS 合作共同体项目为契机，深入调研，明确发展方向”作为新学期工作的思路之一。这主要源于四点考虑：一是学校小学规范化建设工程要进行阶段总结，需要根据学校实际，调整规划目标与策略；二是恰逢“十二五”开局，需要进行规划制定与课题申报；三是 UDS 项目组进驻学校，需要进一步了解学校，明确发展方向；四是我初到学校，需要对学校的全方位情况进行了解，完成新老交替，实现平稳过渡，因为只有在深入了解中，才能把握一所学校的“魂”，才能引领学校更好地发展、前行。基于以上这四点考虑，我们需要开展自下而上的深入调研。据此，我们将“深入开展调研”作为这一学期学校的重点工作。

第三，重新整合各部门目标内容。学校原计划中的各部门目标及内容由各部门自己共同商讨制定，汇总时基本不再做调整。为增强系统性与协调性，我带领各部门的干部们一起对各部门目标及内容进行重新梳理、整合，避免重复内容，使计划的系统性、协调性更强。

第四，执行措施做到与目标相对应。以往学校工作计划中目标与执行的具体措施、安排存在脱节现象。此次，我们对照目标及措施进行逐条梳理，做到目标与执行内容相对应。

第五，精简常规提示。在以往计划中，每一部分完成后，都有“常规提示”一栏，分析后，我们将空洞的、无法落实的内容去除；对已经形成惯例、固化的内容不再做提示；只针对重要、可操作的内容加以提示，这样就精简了大量文字，一目了然，重点突出。

经过这样的改动后，计划的篇目明显减少了，工作主线更加明晰。之后，我在全体教师会上对计划进行了细致的解读。精简计划，增加解读，让我和新班子精彩亮相，小变化中传递出的是管理理念的大变化，在教师中引起了不小的反响，良好的开局就这样从计划开始了。

曾经那么熟悉又令人有点反感的计划，在透着新意中引起了大家关注。此时的我感到异常欣喜，以至于在几年后，我依然觉得那是一个良好的开始。工作坊研修，让我与新班子迅速融合；依托计划改进，让我找到工作的切入点和抓手；借助项目组开展调研，让我在很短时间内明确了工作方向和工作思路，为我顺利在育翔开展工作打下坚实的基础。

"没有调查就没有发言权"是一直以来深入人心的一句话，也是我们开展工作、取得成功的制胜法宝。而这次到育翔的经验再次告诉我，调研是一切工作的开始。调研可以帮助我们找到问题的答案和前进的方向。

第二章　深入调研，走入育翔

2010 年 9 月，我和 UDS 项目组同时进入学校。按照新学期的工作计划思路，开展调研是这个学期的重点工作。此时，也恰逢项目组从原来开展的外在于学校的专家调研，转向依据学校需求与发展实际的校本化调研转变，双方可谓一拍即合。借势促发展，我与项目组专家一起精心制订调研计划，采取多种方式，开展了历时一个学期的以"我与育翔"为主题的系列化校本调研活动，总结经验，分析不足，梳理出学校发展优势，逐步清晰了学校的发展方向。其间，我们依托调研发现，边调边改，初步赢得了广大教师的信任，形成了凝心聚力、共谋发展的良好局面。

第一节　整体调研，感知育翔

全面调研是系列化校本调研第一步，由项目组成员和学校部门领导分头展开，各有侧重。

一、项目团队，走进育翔

2010 年 10 月 9 日和 14 日两天，UDS 项目的专家们来到育翔，进行了包括随堂听课、校园走访和访谈、座谈的全面调研活动。

专家们首先分别进入课堂，听取了数学、语文、英语、品社、品生、音乐、心理、综合实践等学科共二十余节课。随后，他们与陪同听课的学校中心组成员就听课情况一一进行了交流、探讨。下午两节课，专家们又与授课教师以及其他在一线担任教育教学工作的十余位老师进行了一对一的访谈，以期较为全面地了解学校的教育教学现状和老师们的思想状况、发展需求等方面的情况。

这两天的活动是UDS项目的专家们与育翔教师进行的第一次较为广泛的“亲密接触”。通过这次活动，专家们对育翔的教育教学现状、老师们的思想状况等方面的情况有了初步的、较为直观的了解和感受。

项目组对育翔的总体印象是：育翔的教师形成了特有的踏实、敬业、认真、严谨的教师文化，但缺少更高的发展追求。从学校的管理来看，管理经验缺乏，实效性需要提升。

二、了解概况，广泛调研

与此同时，学校各部门领导则主要采用座谈、提案、问卷等形式完成对家长、学生、共建单位的调研。其中在对43位家长就有关“对育翔的印象”书面和座谈调研中，超过15人次选择了如下内容：

• 班主任和老师们尽职尽责地工作。对待孩子宽容，关注身心健康。爱学生，师生、学生、教师与家长关系和谐。(40人次)

• 师资力量强，教师有较高的教学水平，能力强，教法灵活，因材施教，采取分层教学模式。(21人次)

• 管理制度比较严谨。(17人次)

• 办学理念先进，注重德育、素质教育，全面发展，培养孩子良好的学习习惯和人格，重视集体荣誉感的培养有成效；不是单纯追分。(15人次)

在教师问卷中，教师对学校发展的期待反映最为强烈的是如下内容：

• 合理化工作量，给老师减负、减压；把繁杂的工作简单化；重实效，轻形式。(6人次)

• 有激励措施，激发工作热情，发挥教师专长为学生服务；让教师安心教学，一切为教学让路。(6人次)

• 实施人性化管理，关注全体教师发展需求与提高，创造更加宽泛、自主的空间、平台；稳步提升专业能力和整体素质；注重教师身心发展，培养工作能力、兴趣。(7人次)

• 营造敬业爱师、轻松愉快的氛围；师师、教师与领导间彼此达到依靠、依赖、互信，建立和谐互助健康的团队；教师在愉悦的工作中去面对学

生、家长、同事。(4 人次)

• 管理应加强通力合作，工作安排整体化；各部门各尽其力，发挥各自优势，协调发展；用精诚合作的精神打造学校，一切以人为本。工作开展有序，有利于学生六年持续发展，每年都有收获。(5 人次)

短短两周的时间，全面调研达到预期的目的。特别是项目组的调研，专家的访谈一对一进行，没有学校行政人员参与，老师们相对放松，没有顾虑，帮助我们在最短时间内了解到较为真实的一手情况。专家视角看问题，入木三分，让我感受到专业的水平和伴飞的力量。

“这才是真正的科学调研!”我感叹。双方在对调研情况汇总分析后，对学校办学优势与不足、教师的工作状态、学生的整体情况都有了初步的了解与评价，一个理念先进，严谨扎实，同时又需要进一步改进与发展的育翔跃然面前。

第二节　重点调研，聚焦核心

初到育翔，有一个现象引起了我的注意：正值区里组织北京市骨干教师申报，我心想这是好事，令人没想到的是，这么大的学校竟无一人报名。这是为什么呢?

我在听取各位专家访谈教师的情况汇报时，老师说的“目前的工作已经太累了，无论是个人还是学校都不能再发展了，否则会累死的”这些话一下子引起了我的注意，为什么很多老师都会谈到“累”呢?

跟 UDS 项目组专家沟通情况后，我们认为这一现象非常值得关注，教师队伍的发展状态是学校能否发展的关键。因为当教师对个人发展与学校发展缺少期待时，也就缺少了发展的动力与活力。作为管理者，我们应该透过这个现象，找到背后深层的复杂原因。

一、聚焦问题，自我梳理

作为新校长，让老师们谈“累”这一敏感问题，还要谈深入，我认为是不太现实的，至少是缺乏相互间的信任。当时正值学校要制订“十二五”规划，于是，我找到了如何调研的灵感：从学校发展出发，开展参与研讨式调研，既尊重教师，调动了教师主人翁参与的积极性，又能引申出对教师发展问题的深度探究。

于是，在全面常规调研的基础上，我又着手进行第二阶段重点调研的设计和组织。这次采用“围绕问题小组讨论＋自主探究”的方式进行，首先从“累”的现象问题入手，紧紧围绕寻找“累”的原因的主题展开，旨在借助调研，激发自主，听真心话，找真原因，寻求问题的答案。

为了尽可能多地听到各方面的声音，我成立了学校发展研究小组。小组成员由干部、骨干教师、班主任、青年教师代表组成。

首先，我们面向研究小组成员开展了关于学校发展规划制订的培训。培训之初，我要求每人用简笔画的形式画出自己目前的工作状态，用文字简要说明，并写出对学校发展的期待。目的是在角色认同的同时，初步建立个人与学校的联系。对于自己当前的工作状态，有的教师画的是在石板缝中生长出的小草；有的是在楼梯中间枯萎的小花；有的是翻腾的海浪；有的把自己比作一只蜗牛，壳上背着教育、教学、科研等，但口中还在唱着欢快的歌。

新鲜形式的引入，引发了与会代表的参与兴趣。接下来是我做的关于如何制订规划的培训。大家听得非常认真，听惯了布置工作的代表们感到这次参会是在学习。

从大家的画和文字反映的内容来看，教师目前的工作状态确实比较累，大家渴望减轻工作负担，从而实现学校、教师、学生的发展。在 37 人的调研中，有 21 人提到了忙和累的感觉。

表 2-1 “我与学校发展”调研小组情况汇总一览表

1	从早到放学，一天很忙碌，感觉很累
2	工作较忙，任务繁杂
3	面对拥挤的场地、有个性的学生、高强度的工作，爱教育却高兴不起来
4	面对学生的个性差异，如何有针对性地教育有些没有头绪
5	在忙碌中成长，面对困难会努力克服
6	坚信事业崇高，但在途中真的很累，身心疲惫
7	工作头绪比较多，可以完成，也可以完成得很好，但心情不是最佳状态
8	迷茫、突破、希望、失望、欣喜、郁闷、兴奋、疲惫、喜悦、伤心、平静交织在一起，又呈螺旋式上升

续表

9	充实、疲惫、忙碌，对个性学生难以应付、无奈
10	忙碌，苦中作乐
11	走在路上，希望能减轻负担，明确方向
12	紧张忙碌，兴奋欣喜，疲惫
13	充实但劳累，快乐但压力大
14	忙碌充实，有小焦虑，累并快乐
15	看似简单的低年级工作，其实在平凡中有紧张、忙碌，也有童心未泯的乐趣
16	新鲜，班主任工作烦琐而忙碌，在紧张而忙碌的工作中享受快乐
17	默默承受着困难与压力

在培训的基础上，调研开始了。我抛出了前期调研中比较集中的“教师工作累”的话题，引导研究小组教师，用“问题树”的方式进行分析。在头脑风暴穷尽问题产生的原因的过程中，我们梳理了造成教师精神压力比较大、劳累的因素：学校班额大，学生数量多，又实行包班制，教师教学任务重；校园生均面积小，学生行为养成难；学校教学质量高，管理严格，教师心理负担重；整体生源质量高，家长期望值也高；学校管理头绪多，等等。

接着，我引领研究小组教师，将这些因素认真分析，明晰哪些问题是客观原因形成的，哪些问题是可以改变的，哪些是在短时间内无法改变的，使他们看待问题多了一份理性，多了一份作为主人翁的思考。我很欣喜，事后的发展也证明，大家把主人翁角度的理性思考带到了对规划的讨论制订中，带到了自己的工作中。

二、漫谈回顾，了解心声

之后，在项目组专家的建议下，借助重阳节之机，我们采用“漫谈回顾”的方式，面向50岁以上老教师开展调研。为了让调研能够轻松、愉悦，我们还别具一格地组织了外出郊游的活动。在精心营造的轻松自然氛围中，老教师们围坐在一起，漫谈起在育翔小学工作生涯中最难忘的事情，感慨万分。大家特别希望能为育翔的发展再尽一份力量。同时，老教师们也对学校提出希望和建议：需要上交的材料太多了，累上加累；管理的要求是否可以更加人文，希望干部能够更加关心教师的生活，比如教师子女入学、入托问题；教师停车位不够；教师午餐盒饭凉、没地方吃饭；教育、教学评价的内容能否更突出实效；召开会议可以效率更高，等等。

老教师们的一席话让我感受到他们内心希望学校有更好发展的愿望，也感受到作为教师他们渴望得到理解与帮助。

三、引导反思，自我诊断

教师们反映的问题引起了我们的重视，同时引发了对学校管理的深刻反思：作为干部，要充分理解教师，关心教师需求，努力为教师做好服务。因此，减轻教师过重负担应是当前发展的首要任务，要尽快通过精简事务性工作，提高管理实效来给教师“减负降压”。

于是，在研讨中，“关注教师需求，提高管理实效”成为干部们的共识和改进目标，并迅速做出相应的改进与调整。老师们感受到管理的各种新举措。

针对教师负担过重问题，我组织干部们深入分析问题的原因。国家已经把教育上升至民族振兴的基石的战略高度，北京市提出高起点、高站位的首都教育战略，西城区作为首善之区的建立在高质量基础上的示范性、引领性的教育要求，乃至家长们对优质教育资源的高期待、对学生的高期望值等，这些大的背景及社会环境无疑对教育都提出了更高的要求，这从客观上造成了教师群体负担重、压力大的问题。

对于育翔小学这样一所优质资源校，面对学生多、占地少、期望高等因素，教师的负担重则更加凸显。怎样减负？我们进行了科学的分析，比如，班额过大、学生人数过多问题的解决，存在一定难度，即使能改，从新一年级做起也尚需要五年时间方能到位；校舍空间小的问题，尽管我们也在积极申请，多方协商，但毕竟主动权不在我们手里。因此，唯有从我们自身管理做起，才是最为可行的。

第三节　专题调研，聚力凝心

研究小组代表和老教师的调研让我看到了育翔教师对发展的期待，也让我和干部看到了管理上的问题，我们陆续出台的管理改进的小举措，受到教师的欢迎、信任，增强了我的自信。眼看制订学校“十二五”发展规划的时间就要到了，如何通过规划的制订与落实，实现凝心聚力、共谋发展的目标？

于是，在学期末，我又组织进行了第三轮以“我与育翔”为主题的专题调研。专题调研强调自我反思，旨在通过调研，建立起教师与学校的紧密联系，引领教师关注学校发展，激发个人发展愿望。基于这样的目的，我将全校的教师分为五个组，围绕五个专题进行。

这五组人员的设定尽可能多地涵盖学校各方面教师，每组有各自的调研目标和调研形式。在调研提纲的设计上，一方面引导教师回顾自己的成长以及学校的发展为自身的成长创造的条件；另一方面，对学校的发展优势进行回顾、梳理，引导教师要继续发扬优良传统；同时，对学校发展存在的问题进行剖析，请教师提出建设性意见。调研安排如表 2.2 所示。

表 2.2 “我与育翔”专题调研一览表

组别	调研对象	调研主题	调研目标
1	心理组成员	心理教育再发展	研讨心理教育的再发展
2	组长	共话学校发展	研讨学校发展的方向
3	班主任	班主任工作苦与乐	
4	骨干教师	我与学校共成长	回顾成长历程，激励再发展
5	青年教师	我的成长之路	明确发展方向，激发发展动力

一、心理调研，共谋发展

来参加关于心理教育座谈会的老师都是学校心理组成员，她们都有着过硬的专业知识和专业能力。在心理教育发展中，学校为她们创造了去北京师范大学心理系学习的条件，推荐她们参加西城区心理教研组的学习和研究，建立心理咨询室并开展实践研究，最终她们均获得国家级心理咨询师资格，在学校搭建的平台中迅速成长起来。与专业心理教师的交流更重要的目的是帮助老师们认清现在，谋划未来。

我们共同回顾、梳理了学校心理教育的发展，大家畅所欲言。对未来的发展大家感到一种前所未有的压力。在研讨中，大家说道：目前，西城区乃至北京市各所学校都认识到学生心理教育的重要性和必要性，纷纷加大对心理教育的人力、物力投入和软硬件的建设，后起之秀不断涌现。而我校的心理教育组在辉煌之后却遭遇到发展“瓶颈期”，呈现“墙内开花墙外香”的局面，工作效果没能得到校内老师的普遍认可。在激烈竞争的心理教育发展中，感觉正在逐步失去自己的优势和特色。

针对目前存在的问题，大家认识到，心理教育组对学生的心理辅导过于趋向专业化，趋向于“咨询”和“治疗”，而这只是极个别学生所需要的。孩子们还小，他们更需要的是正确的引导，适时的缓解，教师要帮助学生以阳光、积极的心态对待学习、身边的人和物，保持健康心理状态。因此，心理组的任务和研究方向，应以解决绝大多数学生共性的问题为重点，即团体心理辅导，并指导其他学科教师运用心理学的理论，采取适当的方式方法对学生进行心理教育。同时，大家共同谈到家庭因素，家长心理素质对学生心理会产生深刻影响，应该在各年级、各班级家校工作中，普遍开展具有团体心理辅导性质的家校沟通活动。

在谈到学校的发展时，大家认识到，应该紧紧依托心理教育这一优势，促进学校的持续发展。

二、组长调研，献计献策

年级组长、教研组长既是教师中的骨干、领头羊，又属于学校管理层中的一层，是学校网格化管理的重要组成部分。

在组长座谈时，我们首先真诚地道出组长在学校中的重要地位，起到的关键作用，让他们感受到学校的重视与尊重。既而请他们作为学校的主人，一个年级的管理者，针对学校发展和教师发展提出意见和建议。

这样一来，大家不再是站在个体角度，而是从管理者的角度思考关于发展的问题。大家的交流立即就有了高度和深度。关于学校的发展，大家客观地说，尽管心理教育在蓬勃发展中进入了发展瓶颈期，但它仍然是学校的特色与优势，应该牢牢抓住，并寻求突破瓶颈的途径和方法。学校下一步的发展要依托优势，谋求更好发展。

学校针对教师发展采取的多项措施，如“鸿翔杯”赛，为青年教师搭建教学展示的舞台，使一批批教师脱颖而出，成为骨干；专家指导，让教师快速成长。学校聘请的资深语文、数学、体育专家，每周到校听课、评课、参与教研，给予一对一的指导，让教师受益匪浅；组内更进课，在严谨、扎实的常态化教研中历练、成长。每个学期的小组更进研究课，全组教师共同打磨，备课、上课，研讨、更进，一次次的磨砺，促进教师整体提升，团队迅速成长。这些好的做法要坚持，并根据教师需求，制订教师培养计划，有针对性地加以培养，效果将更为明显。同时，各类教师都有发展空间，要让每位教师在原有基础上都能提升。

三、疏导调研，聆听倾诉

班主任队伍是学校的主力军，这支队伍的好坏决定了学校的发展。我们在前期调研中了解到，班主任这支队伍非常敬业，得到学生喜爱和家长认可，但确实非常辛苦，班额比较大，各班人数均在40人以上，班主任又多数包班，担任两个班的语文或数学教学工作，负担比较重。但这一现状在短时间内还无法改变，因为本地区原本生源就比较集中，再加上进入小学入学高峰期，师资紧缺。因此，与班主任的座谈我们定位在给老师创设宽松、自由的空间，让其充分倾诉，诉说自己的烦恼、辛苦、困难……我们则首先做一名聆听者，之后再适时加以疏导，寻找解决策略。

果然，老师们开始大倒苦水：班里学生太多了，别的学校才20多人，咱们比人家多一倍；咱们的家长素质高，随之而来的是要求也高，教学中不能有半点马虎；而且，孩子一旦在学校发生磕碰，家长就会没完没了地找学校解决，不满意就上告，可是咱们学生多，地方又小，难免磕碰，所以整天提心吊胆；现在每个班里都有一两个极其个别的学生，他们能量很大，且家长又不配合，非常牵扯精力；学生在科任课上出了问题，也都要班主任解决，有时候做梦都在解决问题；学校要求又很高，班主任需要做大量的文案工作，总结计划就不说了，还要写“心障分析、个别辅导、班队活动、心理案例”……能不能少写点，腾出更多精力管理学生？

听着大家的倾诉，我和干部们也在迅速思考着，我们首先是非常肯定班主任在学校工作中的重要地位，也非常理解班主任的辛苦。同时，也表示学校会尽全力帮助班主任解决问题，对短时间内解决不了的问题，我们也提出来，希望得到理解。老师们听了都纷纷表示，其实我们也没有让学校全部解决的意思，我们知道学校的难处，我们只是想说说，心里就痛快了，其实活儿一样没少干，请学校放心吧。

看着这些可敬可爱的老师们，我非常感动，发自内心地想为老师们做点什么。

四、骨干调研，畅谈发展

在骨干教师座谈中，我们都从教师的自身成长谈起，大家共同回顾了在自己成长过程中，学校搭建各种的平台发挥的作用。目的是想引导骨干教师将自身发展与学校发展紧密联系在一起，激励他们为了学校发展而共同努力，再创佳绩。

一位数学教师谈到，自己是后调入育翔的，育翔有一个强大的数学团队，研究氛围浓厚，使得自己融入其中，受益匪浅。因此，没有育翔就没有她的今天。

有的老师谈到，学校创设机会送自己去学习，使得自己在某一领域得到发展，成为骨干；有的说，学校领导非常重视教师培养，每次教学大赛，都亲自参与，加班加点帮助辅导，才取得了今天优异的成绩；有的谈到学校聘请的专家每周到校辅导，使自己能够在短时间内迅速成长起来，成为骨干；还有的谈到在自己的成长中得到了领导、组里、教研部门等很多人的帮助，可以说，这支和谐、研究、奋进的团队是自己成长的动力……

听着骨干教师细数着自己成长中的点点滴滴，大家突然意识到，学校是为树木成长提供养料的沃土，如今已经长成参天大树的自己，更应该为学校的发展尽一份力量，不能停滞不前，应该永远追求，不断发展。

五、青年调研，引导发展

青年教师的发展关系到学校的未来。对于青年教师最重要的是激发和调动起他们的发展愿望。在 35 岁以下教师座谈会上，我们特别安排两位参加西城区骨干教师脱产班学习的青年教师讲自己的成长之路，引导青年教师积极进取，不断追求。

青年教师陈晨首先谈了“成长中的苦辣酸甜”。

来到育翔工作之后，我发现我特别喜欢这里。在育翔每个老师都特别乐于分享经验，老师之间都是一种和谐、互助的关系，领导与老师的关系更多的是帮助而不是审查。最让我感到欣喜的是学校特别关注对年轻教师的培养，给年轻教师安排教育和教学上的师父，提供青年教师做课展示的平台。在这里作为青年教师可能承担的事务和工作还要更多一些，但是你绝不会感到孤立无援的痛苦，因为这里的每一个人都会伸出援手与你共同提高。让我最为感动的就是那次教研开放日的活动，组里老师们把最终展示的机会让给了我。说真的，四年级的教材我是第一次接触，对于数学教学当时我也仅有一年多的经验，所以感觉压力很大。这时是学校领导和组里的老师们不断地鼓励我、帮助我，为我减轻压力，帮我树立信心。转眼间，展示课的准备开始了，组里的老师也陪着我忙碌起来了。这是一节学生活动较多的课，所以教师要准备大量的学具。每次试讲之前，魏梅老师和柳晶老师，还有刘晶校长都主动留下来帮我制作学具，8 张实验报告表，96 根不同长度的吸管，老师们就是这么一点一点地帮我量、帮我剪、帮我画、帮我写。印表格、粘表头、剪吸管、封信封……这一系列工作完成后，早已是夜幕降临了，可她们却从没有一句怨言。而第二天她们又要从百忙中抽出时间来听我试讲，之后又聚在一起帮我说课、修改教案。那时我的师父张鸿英老师身体不好，要经常去医院。可是她指导起我的教学来总是一丝不苟，不辞劳苦。每次试讲之后，我们几个老师都要在一起修改教案，教案中的每个细节，甚至是每一个环节的设计所要达到的目的，她们都一一向我讲解清楚。回家之后，我再根据老师们说的，一点一点修改教案，教案修改一点，课件就要整个修改一遍。这样的工作我几乎每天都要进行到凌晨两点。有的时候，工作一天的我坐在电脑前疲惫得已经睁不开眼了，我真想放下手中的工作好好睡一会儿。可是一想到组里老师对我的帮助，以及她们对工作忘我的热情，我又坚持着揉揉眼睛，继续工作。经过了十几个不眠之夜，我终于拿着反复修改了 7 次的教案走进了多媒体教室，顺利地完成了这次教研开放日的展示课。

经历了这次做课之后，我觉得特别有收获。我们组的魏梅老师总是对我说，你要争取多做课呀，别怕做得不好，我们都在后面帮你呢。在她的鼓励之下我尽可能地多去承担做课的工作。说真的，我知道每一次做课就像经历一次涅槃一样，那种辛苦是难以想象的。在试讲的过程中会暴露出自己的许多缺点，无论是专家还是老师们都会帮你直接指出，有时还真会觉得脸上热辣辣的，不好意思呢。可是一旦当我接受了她们的批评、改正了缺点，并在教学中收到好的效果时，我又觉得这些中肯的意见让我心里暖呼呼的。于是，我又会期待下一次。经过一次次磨炼、一次次学习，我的教学水平有了一定的提高，所教班级的成绩也有所提升。

每位老师成长的经历都有苦辣酸甜，初为人师如一杯苦丁茶，再为人师如一碗红辣椒，又为人师如一颗酸梅，已为人师如一块姜糖，但是为什么还有那么多人愿意执着地坚守着这份清贫与劳苦呢，其实就是为苦中一点甜。每当看到学生的成绩在稳步上升时，每年教师节被鲜花和掌声簇拥之时，每逢佳节收到学生家长祝福的短信时，就是我最快乐的时候。对于老师来说教育教学的各种奖项都在其次，最重要的是受到学生的喜爱，得到家长的肯定。这也是已为人师的我最大的满足。

接着，年轻的陈一教师也做了精彩的发言：

首先我要感谢学校为我们青年教师搭建了这次互动交流的平台，从没想过仅仅工作三年的我，今天能够坐在这里和各位青年教师交流经验。

毕业后我当起了一名普通的小学数学教师。虽然在大学时积累了丰富的专业文化知识，但是如何能够很好地驾驭课堂，把书本上的知识传授给学生，真正做好“传道、授业、解惑”，实现从学生到一个合格老师的转变，这一切对一个年轻老师是一种考验。但幸运的是，我来到了育翔。这里有青年教师成长的沃土。学校为了促进青年教师培养，实行“师徒结对制”，有教育师父和教学师父。他们在教育教学上悉心地指导我，帮助我，毫无保留，尽心尽力。教育师父让我学会了用制度去管理班级，用情感去温暖学生；教学师父教会我要扎实、严谨、认真地对待每一节课，深入钻研，吃透教材。学校实行的“专家指导制”更是让我受益匪浅。每周四专家到校一对一地对我们进行指导，上课、评课，再上课、再评，反复磨课，正是在一次次打磨中，让我能够把握教材的精髓，抓住学生的特点，在教学竞赛中脱颖而出。学校的“行为更进”校本研修，扎实、认真。全组教师共同参与，集体备课、上课、改进、再上，每个学期，让我们都有研究的收获，我们也享受其中。

同时，在育翔这个大家庭中，我也时刻感受着人与人之间的关爱和帮助，让我倍感温暖。还记得参加片级赛课时，组里老师们立即将自己研究一学期的课拿出来供我参考；因为这节课要准备的学具很多，组里老师下班后帮助我进行学具的准备；领导、专家经常帮我备课到晚上九、十点钟才回家，这些小情景现在想起来都感到心里暖呼呼的。

我们从这里开始，梦想从这里扬帆起航。在追逐梦想的道路上有崎岖、有平坦，面对荆棘的道路我们应该勇于面对，勇敢地越过去。接下来的日子里我会更加努力，完善自己，使自己变得更为优秀！

听了陈晨、陈一两位青年教师的发言，其他教师也纷纷表示，要珍惜学校为我们创设的条件、搭建的平台，努力学习、研究、思考，早日成为骨干教师。

在以“我与育翔”为主题的五次座谈会上，老师们都能够积极参与讨论，畅所欲言，对学校的发展提出中肯的意见，对自己目前的工作状态也能够表达自己的心声，甚至有意犹未尽的感觉。一桩桩、一件件，大家在细细评说中，有感动、有回味、有艰辛、有喜悦，又碰撞出对未来的憧憬与激情。其实，这正是我想要的——通过座谈不仅要了解老师的心声，更要唤起他们自身发展的欲望，唤起他们对学校发展的期待和憧憬。

“心理教育再发展”的专题座谈，让心理老师们在梳理学校心理教育发展脉络之后，有了明确的发展定位；组长的献计献策和主人翁意识的调动，为学校下一步的发展奠定坚实的基础；班主任道出苦闷后引发了我们的思考，开始筹划班主任工作的改进；骨干教师的座谈让我们开始思考要为骨干教师的再发展搭建平台；青年教师的发言让我们更加清楚他们需要什么，哪些策略是最有效的。

历时一个学期不同目的、不同形式的调研，以及调研后的理性分析和日常工作的及时改进，不仅使我顺利完成了作为新校长从走进新学校到融入并迅速找准定位、开展工作的过程；更重要的是，通过与项目组专家一同开展校本化调研，使我和干部们看待问题更加理性，明白了管理要透过现象挖掘背后的本质问题，才能找准工作的突破口，顺利展开工作的道理；同时，也引发我和团队成员管理理念的变化：心中、眼里多了老师和学生，多了更多的换位思考、服务意识，进而带来的是团队管理方式的变化，逐步建立了一种调研反馈—反思改进—研究调整的行动研究机制。而最令人欣喜的则是教师的心开始为了学校的持续发展而凝聚在一起，形成了推动学校发展的强大动力。

第四节　且调且研，且行且改

我们的调研与改进是同时进行的。结合从九月份开始的多方调研中获得的教师、学生、家长、社区以及周边单位提出的建设性的意见和建议，我们对能够改进的立即做出调整，大约改进了 20 多项，如取消了 50 岁以上教师听评课要求，改为自愿参加；取消了班主任月评；整合上交材料，每位班主任可根据自身情况选择项目；调整了教学月评，精简内容；精简会议，全体教师会由每周一次尽可能改为每月一次；解决教师午餐盒饭问题，改为自助餐；解决教师子女入学问题；解决教师停车位问题，等等。不能马上兑现的也被列入日程，纳入下学期计划或"十二五"规划中。

一、调整例会，减负增效

改进日常管理行为，我们首先从精简会议、减少上交材料开始。按照原来的惯例，育翔小学每月一次学科例会，一次班主任例会，一次党员教师会，一次团员教师会，每周一次全体教师会，各学科每周一次集体教研和一次区级教研活动。这样就意味着教师每周至少要开两次会，参加两次教研。对于满工作量的教师来讲，课余时间几乎被占满了，所以老师们会说除了上课，备课、判作业的时间都没有。

于是，我们首先做出全体会的调整。会议时间明确规定为下午 3 点半开始，5 点必须结束，且每周一次改为每月一次；内容以专题形式进行归类，言简意赅。党员教师会由每月一次改为每季度一次。

其次是各种例会的内容改进。我们要求所有例会减少布置、通知的内容，突出引领与提升的功能。比如班主任例会，面对今天学生中出现的各类问题，许多老师感到束手无策，有些老师被搞得疲惫不堪，精神压力非常大，这也是教师负担重的原因之一。围绕这些问题，利用班主任例会开展针对性很强的学习、交流、研讨，使教师获得解决问题的途径和办法，并借助心理等专业化手段使教师获得专业技术上的支持和帮助，化解难题，以此达到减轻教师负担的目的。在这一要求下，干部们精心思考，准备每一次例会。我们的会议文化在悄然中发生着变化。

二、改进月评，促进发展

进行月评价一直是育翔的管理方式和传统。然而在调研中，很多意见的矛头都指向了月评价。

(一)改进教科研月评价

在调研中，老师们对教育、教科研工作的月评价内容提出了很多中肯的意见和建议，由此引发了我们对教育、教科研月评价工作的深刻反思。我们为什么要进行月评价工作？哪些内容确实能起到促进教师教育科研水平提高的作用？哪些内容容易流于形式、作用不大？我们认为，月评价工作绝不是以增加教师负担为目的的，而是要以月评价工作促进教师不断反思自己的教育教学工作，不断提升自己的教育教学水平，最终实现自身发展、学生发展、学校发展。

本着这样的原则，我们对原有的教育、教科研月评价工作进行了切实的改进。

过去教科研月评是由师德、校本培训、课堂实践三部分组成的。校本培训中包含理念学习、参加校本培训情况、听课；课堂实践中包含备课、上课、反思、作业批改、对需要帮助学生的辅导、单元分析等项目，每月一张小表格，一个学期每位教师共四张，订成一个小本。在对过去教科研月评工作的重新审视中，我们感到，在我们已经习惯的内容中，有些的确与教科研实际工作距离较远。例如参加校本培训情况一项，缺少统一的标准，导致老师们不知该在这一栏中填写哪些内容。而实际上，校本培训的内容形式多样，没有必要由老师们填写。又如对需要帮助学生的辅导，绝大多数教师都会见缝插针地指导学生，并有相关记录期末上交，就没必要每月再填写一次了。再有就是 50 岁以上的老教师，如果经常教学同一学段，教学经验丰富，月评工作可以适当减轻。

发现问题就要改进，改进后的教科研月评价工作由校本培训、教科研实践、完成工作情况三部分组成。当时正值新的绩效工资方案出台，师德单有一项奖励，因此教科研月评价工作中不再设师德一项。另外，新的绩效工资方案中规定，如有未完成本职工作情况，将酌情扣除履职奖，因此教科研月评价工作中设计了完成工作情况一项。校本培训改为由理念学习和听课记录两项组成，意在督促教师按计划加强学习。教科研实践改为备课笔记、上课情况、重点课、单元分析、记分册使用等几项，按照教学规律，重点突出，操作性强。备课笔记，是教师一个月来上课使用的最基本工具，从中可以看出教师对教材的理解、对教法学法的处理，平时落实教科研专题实践的情况等；上课情况，是干部随堂听课后，与教师探讨达成的共识；重点课涉及设计思路、详细教学过程、课后反思，反映教师对理念的理解和实践，教科研专题的落实情况等；单元分析使干部教师对教学进度、教学中的成绩和不足一目了然；记分册的合理使用，使教师对学生的各方面情况心中有数。

上述教科研月评价工作是针对35～50岁教师设计的。结合学校不断加强对青年教师的培养需求，我们在35岁以下教师教科研月评价工作中又增加了作业批改一项。作业批改的过程能看出教师教学、学生学习过程中很多课堂上体现不出的问题，提高作业批改实效性，能有效提高青年教师的教学能力。另外，我们还将50岁以上教师的月评价工作进行了简化，只保留了单元分析、记分册使用和完成工作情况三项，使他们有更多的精力帮助青年教师成长，为学校发展出谋划策。

(二)改进班主任月评

在调研过程中，班主任普遍反映工作繁重琐碎，有些上交的材料实效性较差。例如，与班里每位学生至少谈一次话，并有专门的记录等。又如，班主任每学期除工作计划和总结外，还需上交心育个案、个体心理辅导记录、对心理有障碍的学生的辅导记录等，还有其他上交材料，负担确实过重。遵循减轻班主任工作负担的思路，思教处对原有的月评价工作进行了调整，从理念学习、上传资料、六到位、班级环境、家校联系等几方面进行了改进，然后我们又进行了研究。在反复的研究中我们感到，上述有些项目属于学生养成教育中的常规检查内容，放在月评价中就重复了。而班主任的很多工作是不太适合均衡地放到每个月去完成的，因此，班主任月评价制度不是很现实。

经过与德育干部和骨干教师几经研讨，最后学校决定，取消班主任月评价工作，按工作开展进度随时上交相关材料。我们保留了每学期工作计划和总结，使班主任老师对一个学期的主要教育工作心中有数，并对成绩和问题及时进行反思。将原来单独设置的小干部培训计划、法制安全教育计划、班级家委会活动计划等内容，与班主任工作计划相结合，丰富了计划的内容，又使各项工作一目了然。

理论学习，每月至少学习一篇材料的内容，是不断更新教育理念的重要举措(50岁以上的班主任每学期学习一篇)。心育个案、个体心理辅导记录、对心理有障碍的学生的辅导记录这三种对学生进行心理教育方面的材料，我们请老师们选取自己最有收获的一项上交，并不强行规定固定的上交时间，使老师们能够结合实际工作，合理调配时间。

教科研月评价、班主任月评价工作的改进，极大调动了老师们的工作积极性，老师们看到学校能够切实为教师着想，以及为教师发展所做的努力，寻求自身发展的动力也不断加强，将自身发展与学校发展紧密结合，教育教学水平不断提高。

(三)三项承诺，贴心暖心

在调研中，老师提出了很多有关改善日常生活的建议，于是我们逐一列出来，一件件加以解决，为老师办实事。针对调研中老师们最为关心也最为迫切的要求，我们承诺努力解决教师子女入学问题、教师上班停车问题、改善教师吃饭问题，让老师们没有后顾之忧，全身心地投入工作。

承诺一出，我顿时感到巨大的压力。因为，每一件都是靠学校自身力量无法完成的。解决午餐问题不仅要和送餐公司协商，关键是在育翔要想腾出一间房子做教师食堂简直太难了。随着近年来生源的激增，连专业教室都改为了教室，更不要说腾出空屋子当食堂了。解决教师子女入学就要和周边的中学取得联系，但两所重点中学一所是大学附属，有自己的幼儿园、小学、初中、高中，不需要与我们产生交集；另一所也早已有了自己的共建小学，没有再增加的需求；停车位就更难了！学校周边的停车位全部卖出，没有任何空余的地方，只能去跟物业谈共用的问题，但又不能出钱，真是天方夜谭啊！但我想，“精诚所至，金石为开”，既然是老师最关心、最需要的，就是我们最该努力做到的，再难也要去努力。

历时近两年的时间，经过不懈努力，三项承诺逐一落实。过程尽管艰辛，但内心却是愉快的。这些问题之所以能够解决，绝不仅是因为我们的努力，更多的是源于我们育翔小学良好的社会声誉，而这个金字招牌的获得恰恰离不开全体教师的共同努力，让教师感受作为育翔人的骄傲。

从全面调研、重点调研到专题调研，从对问题的分析到逐步改进，我们做到了“真听、真改、真变”。“调研—反思—改进”也逐渐成为我们管理中不可或缺的新环节。正是这“三真”，让老师们感受到“改变是为了更好，发展是为了更好”的理念，改变与发展已经开始悄然植入教师的内心。我发现教师开始关注学校的发展了，开始积极提出建设性意见了。更重要的是，老师们工作的心态也开始发生着微妙的变化。这些变化，也引发了干部们深刻的思考：我们的管理要关注教师的需求，要尊重教师的价值和付出的劳动，要学会换位思考；管理行为的改进，又让我们学会了带着问题在研究状态下工作。“调研—反思—改进”也逐渐成为我们管理中不可或缺的新环节、新习惯。

深入调研让我走近了育翔，也走入了育翔。育翔是一所具有优良传统的学校，也是一所需要新的活力和改变的学校。然而，这样的活力和改变从何而来？学校的改变从哪里开始？UDS项目的暑期研修其实早就帮我指出了方向——学校发展与改变从干部做起，从计划做起。

第三章　不断改进，建设团队

从调研中发现，很多问题其实源于固有的工作管理方式与习惯。而这些其实已经构成了原有的学校文化，成为学校日常生活的一部分。如要改变这些日常的行为文化，就必须进行日常地、持续地自觉改变，这样才能逐渐形成新的文化特质。正是因为对这一文化变革特征的认识，UDS项目组提出了“改进在日常”的学校改进理念，试图通过一些“近、小、实”，但又非常关键的日常工作与生活方式的改变，来实现学校新文化的诞生。而这一文化变革的启动，是从干部和计划这两个最关键的学校发展因素入手的。

第一节　计划改进，形成机制

“谁不会订计划”！但项目组首次工作坊研修就触发了我们对习以为常的“计划”的思考：为谁制订计划？制订计划为了什么？如何制订好计划？并逐渐形成了“依托学校计划更进，促进自身与管理团队提升，推进学校整体发展”的新学期工作思路。

一、明确思路，凸显引领

根据暑期研修的学习与反思，我们认为，计划的核心是指导思想和工作思路。于是，我们在《2010—2011第一学期学校计划》中，重新调整了学期工作指导思想，明确了学期工作思路：

指导思想：深入学习贯彻全教会精神和《国家中长期教育改革和发展规划纲要》，落实市区教育工作精神，以推进“小学规范化建设工程”、实现学校五年发展规划为目标，以“高校与小学合作开展学校实践改进”项目为契机，加强两支队伍建设；认真落实《学科指导意见》，提高课堂实效性和综合效益；坚持育人为本，遵循学生身心发展规律，促进每个学生主动发展。以创新的思路和扎实的工作，推进学校整体工作。

工作思路：以队伍建设为核心，以打造管理文化为突破，以制订“十二五”规划为统领，凝心聚力。

为使大家对计划有更深入的了解，形成认识上的共识，我们开展了对全体教师的培训。我对计划的指导思想与工作思路进行了重点解读：

所谓“以队伍建设为核心”，主要是针对调研中集中反映出的教师负担重、压力大等问题，明确教师是学校发展的核心动力，是主体，作为管理者，我们最大的责任和任务就是尊重教师的价值，关注教师的成长，调动教师工作积极性，激发教师发展的愿望。

所谓“以打造管理文化为突破”，是指在队伍建设中，我们选择了以管理作为突破口，通过打造“尊重、服务、高效”的管理文化，树立“依靠教师，服务教师”的管理理念，改进管理行为，通过提高管理的实效性，减轻教师工作负担，为教师的发展创设宽松的发展空间。

所谓“以制订‘十二五’规划为统领，凝心聚力”，是指以制订“十二五”规划为任务驱动，在UDS项目组专家指导下，围绕学校发展组织系列论坛，明确学校发展方向，形成共同愿景，使老师在交流研讨中，逐步更新理念，激发发展愿望，凝聚教师力量。

在计划中清晰指导思想，拓宽工作思路以及改进计划的解读方式，对于我们干部团队来讲，可以说意义重大。它让干部明确了工作要有明确的指导思想，即为什么要做；工作要有明确的目标，即要达到的结果是怎样的；工作要有清晰的思路和执行措施，即怎样去做。通过对计划的改进，促进了干部对工作的理性思考，提高了干部对工作计划重要性的认识。改进后的计划，突出了工作主线，各部门的工作思路更加清晰。

在此基础上，我们又建立了相关机制，实施多项保障措施。如以促进发展为目的，以突出实效性、激励性为原则，完成教育、教学月评价内容及标准，提高管理实效；围绕转变管理理念开展专题学习、研讨；运用管理心理学的原理指导管理实践；以建立《干部管理手册》为平台，研究探索“行为更进式”管理策略，改进管理行为，提高管理实效，促进管理文化形成。

工作有了明确的目标和具体的步骤，减少了盲目性，计划也对大家起到了协调行动、约束和督促作用。参与计划制订，教师增强了工作的主动性。执行中各部门工作有条不紊地进行，大家以主人翁精神进行积极地参与配合、协调，有效推进了学校整体工作的开展。

二、不断改进，追求实效

我们感到，制订、执行计划的过程本身就是一种研究、促发展的过程。计划的改进绝不是一时一次，而是要随着工作进步和发展的历程，不断调整，并不断增强落实计划的执行力。从计划到策划、总结、反思，逐步形成螺旋式上升的态势，推进学校发展。在这个过程中，我们以计划的制订与执行为依托，培养、锻炼干部队伍，一个积极向上，求真务实的和谐管理团队也正是在计划的制订与改进中逐渐形成的。主管德育、科研的副校长在实践中对自己的主管工作进行了计划改进。

(一)教学工作计划改进

学校教学工作分为四级计划。教学工作四级计划指的是：学校教学计划、学科教学计划、教研组教学计划、个人教学计划。学科教学计划、教研组教学计划、个人教学计划也都是表格式的，一级一级地制订，便于层级落实。学校教学计划改进重在将每项工作落实到位，并从中发现需要在今后不断加强或改进的地方，使计划的实效性最大化。为此，我依据学校教学计划，要求各学科主任要制订符合本学科特点的学科教学计划，彰显学科特色。布置学科计划时，注意将重点放在具有学科特点的措施上，使教师落实计划更具实效性。理解学科计划后，各教研组研究、制订本组教研计划。教研组工作计划表格设有“指导思想”“行为更进式教研活动设想”“8次教研活动安排”“教学进度”等，并要根据各自的学科特点，设计“特色教研活动设想”“创新作业形式”“年级竞赛项目”等。在教研组计划基础上，每位教师制订个人教学计划。个人教学计划表格也是依据《西城区小学教学管理意见——教学常规管理意见》制订的，并加入了我校的一些特色活动，如“习惯与能力培养”。

四级计划体系层层递进、层层落实，有效地提高了学校教学计划的实效性。

（二）德育工作计划改进

德育工作计划经历了两次大的改进过程。过去的德育计划目标多、项目多，内容多，给教师的感觉就是德育工作繁重、头绪多，不容易抓住重点。经过 UDS 培训后，我们对德育计划进行了两次大的调整，使德育计划做到了目标清晰、重点突出、措施明确。

第一次调整，将过去的六个德育工作目标改为两个，分别对应“队伍建设”和“实践活动”两个项目。在“队伍建设”一项的执行方案中，增加了干部提升的具体措施。“实践活动”一项中的养成教育内容中，明确提出了以“读好书、唱童谣——争做文明少年”为我校长期的系列主题教育活动，并制定了相应的具体措施。实践活动一项中的主题教育内容中，保留了过去“爱祖国——做合格小公民”的活动主题，并初步提出了“精心策划产生‘心动’效应”的德育活动这一思路。

第二次调整，明确提出了“建设三级心动德育”理念，德育工作目标由“队伍建设”和“心动德育”两方面构成，对应相应的两个项目，每个项目各有具体的工作内容。我们认为，我们的德育活动应该符合小学生的年龄和心理特点，遵循小学生的认知规律，能够吸引孩子，打动孩子，进而影响孩子，使我们的活动深入孩子们的心里，触动孩子们的心灵，使其积极参与到我们的活动中来，使每一项教育活动都能给孩子留下一生难忘的印象和美好的回忆，并落实到行动上，培养学生规则意识，养成良好行为习惯，形成受益终身的文明素养，真正达到我们各项教育活动的目的，提高德育工作实效性。

我们的三级心动德育活动指的是：校级、年级和班级。在这一理念指导下，我们再一次明确了以“读好书、唱童谣——争做文明少年”这一长期的系列主题教育活动为德育工作主线，将学校、年级、班级的所有德育工作和活动，都与读书活动紧密结合，以校级心动德育活动为引领，指导年级心动德育的开展，使之具有符合学生年龄特点的针对性。同时，以课题实验的方式，使心动德育活动具有常态性。

调整后的德育工作计划，使所有干部和教师在开展工作或活动前，首先想到的就是这项工作能否与读书活动结合起来，这项活动怎么样才能让孩子们更感兴趣、愿意参与。无论是养成教育还是实践活动，无论是家校教育还是少先队工作，我们都围绕“读好书、唱童谣——争做文明少年”开展，取得了良好的效果。

学校德育计划进行了改进，随之而来的就是年级组和班主任工作计划的调整。除了常规的班级情况分析等项目外，我们以年级、班级开展读书活动为计划主要内容，简化了其他项目，既减轻了老师们的工作负担，又能使老师们把握工作重点，紧密结合读书活动对学生进行养成教育。

具有清晰思路、具体措施，突出重点的工作计划为我们的德育工作指明了方向，大大提高了德育计划的实效性。

在 UDS 项目的引领和帮助下，我们在计划的研究制订与执行的过程中，明确了学校发展的方向，培养、锻炼了干部队伍，也历练了我自己，我在此过程中学习深入调研、学习整合、学会继承、学习如何持续跟进……

回顾我们改进计划的过程，可以看到，计划制订方式的改变，就是改变我们习以为常的工作方式和习惯，就是转变管理理念、建立新的管理文化的过程，其艰巨性不言而喻。在 UDS 项目组专家的指导下，我们坚持改变在日常，从计划的制订到执行，逐步改变着我们习以为常的工作方式和习惯，改变着我们的管理文化。我们学会了制订计划，学会了站在全局，系统思考本部门的工作，全校一盘棋，增强了合力。

学校发展从计划开始——一条简洁而目标明确的发展之路，让我们用发展的主题串起相关工作，做好计划；用务实的精神执行计划；用创新的精神不断反思跟进，完善计划。反思让我们不断发现、正视问题的存在；跟进则引领我们在不断地解决问题中走向成熟。

第二节　学会策划，形成习惯

为了巩固暑期工作坊研修的成果，跟进计划的制订与执行，UDS 项目组在开学后不久就举办了首次校长论坛，主题为“从理解到行动——新学期工作计划的制订与实施”，旨在促进项目学校理性反思和自我改进，在相互学习和交流中提高共同体团队整体水平。

2011 年 3 月，UDS 项目组召开了“让学校在理性与灵性的交辉中发展前行”的第二次工作坊研修，主要内容是“从关注计划到学会策划”，引导我们通过策划使计划落实、精彩；让我们明确了提高计划的实效性离不开精心策划每一个教育教学活动。如果说计划是一条线，那么一个个精彩的策划就是这条线上的一颗颗璀璨的珍珠，以精彩策划助推计划的落实，使计划最终成为一条美丽的项链。

这种持续跟进式的学习与实践引领，给我们的发展不断注入了新活力，促进我们不断反思提高。既允许每次进步一点点，又坚持不懈地进行从观念到行为的持续改变。正是在这种持续不断的探索和转变过程中，我们初步养成了一个习惯，那就是每做一项工作之前，首先思考我们为什么要做这项工作，此项工作对学生的发展、计划的落实有什么帮助；怎样做才能使此项工作实效性最强，教育功能最大化……我们的干部努力改进工作，力图在一个个精彩的活动策划中更好地实现计划的目标。

【案例分享 1】

变得“很有味道”的开学典礼

——刘晶

2011 年 7 月之前，主抓教学的我没有考虑过德育活动应该搞什么、怎样搞，更没有思考过怎样搞才能有实效。当我接手德育副校长的工作后，一堆问题摆在面前，需要马上作答，不容回避。此时的我没有退缩，因为有校长的引领和大家的帮助。特别庆幸的是 UDS 项目一年来教会了我“学校发展从计划开始”，假期又刚刚进行了关于“策划”的培训，使得我虽没经验，但很有信心——做我理想中的细节德育、实在德育和有效德育。

开始德育工作的过程中，给我启迪最深刻的，当属一系列转变的开端——2011 年 9 月 1 日的新学年开学典礼的策划。

一、活动背景

本次开学典礼，留给我要考虑、解决的问题有很多。

首先，学校德育现状急需改进。德育相对教学而言是育翔的弱项。因发展目标不清，对学生的教育缺乏明确的长远目标和与长远目标相结合的短期目标，导致德育缺乏系统性，养成教育不能成系列推进，年级各行其是。

其次，活动需要深入开展。上学期期末，为贯彻落实北京市《关于在全市少年儿童中广泛开展新童谣传唱活动》、西城区教工委宣传部关于《新童谣展示活动通知》的精神，学校计划新学年开展“读好书、唱童谣——争做文明少年”的主题教育活动，并以此为载体使学生在参与有益的童谣诵读过程中，受到潜移默化的思想品德教育，提高审美情趣，规范言行，形成良好品质，不断提升文明素养。作为活动的前奏，新三年级和六年级师生已经率先在假期开始了人人背诵童谣活动，这一活动还要继续深入。

再次，新变化带来困难与考验。新学年，我是新手，初做德育，很多事情自己还搞不清楚，需要学习；新学年，班主任和年级组长变动很大，需要锻炼；一年级新生入学，需要从头教育；还有新铺的操场需要维护、新更换的广播系统需要调试……

最后，传统的开学典礼需要改进。记得讨论开学典礼活动时，胡校长说过一句话：“左一个领导、右一个来宾发言，没几个老师和学生真的在听，这样的活动是无效的！”这让我突然意识到，每年一次的开学典礼，原来都是这样的千篇一律，以至于许多人从未怀疑过它的形式和内容，也未曾思考过它对学生的作用如何。这，就是一种习惯成自然；这，就是一个被我们忽略的大大的细节呀！

那么，就让我从这个“大细节”开始做起吧！我找到了工作的切入点。

二、精心策划

我认为，有效的教育活动应该能够触动学生的心灵，在学生记忆中留下深刻的印迹，能对他们的发展产生积极的影响。为此，我从细节入手，精心设计策划了本次开学典礼活动。

我首先明确了开学典礼活动的目的：抓住教育契机，充分发挥开学典礼的教育作用，力争达到多元教育效果。

为了实现这样的教育效果，我想将爱国主义教育、公民教育、文明习惯养成教育等主题教育活动与开学典礼相结合，把本次开学典礼作为“读好书、唱童谣——争做文明使者”主题教育活动的重要内容，突出学校“以读好书，唱童谣的方式落实养成教育”的德育工作重点，以新学年开学典礼为起点，拉开主题教育活动的序幕。同时，将一年级新生工作与开学典礼相结合，遵循一年级学生身心发展规律，将背诵童谣纳入新生养成教育。安排一年级新生在入学报到后，参加学校的第一个活动——在家长指导下背诵童谣。通过低中高三个年级段学生不同形式的诵读童谣活动，激发全体学生参与活动的热情，提高学生参与度，让快乐童谣唱响文明校园，发挥教育实效。

于是，我将开学典礼活动的主题确定为“快乐童谣唱响文明校园”。

有了上述活动的想法，我开始进行策划方案的制订。内容包括：活动主题、目的及意义、时间、地点、程序、分工细目表。策划案中的活动筹备分工细目表，清晰地体现了各项具体工作及责任人、时间节点等。

为了做好这次活动，活动前，我认真思考了每个细节，将与每个主题教育内容相匹配的形式加以落实，如突出爱国主义教育的形式有升旗，国旗下讲话，童谣诵读，管乐队、合唱队表演；突出公民教育的形式有讲话、赠手册、童谣表演等。

我还将开学典礼策划案打印稿发给各个年级组长，并在大会上进行了宣讲，让每一个老师们都能清楚地知道：“为什么？怎样做？达到的目标是什么？”这是教育取得实效的关键。会后，我将开学典礼策划案电子版发给了各位教师，使每个人都明确活动的程序、环节，对自己的工作职责一清二楚，这是活动有序、顺利进行的保证。

三、活动过程

2011 年 9 月 1 日，开学典礼在学校装修一新的操场上隆重举行。本次开学典礼改变了以往以发言为主的形式，共分为四个部分进行：

第一部分，起始篇。由主持人宣布典礼开始，介绍到场来宾。全校师生对长期关心学生成长、关注学校发展的各单位代表报以热烈掌声。

第二部分，爱国主义教育篇。开学第一次升旗，仪仗队请来了部队的战士，亲手为我们升起五星红旗，雄壮的国歌激发了每一位师生的爱国情怀。在欢迎新生的仪式之后，胡校长用饱含深情又平实质朴的语言为我们上了爱国主义第一课，对全校师生提出了新学期努力的方向。接下来，三年级全体师生和学校合唱团的团员们分别围绕爱国主义的主题进行了童谣诵读和歌曲展示，精彩的表演赢得了大家的热烈掌声。

第三部分，文明公民篇。今年刚入职的青年教师代表全体老师发言，表达了爱岗敬业的决心和对全体同学在新一年的殷切希望。六年级学生进行了文明公民童谣表演，与之配合的是形式新颖，便于推广的筷子操表演。欢快的韵律格外振奋人心。随后，他们又向一年级学生赠送了《新生手册》，象征着良好校风的继续传承，而一年级学生诵读的新生童谣，也伴随着响亮的掌声传遍了整个校园。

第四部分，结束篇。雨水洗礼后的新操场气息怡人，操场周围的树木分外劲拔昂扬。站立在操场上的2000多名师生队伍整齐，精神振奋。美好、富有生机、和谐的画面，感动着来宾。区政协领导的讲话充分肯定了全校师生在活动中展现的良好风貌，也对大家新学年的学习生活给予了美好祝愿。最后，开学典礼在全校大合唱《我相信》中圆满结束。

四、持续跟进

开学典礼结束后，我组织思教处利用广播对整个活动进行了总结，对副班主任准时进班、学生纪律良好、表演团队演出出色等提出了表扬。特别表扬了一年级小同学，他们的首次亮相受到了大家的称赞。

开学典礼后，我及时总结，并将策划方案中尚不充分的部分及时进行了补充，为今后的开学典礼及类似活动如何开展留存了宝贵的资料。

开学典礼后的第一个行政会上，我对本次活动效果进行反思。大家根据各自责任分工落实的情况发言，特别对活动中存在的一些细节问题展开讨论，查找原因，统一认识。会上，对查找出的管理上的共性问题，如学校大型活动中学生的组织调队应请体育教师指挥问题，做出了马上改进、落实的决策。会后，德育部门完成活动策划总结。

五、收获与反思

在全校师生的努力和各部门的配合下，本次开学典礼经过精心策划，变得“很有味道”：童谣朗朗上口，学生参与热情很高。老师和同学们普遍感到，与以往相比，这次开学典礼的教育目的更加明确，主题更加鲜明，环节更加紧凑，对细节部分的布置考虑也更加周全，因此，虽然同样是半小时的时间，但给人留下的印象却更深刻了，达到了本次活动力图触动心灵、活动育人的目的。

反思这次活动的成功举行，得益于活动策划水平的提升。经过UDS项目组暑期的培训后，我对如何进行“活动策划”有了新的认识，并且在本次开学典礼的策划过程中努力做到“学以致用”，制订了详细的活动策划方案，大家各司其职，使各项工作落实到人，保证了活动有序、顺利地进行，足见策划的重要。

这次活动的成功举行也加深了我对好策划的理解。重新审视本次开学典礼的策划案，由于关注了这几个关键问题，所以取得了成功。这几个关键点是：

1. 有问题意识

活动一定要针对问题和需求。本次活动，我针对德育缺乏系统性、养成教育不能成系列推进的问题，通过童谣诵读展示活动，扎实推进养成教育，解决了我们的问题。

2. 充分利用了资源

本次活动中我们有超级可爱的孩子、积极配合的家长；我们有学生管乐队奏乐、“三军仪仗队”官兵升旗；我们有善于思考的校长、团结协作的干部；我们更拥有一支认真负责的教师队伍。活动中充分调动了大家的参与积极性。

3. 动态监控

为了防患于未然，我们的策划案既有晴天操场现场版，也有雨天电视直播版；既有师生就座版，也有师生站立版；既有新生现场入场版，也有新生提前入场版。随时根据当时情况进行调整，使我们具备了可以从容应对当天突发情况的能力。

4. 集体智慧

本次开学典礼，调动了全校师生共同参与：每人都收到了策划案，每人都有各自的岗位，每人都从策划案中有所收益。

5. 反思跟进

开学典礼后，我们将策划方案中尚不充分的部分及时进行了补充，为今后的开学典礼及类似工作留存了宝贵的资料。行政会上的问题查找分析，有效地改进了工作，为下一次活动奠定了基础。

活动的成功举行，也使我深一步感悟到什么是真正有效的德育。德育，不是做给别人看的，而是要让我们的学生有切实的收益，能对他们今后一生的发展产生良好的影响，这比多做两道奥数题要有效得多。

这次开学典礼活动策划的成功反映出了我们干部工作的变化。

第一，蕴含着教育理念的变化，就是让学生成为开学典礼的主体，参与其中，感悟教育。

第二，蕴含着管理理念和工作方式的转变。策划案明确了活动的目的与意义，让教师在实施过程中将教育渗透到过程之中，充分发挥教师的主体作用。

第三，增强了干部们的活动策划意识和综合能力。很显然，这次开学典礼的形式和以往以领导、来宾发言为主的形式不同，需要在开学典礼短短的时间内，将爱国主义教育、新生入学教育、文明公民教育、童谣展示结合在一起进行，其难度真的很大。一开学就搞这么大的活动，前所未有；那么多新童谣展示表演，要练、要查、要改；还要邀请部分家长参与活动，真是面临一个又一个的挑战。但是，所有的困难都克服了，而解决问题的方法，来自于精心设计、细致周全的策划。这次活动后，干部更加重视工作之前的思考和设计，不放过每一次教育的契机，发挥每一次活动的综合效益。

第四，增加了干部的自我反思意识和成果及时固化的意识。他们在反思中变更，在变更中前行，这是不断进步的法宝。

【案例分享 2】

“微格式行为更进校本研修”活动的策划

——姚映红

策划让我们更加重视并拥有更多工作实施之前的思考和设计，也更加注重活动后的反思。当策划使我们的教育异彩纷呈时，我们才真正理解了一个好的策划应具有的标准：策划应该是目标明确的，所有工作围绕此目标前行；策划应该是有一定理论依据的，能够保证其科学性并可以避免盲从和迷失；策划应该是可操作的，要具备所需条件和基础；策划还应该是可检测的，通过教师和学生的反馈效果进行；策划还应该是成系列、不断改进的，以实现我校行为更进策略促进学校发展的目标。

UDS 项目组倡导“改进在日常”的发展理念，我在我校英语教研活动的策划中，力图践行这一理念，让改变在日常发生。

一、教研活动为什么要改变

近年来，我校对“行为更进”式校本研修策略的研究不断更进深化，模式由同年级“多人同课更进”“一人同课更进”模式，逐步深化为“多人多课更进”、不同年级“多人多课更进”和“跨学科联动更进”模式，这些已有的研修模式解决了教师在备课过程中出现的实际问题，解决了教学的重点难点，提高了教学质量，教师也越来越熟悉和适应这种研修模式了。

然而，当行为更进成为我校常态的教研模式之后，我发现无论是哪种更进模式，教师参与的积极性都是有很大差异的。对于英语学科来说，往往只有一名或者两名教师承担同一个年级的授课任务，教师对于本年级自己所教授的课把握就好一些，不是自己同一年级的课，教材理解就弱一些，因此要做课的教师就要积极主动一些，教研组内的骨干教师在备课评课过程中就会说得多一些，其他教师会随声附和，这就严重影响了教研活动的实效性。另外，研究成果更趋向于单一化、模式化，不利于培养教师的创新精神和创新能力。作为英语教研组组长，我开始思考如何开拓行为更进式校本研修策略的形式与方法，发掘适合我组教师专业发展的途径。

二、教研活动需要改变什么

我首先分析了组内的现状。我组共有英语教师 9 名，其中 2 名市区骨干教师。组内 20 年以上教龄教师 4 名，10 年教龄教师 1 名，青年教师 4 名。教师整体现状可分为两部分：

一部分英语教师从教时间较长，具备相当丰富的教学经验和教学方法，课堂教学管理能力强，已经形成了个性化的与学生和家长沟通的技巧，有的教师在自己的专业领域中也取得了相当优异的成绩。但是教学经验有时也会成为一种满足现状、制约发展的行为习惯。她们觉得现有的教学能力已经足够了，甚至有的老师有懈怠和抵触情绪。曾经有的老师就和我说：“你就让我好好教课就行了，千万别让我做课呀，搞课题呀。我就踏踏实实教课，对得起学生就行了。”

英语组的另一部分老师年轻，有活力，精力旺盛，有创意，想象力更丰富，能制造有声课堂，让课堂更活跃，受孩子们的喜欢，很容易与学生打成一片。她们大多为英语专业毕业的学生，英语专业知识更加深厚，知识面也更加丰富。但是由于她们的教龄不长，有两名教师今年刚刚参加工作，教学经验还比较欠缺，教学基本技能还不够娴熟，课堂管理能力以及和学生、家长沟通的能力还有待提高。她们接触教材时间短，对于教材结构的把握、课堂结构的处理还不是那么得心应手。另外，随着时代的变化，人们对于生活与工作的认知态度发生了根本的改变，她们的钻研意识相对较弱，个别教师有“安逸”“中庸”的心理，这些都成为她们专业发展的羁绊。

我在分析后得出结论：我组教师在教学经验及英语专业知识方面是各具优势的。但在以往的更进研修模式中，年轻教师等着老教师帮着备课，即使“第一轮”没有上好也没有关系，反正会有组里教师帮着备课。甚至在第一轮备课时，有的教师自己都没有一个完整的设计，就等着组里一起备课。老教师呢，主动学习意识薄弱，仅仅凭着自己原有的教学经验听课评课，其实他们有些理念已经不适合新课标发展的要求了。

面对这种现状，我认为要先从研修模式上改变：

1. 变被动接受为主动学习，即改变教研活动时年轻教师“等”的状态，改变老教师“安于现状”的状态。要充分发挥所有教师的积极性，打破教师一成不变的思维模式，激发教师自主发展的内在动力。

2. 变“传帮带”为“互相学习”，变“单一教学模式研究”为“个性化教学研究”。即在新课标的学习和推进过程中，要促进教师间的相互学习，鼓励每个教师的个性化教学，激发教师的创新意识和能力，并逐步在组内营造学习与研究的良好氛围，最终帮助每一个不同特点的教师都获得专业发展。

三、教研活动是这样改变的

为改变以往更进式研修模式，我在策划英语活动中开始尝试“微格式行为更进校本研修”。

我首先明确“微格式行为更进校本研修”的内涵。

微格教学英文为 Microteaching，意为微型化教学，又被称为“微型教学”“微观教学”或者“小型教学”。微格式行为更进即为全组每位教师针对同一教学内容进行微格教学的研修模式。这里的微格式教学指的是教师授课，其他参与研修的教师当学生配合授课教师。这里的更进指不同教师的个性化设计在集体研究的过程中得到发展和改进的过程。

“微格式行为更进校本研修”看似“同课异构”，但是又不同于以往的“同课异构”。研修过程中，上课的对象是教师，而不是学生；上课的内容既可以是一节课的完整内容，也可以仅仅是教学的部分内容，比如一个相对完整的教学点。

“微格式行为更进校本研修”借鉴了微格教学的优点，但是又不同于“微格教学”。它增加了微格展示后的评课及对比评课两个环节，保证了教研活动中的“评和学”。

其次是设计了微格式校本研修模式——“一微格，三更进”。即一次微格式校本研修时间为三周，分为三个步骤，集体教研活动时间为三节课。

然后是根据上述模式探索实践。初次尝试微格式行为更进的教学内容为一年级的语音阅读课。具体策划如下：

微格第一周——自主学习，自主设计。英语组的每位教师得到教学内容及基本教学目标，老师们基于这个教学要求进行自主的学习，利用一周时间根据这个模板和自己班上学生的特点，就同一教学内容，完成自己的教学设计。在这个过程中，如果遇到备课中的问题，教师可以和同组老师进行交流，保证了教师学习的自主性。

微格第二周——专家引领，修改设计。为了保证教研活动的实效性，学校聘请了专家做英语学科的教学指导。在这个阶段，教师将教学设计通过邮件发给指导老师，指导老师将设计的反馈传给教师，教师在指导老师的帮助之下完成设计的修改。这种指导方式更具个性化，互通邮件和短信的联系方式凸显了现代化信息时代的优势，教师出现的问题能够得到及时有效解决。

微格第三周——微格展示，共同提高。英语组进行集中教研活动，所需课时为三节课。微格展示分为三步：一展示，二自评，三互评。

展示指英语组每位教师依次展示自己的教学设计。展示过程中，其他的教师充当学生的角色，然后展示一节评一节。

自评、互评是为了保证研修效果。我们规定了自评和互评的要求，提出了“两句话自评”和“分析式他评”的评价方式。两句话自评是：我觉得我刚才做得最好的一点是……我需要改的是……(教学环节)。分析式他评指教师从学生或者教学理念的角度分析课的优点和不足，即引导教师多从“为什么这样做”的角度进行思考，力求加深教师对于教育理念的理解。

一轮微格式更进课完成之后，我看到了教师的变化：

1. 教师状态变化了。一开始教师很放不开，站在前面紧张，尤其是老教师，更放不开，更拘谨些，越怕错反而越出错；下面做学生的教师也不自然，根本就不会转变角色。后来教师们越来越适应，呈现出来的状态越来越自然。每个人形式上的被迫参与，逐步转变为行动上的主动参与。

2. 教师思维模式转变了。教师在做学生这个角色时，逐渐开始从学生的角度考虑问题，一开始，教师就是鹦鹉学舌般学习，没有个别生，没有学有特色的学生；随着展示的教师越来越多，教师们就开始自发扮演积极表现的学生、英语能力强的学生，有的还扮演没有学会的学生、懵懵懂懂的学生，故意给台上的老师出“难题”。其实这些学生的特点都来自于每个教师的教学经验，而台上的教师就要想办法解决。这样就促进了教师在备课过程中要“以学生为本”设计教学的思维模式的转变。

3. 组内研修氛围转变了。教师们的教学设计各有特色，异彩纷呈。评课是以学生角度为出发点考虑的，只要符合学生的认知水平，就能够得到认可和借鉴，因此打破了以往教研活动严肃的状态。活动中，氛围越来越轻松愉快，教师们逐渐敢于表达自己的想法，针对设计的提问越来越多，评课中的空话套话越来越少，研究的气氛越来越浓厚。

在第一次微格式校本研修的基础之上，我们又策划进行了两次微格式校本研修活动。

四、教研活动改变后留给我哪些思考

反思这几次研修活动，我认为“微格式行为更进校本研修”是一种“多种形式结合，多种角色体验”并调动全员参与的一种新型教学研究模式，相较以往的教研活动更能够促进教师的专业发展。

首先，它促进了教师的自主探究。我们所初步尝试的微格式行为更进教研活动，采用个人学习与集体教研相结合的研修形式，教师全员参与，并在个性化的指导下进行自主探究。同时在研修过程中，教师角色的不断转换，评课过程中教师对于教育理念的不断反思与反省，提高了教师对于教育理念的理解，逐步形成了教师变革自己教学方法的内在动力，真正激发了教师自主探究的热情，教师从被动学习转化为教研互动中的主动研讨，最终促进了教师的专业发展。

其次，它促进了教研组的整体发展，营造了教研组内互相学习的研究气氛。以往的教研活动中，我们需要用很多课时的集中研究才能精备出一节课来，且不能保证所有老师的积极参与。但微格式教研活动基于教师自主学习和指导老师互动指导，在集中教研活动之前，教师已经做了充分的研究准备，保证了研究的质量。因此，仅仅一次教研活动，就能够使每个教师展示自己的教学设计，教研活动省时高效。研究过程中使得教研组内逐步形成了真诚交流的学习研究氛围，给每个教师搭建了展示的平台，为教师的专业发展提供了良好的氛围，保证了教师专业发展的可持续性。

回头来看，我认为行为更进式校本研修虽然已经成为学校的研修策略，但绝不是一成不变的，它也要不断适应学校新的发展需求而发展。作为管理者，就要不断发现新问题，精心策划，找到解决问题的新思路，致力于改变，才能够逐步提高教育教学质量，以适应社会发展的需要。

“微格式行为更进校本研修”活动的策划与组织，让我看到了干部在策划活动中的成长。因为策划背后有姚映红老师作为组长对自我问题的发现与解决，有对活动背后目标的准确定位，有教育理论成果的自觉运用，有具体的实施策略和跟进行为，有不断的反思与提升。这些正是管理者所必备的素质与能力要求。干部们正是在一个个精心、精彩的活动策划中不断成长、成熟，策划逐渐成为干部们一种新的工作习惯与方式。

第三节　总结反思，实现闭环

UDS项目认为，结构决定组织功能。只有组织的结构合理，组织的功能才能达到最完全的发挥。那么，怎样才能优化和改进学校日常发展的运行结构呢？为此，项目组借鉴了对过程进行改进的结构性方法——“休哈特循环”。即计划(plan)—行动(do)—检查(check)—改进(act)—再循环(PDCA循环)，通过“制订、执行、总结”三个环节的优化与创新，促使学校建立起以学期为单元，以计划制订、执行、总结为依托的自主发展的闭环机制，以帮助学校形成持续自主发展和运作的良好机制。从计划到策划，再到执行，我们按照这样的程序一步一个脚印地前行着，怎样让下一次的更进取得更好的效果呢？认真做好总结就成了连接“这一次”和“下一次”之间必不可少的一项重要内容。总结让我们的管理形成闭环。

我们认为，总结不是简单地归拢与罗列，而是要深入地分析与理性地提升；总结不是干部们的单向输出，而是和教师们之间的交流与互动；总结不是可有可无的形式，而是为教师们服务，对教师们进行培训的重要过程；总结不仅是为了回顾和记录已经发生的“过去式”，更是为了引领今后工作的“将来时”。

带着这样的认识，我们一直坚持做好总结工作。一个学期的工作结束之后，我们会利用学科会、班主任会总结教师们在专题研究、班级管理、教育活动开展等方面取得了哪些进展，有哪些好的经验；某一活动顺利进行之后，我们也会及时总结成功的原因有哪些，以便下次类似的活动中能够借鉴应用……一次次总结，汇聚着干部和教师在实践中的智慧和付出，为后续的工作积累宝贵的经验。

我们还通过总结实现工作引领。学校的发展离不开带头人的引领，这些带头人可能是想在前、干在前的中心组成员，可能是发挥着先锋模范作用的党员团员，可能是走在教育教学研究前列的骨干教师，可能是在某一项活动中表现突出的普通老师……如何让这些老师身上的闪光点在我们的教师队伍中发挥作用，实现精神上、理念上的引领呢？及时有效的总结交流为他们的引领提供了良好的平台。

“鸿翔杯”之后，我们请参赛教师、骨干教师、教研组长分别在总结会上发言，刻苦钻研、无私奉献、团结协作，这些抽象的词语伴随着他们的讲述具体起来、形象起来，潜移默化地影响着更多的人。

“西城杯”的初赛结束了，我们一改往年学科主管领导做总结的惯例，让参赛老师成为期末学科总结的主角，一个个参赛内容的课例分析，既使大家了解了他们的辛苦付出，也从教学理念方面对全体老师进行了一次培训。

每年一次的校长述职，三位校级干部都紧紧围绕学校的工作目标与大家分享自己的感受，在回顾为什么要干这些事、为什么要这样干这些事的过程中，育心教育、心智课堂、心动德育的理念一次又一次地回响在老师们的耳边，进入老师们的心里。

虽然做每一项工作前我们都会经过认真地考虑、细致地安排，但每一次事情结束的时候，我们总还会发现这样那样的遗憾，于是，反思改进也成了我们总结当中的重要内容之一。

督导之后，我们及时总结，从反馈的意见看自己部门的工作还有哪些需要改进之处；“西城杯”刚刚结束，几位学科主管领导就开始研究，这次的备赛过程怎么改进会更好些，下学期决赛阶段的备赛工作应该如何避免这次出现的问题；新年活动尚在进行，我们已经相互提醒，总结的时候别忘了，这个环节以后这样安排会更好。

……

在总结中反思，在反思中改进已经成为了我们自觉的习惯。在这样的过程中，我们的学校总结工作也在扎扎实实、一点一滴地改进着。

【案例分享 3】

2013 年，我们这样做总结

——生烁

每个学期期末，我们都要进行教育、教学工作总结：老师们对此已经习以为常了。可是今年期末，我们的日程表上却没有安排"总结"这项内容，细心的老师们感到很不解，有的问："今年怎么不进行期末总结了？是不是你们忘了？"还有的猜测："是不是今年假期要施工，提前放假，时间来不及所以把这项内容取消了？"

当然不是。我们的总结仍然要做，而且要做得更好、更有实效，所以我们的总结有了一些变化。今年我们这样做总结——

一、总结时间的变化

以往的总结，我们都是安排在期末阶段，即考试前夕或是阅卷、成绩登统期间，今年的总结，经过中心组会的研究，我们决定安排在新学期的开学初，即和 2013 年度暑期开学布置新学期计划同步进行。

做出这一时间上的调整，主要是基于以下原因：

第一，有利于总结者进行精心的准备。

总结，是需要静下心来做的：静下心来回忆一个学期的所见、所闻、所感，静下心来分析哪些现象背后蕴含着值得挖掘的价值，静下心来梳理以怎样的思路与老师们进行分享、交流……

而每个学期末，恰恰是干部们最为忙碌的时候：组织各年级、各学科进行质量监控，新一年级入学、家长会、六年级毕业、发放录取通知、接待信访，讨论本学期的绩效、奖励，安排、调整新学期人事、参加各部门上级组织的研讨会、总结会……当然，还有很多突发性的、临时性的工作，总之，大家经常处于忙乱之中。

在这种情况下，实事求是地说，我们的总结往往成为"急就章"，难以进行真正深入、细致的思考、提炼，而更多的是一种现象的罗列，有时候明明感到有些意思没有表达透彻、到位，但也实在没有时间再斟酌、完善，自己都会有言已尽而意未了的感觉。

将总结的时间调整到新学期的开学初做，就使做总结的人可以利用时间充裕的假期回顾见闻、分析现象、梳理思路，还可以就一些观察到的情况与相关老师做进一步的沟通、了解，掌握更为详尽的信息，这样“琢磨”出的总结才能更有质量、更有价值，更能起到引发思考、引领行为的作用。

第二，有利于倾听者进行认真的思考。

期末阶段干部们工作繁忙，其实老师们也是如此，质量监控阅卷，成绩登统、评定，“三好学生”评选，假期中少先队活动设计、布置，评语填写……这段时间，经常被老师们称为“黎明前的黑暗”。

这种繁忙，使老师们很自然地专注于完成手头事务性的工作，而难以将时间和精力投入认真倾听总结、认真进行学习和思考上。以往的总结会上，常见的情况是台上的人侃侃而谈，台下的老师埋头计算成绩、填写评语；台上的总结者会因为自己百忙中加班写出的总结缺少认真的倾听者而失落，台下的老师们则因为还有一大堆急于处理的问题而心神不宁，期盼总结会尽快结束。这个时候，总结往往更多地成为了一种形式，而失去了其本身应有的作用和意义，实效性大大降低。

将总结的时间调整到新学期的开学初做，避开了期末的忙乱紧张，时间相对充裕；更重要的是，在开学初，老师们最关心的是如何制订好新学期的计划，开展好一个学期的教育教学工作，而总结传递的信息正是上一个学期中那些值得肯定的理念、值得坚持的做法，这与老师们的关注点、需求点紧密结合，这些因素都有利于老师们集中精力认真倾听、思考，从而从总结中有所收获。

第三，有利于对新学期的工作进行切实的引领。

总结的目的不是简单地罗列现象，也不是单纯地表扬老师中出现的好的做法，更重要的是通过对现象的分析提升认识，进行正确的教育行为和教育理念的引领。

我们都会有过这样的体验，对于别人介绍的经验，在刚刚听说的时候往往会感到很有共鸣，有豁然开朗，甚至踌躇满志马上就要实施的冲动，但是过了一段时间，随着不断处理其他事务，当初那种强烈的感受会逐渐减弱，实施的热情也会逐渐降低，甚至消失。在就总结的问题和老师们交流的时候他们也曾谈到过这种感觉：刚刚听到其他老师的经验的时候，觉得非常受启发，也触发了自己的灵感和热情，恨不得马上就大干一场，但经过一个比较长的假期，进行了身心全方位的放松之后，在新学期开始的时候，当时那种深刻的印象、高涨的热情却在不知不觉中淡化了、消失了，于是工作又回到了自己固有的习惯、经验之中。

俗话说，趁热打铁。我们把总结安排到开学初，也有这方面的考虑，希望能够在新学期开始的时候，通过对上一学期良好教育教学行为的介绍、分析、提升，强化正向的信息导向，加深老师们的印象，激发老师们的热情，这无疑更利于大家在制订新学期计划，开始新学期工作的时候学习、借鉴同伴们好的做法，自觉践行正确、先进的教育理念。这样，才能更好地发挥总结的引领作用。

二、总结发言人的变化

以往的教育、教学总结，分别由主管这两个部门工作的副校长来做，今年的总结，除了这两位主管领导之外，我们还邀请了几位其他老师进行发言：教学部分，语文、数学、科任三个学科分别由一位老师发言；教育部分，由一位班主任进行发言。

在发言的人员上做出调整，我们主要基于以下考虑：

第一，兼顾点面，有利于老师们的理解和借鉴。

以往的总结，由于是部门主管领导一人完成，因此更侧重全面性、覆盖性，由于涉及的内容比较多，所以即使是典型事例，也只能是“点到为止”，只是呈现出做法或结果，至于为什么这样做、操作中的细节等较为具体的问题就都略去了。显然，这是不利于其他老师学习和借鉴的。

这次的总结，我们在主管领导总结“面”上工作的同时，请几位老师兼顾具体的“点”，分别从不同学科、个人和教研组的不同角度、层次来具体谈是如何践行我们在本学期倡导的育心教育理念的。他们不仅要谈自己是如何做的，还要谈自己为什么要这样做；不仅谈行动之前是如何思考的，还谈到了行动之后的反思。这样，就使台下的老师们不仅知其然，还知其所以然；不仅分享发言者的做法，还分享了他们的思想、理念。与以往的不见“全豹”、只见“一斑”相比，这无疑更利于老师们的理解、借鉴和学习。

第二，推波助澜，有利于增强骨干教师的责任意识。

从整体上看，我们学校的老师都比较内敛，愿意踏踏实实地埋头做好自己的工作，普遍不喜张扬，不善自我宣传。这固然是优点，但换一个角度看，一个学校的发展是离不开骨干教师的引领的，因此有的时候，我们就需要推波助澜，为老师们创造展示自我的条件和机会，这一方面是帮助这些老师挖掘和总结自己正确的教育理念和行为，另一方面也是在增强骨干教师的责任意识，使他们切实在教师群体中起到引领的作用。

在此次总结中邀请四位骨干教师发言，正是我们这一想法的体现。

为了保证教师发言的质量，干部们也做了比较细致的工作：一是共同确定人选，做到发言人覆盖语文、数学、科任和班主任教师，发言人员和发言角度各有侧重，不重复；二是主管领导和相关老师共同梳理发言思路，确定发言主题；三是对成文之后的发言稿提出修改建议，特别是帮助老师们在总结的过程中进一步提升认识，从理论的角度阐释自己的教育教学行为，这样，骨干教师准备总结发言的过程，实际上也是一次对自己的教育教学行为再认识、再提高的过程。

第三，树立榜样，有利于调动全体教师的积极性。

在老师们的日常工作中，其实存在着很多这样那样的闪光点，只是很多时候老师们疏于总结、提炼，天长日久这些闪光点或是自生自灭，或是难以进一步发展、发扬。在这种情况下，就需要有人去促一促、点一点，使老师们首先发觉、发现自己的"闪光"，进而有意识地对自己的教育教学行为进行思考，从自发到自觉，真正达到自我提升的目的。

请一线老师参与学期总结，可以让老师们近距离地了解身边同事的实践和思考，而且他们有可能会发现其实自己也有类似的教育教学行为，所欠缺的只是进一步的思考、理念的支撑，如果能够加以梳理、提炼，他们的做法一样也可以成为"典型"。例如，由学生根据预习内容制作简单课件，呈现自己的预习成果，和同学们一起交流；以一个小组或一个班级为单位写写循环日记，在激发学生兴趣的同时提高学生观察能力、动笔能力；在和学生交流时注意肢体语言的恰当使用，拉近自己和学生的距离……从这个角度说，教师代表的发言会使很多老师意识到，成为"榜样"并不遥远，这无疑是有利于调动全体教师进一步参与课改、践行新理念的积极性。

三、总结内容的变化

以往的总结，我们主要突出全面性，无论是德育方面还是教学方面，都要将开展的活动一一回顾。今年的总结，我们努力做到突出重点，即对照计划反思实施情况，以育心教育理念为导向梳理教育教学行为。我们这样做的益处是：

第一，有利于强化计划落实的意识。

凡事预则立，不预则废。经过两年来 UDS 项目组的培训，干部们越来越明确计划和计划落实的重要性，但是计划与实施、计划与总结“两张皮”的情况已经存在了相当长的时间，要想让老师们当中存在的这种现象也能尽快改变，绝不是一两次培训就能见效的。

我们的总结紧紧围绕对计划落实的反思来进行，既是我们自己工作的需要，也是在对老师们进行培训。我们希望老师们通过我们的总结感受到，计划的制订应该是经过深思熟虑的，一个学期的工作是要围绕开学初制订的计划来实施的，最终的总结要回看计划，反思落实情况，这样工作才能形成一个闭环，才能取得实效。这种感性的认识，会对老师们今后的计划、实施、总结都产生积极的影响。

第二，有利于强化正确的教育教学理念。

今年的总结我们没有被“事情”拉着跑，即侧重罗列老师们做了哪些工作，而是以我们育心教育的理念“心动德育和激发学生学习动机，培养学生自主学习的能力”为引领展开。

围绕着对理念的认识，我们将呈现老师们的教育教学行为，与从理念的角度进行分析。

例如，关于学情的分析越来越引起老师们的关注，我们介绍了一些教研组的具体做法，同时指出，“激发学生学习动机，培养学生自主学习的能力”这一专题的出发点和落脚点都是围绕学生，是为学生的发展服务的。因此，在研究的实施过程中，也必须要重视学生的实际、学生的需求，即把关注学情放在首位。

这样做的目的在于拉近老师们的行为和理念之间的距离，在于帮助老师们明晰自己应该做什么，为什么要这样做，应该怎样做，在于在将理论与实践结合的过程中，强化正确的教育教学理念。

我们今年为什么这样做总结，就是因为我们对总结的认识发生了改变。

是的，认识发生了改变，行为就会发生改变。2013 年我们总结工作在时间、形式、内容上变化，意味着我们的管理理念的真正改变与落实。在回顾过去工作中梳理、总结、提炼出有价值的观点、做法，结合新学期的工作，进行有效的引领，实现闭环式管理和学校发展的螺旋式上升。总结让我们感受到了工作的价值和不断的成长。

第四节　日常入手，改进文化

调研中的且调且研、且行且改，让我们逐步树立了“一切为教师发展服务”的管理理念——管理要切实为教师发展提供服务，为教师工作困难提供帮助。同时，通过不断改进和提高我们的日常管理，减轻教师工作负担，也收到了很好的效果。教师们在不断感受管理的变化中，心态悄然变化——关心学校，累并快乐着。这让我感到，当我们把“人”放大后，尊重就成为管理的核心要素，服务就成为管理的常态，高效也就成为一种自然的结果。于是，我提出了努力形成“尊重、服务、高效”的管理文化要求，其目标是要通过干部自身的改变，最大限度地调动教师工作积极性和主动发展的愿望，提高管理实效。我认为，教育是一种传递，干部管理理念、管理行为对教师来说就是一种行为导向，一种文化的传递。我对“尊重、服务、高效”提出了具体的内涵解读：

尊重——尊重是管理文化的核心。尊重体现在尊重人格，尊重差异，尊重劳动。管理的尊重要从心开始，真诚相待，心存宽容，推己及人，由衷欣赏。

服务——管理中的服务是工作中的引领、指导；是为了发展的搭台、铺路；是遇到困难的关心、帮助；是面对问题的及时解决。

高效——以管理中的尊重、服务为基石，围绕促进师生发展的目标，建立与之相适应的制度作为保障，制定行之有效的实施策略，实现高效目标。

为实现管理目标，我们对干部管理行为转变提出“三变四多”的要求。

“三变”——变布置工作为培训；变检查工作为指导；变评价为引领。

“四多”——多听、多看、多走、多思，及时发现问题，随时解决，提高工作效率。

新的管理目标和要求的提出，成为引领每一位干部自我改变的目标、方向和方法；干部们在新的管理文化的引领下，努力转变管理行为，实现“三变四多”的管理要求。

主抓教学的生烁副校长在深入教研组、深入教师的过程中了解到，四年级、五年级的语文习作要求中都有“把内容写具体”一项，四年级组的老师对应该如何理解和把中、高不同年段对“写具体”这一要求的不同标准执行到位而不越位的问题产生困惑，而此时五年级老师恰巧也在思考这个问题。于是她的思路一下被点亮了——针对两个组的老师们共同关注的问题，组织一次跨年级的联合教研，既解决了老师们教学中的实际问题，又能与常态教研活动结合起来，可谓一举多得。

于是她开始策划以“不同年级多人多课更进”的形式实施一次教研开放活动。

近几年学校实施的“行为更进”式校本研修策略陆续发展出“多人同课更进”“一人同课更进”、同年级“多人多课更进”等不同形式，但这些形式都是在一个学科教研组内进行的课例研究过程。而“不同年级多人多课更进”形式是把两个教研组作为一个“更进”的集体，共同备课、实践、研讨。这样的方式育翔还从来没有尝试过。于是她把自己的想法和两个组的老师们商议，围绕“如何把握四、五年级对‘写具体’这一作文要求的不同标准”这一主题，开展“不同年级多人多课更进”活动，最后以联合教研开放的形式向全体语文老师们进行现场汇报和展示。

对于她的提议，老师们欣然接受，并且很快开始制订研究计划。

接下来，她和老师们一起，按照制订的研究计划开始进行“更进”教研。

共同研讨，确定目标：四、五年级组的老师们认真研读、揣摩《课标》及教材，初步确定“将事情写具体”这一要求在两个年级的不同落实标准；

集体备课，联合更进：两个教研组的老师们各自选定了教材中的一次习作作为研究的载体，以习作讲评这一课型进行课堂实践，即在一个组的一位老师进行课堂实践的时候，另一个组的老师也参与听课、评课、讨论，提出意见和建议，大家共同修改教案，为下一次更进做准备；在这个过程中，听课的组也在反思自己的备课情况，改进自己的教案；

专家指导，不断改进：在进行“更进”实践的过程中，老师们积极主动向校外专家求教，反复改进，同时研究制定作文教学课堂观察表，便于老师们有重点地听、评课。

这次联合“更进”教研历时一个多月，取得了扎实的效果，最后的现场展示也得到了参与活动的专家、老师们的肯定和好评。

活动结束后，生副校长在总结反思中谈道：

这次活动，老师们的收获有哪些呢？

当然，首先是帮助老师们解决了教学中的实际问题，更加明晰、准确地把握了四、五年级叙事类习作在“把内容写具体”方面的不同要求；其次，拓宽了老师们的教研思路，使大家切实感觉到，除了阅读教学之外，语文教学中的其他内容也都是可以并且是值得研究一番的；再次，首次尝试了“不同年级多人多课更进”形式，填补了我校“行为更进”式校本研修策略在形式上的一个空白；最后，较之以往各教研组的“单兵作战”，这种“不同年级多人多课更进”的研究形式明显加强了不同教研组之间的交流与合作，可以最大限度地发挥组际合力，取得“1＋1＞2”的效果，实现了教研效益的最大化。

从这些方面看，老师们当然是活动的受益者，但是换一个角度，我又何尝不是受益者呢？

回顾整个活动过程，虽然老师们每上一节课都要看几十篇甚至上百篇的学生习作，付出了比以往研究一课阅读课要多许多的辛劳，但两个教研组中却没有一个人抱怨，每位老师都能以饱满的热情投入到研究中去。我想，这正是因为我们所研究的是来自于老师们教学中的实际问题，我们研究的目的是解决老师们的困惑、困难吧。

作为管理者只有做到真听、真看，切实了解老师们在教学研究方面的需求，才能激发老师们的热情，我们的教研才会有不竭的生命力，才会不断走向深入——把活动做到人的心里，为老师们的专业发展服务，才会收到真正良好的效果。

当然，这样的改变不仅影响我一个人，一次改变也是远远不够的。就像参加UDS项目组培训时专家们经常说到的“改变在日常”，在日复一日的工作中，不断地改变自己的思维方式、管理方式，我们才能做得更好。

是的，工作由检查到指导体现的是引领，是服务，是高效。我们的管理文化就是这样在大家的努力下，一点点形成着。勾彦芳主任对改变的体会源于她的管理实践，按她的说法，是在改变中成长。在管理中，她把“三变”延伸了。

【案例分享4】

在改变中成长——从要求改变到主动转变

——勾彦芳

陶行知先生用四颗糖轻易地改变了学生的行为。管理者，其实也是教育家，在学校管理工作中，我们都有多年来一直沿用的习惯性做法。如果认真审视这些惯例，不难发现其中的一些做法是不合适的，而且大多是在细微之处，这就需要我们在工作中多走、多听、多看、多思，时刻反省和改变我们自己的行为，只有这样，我们才能影响和改变别人。

学年初接手学校的体育工作后，我发现体育组的教师们年轻有活力，但是工作热情不高，不太愿意服从学校工作安排，工作爱讲条件；在工作上安于现状。集体荣誉感不强，对学校的事漠不关心。如何改变目前的状况，如何调动体育组教师的工作热情引发了我的思考。得益于学校这两年倡导的"三变四多"管理文化变革的引领，让我在工作之初选对了一条捷径。

于是我走进了体育组，走近体育教师，通过与他们的多次接触，我了解到大家工作热情不高的原因是工作压力大，以及某些管理方式的不恰当让教师产生了逆反心理，出现抵触情绪。

静下心来思考，不难发现，教师工作缺乏积极性不仅与教师自身因素有关，也要从我们管理者身上找原因。作为管理者，我们首要的任务就是通过有效管理调动、激发他们的积极性、主动性，挖掘教师的创造潜能，促进教师转变，而转变的前提是，我们自己要先变。就如《古兰经》里"移山大法"的故事中说的"山不过来，我就过去"。如果事情不好改变，我们就改变自己。只有改变自己，最终才会改变别人。我相信不同的管理理念、管理方式，对教师的发展会产生不同的效果。

1. 变"管理"为"服务"

"领导就是服务"，作为一名管理者，应该时刻关注教师的成长需要，多想一想："我要为教师做什么？我能为教师做什么？"在自己的工作中，我时刻提醒自己，别拿自己当干部，什么时候都不能高高在上，要走到老师中间，倾听老师的心声，做老师的贴心人，让自己的管理真正成为一种服务。

学年初，体育组的谷丰老师代表学校参加了区评优课的片级比赛，并以优异的成绩进入本学期的区级比赛。在与谷老师的沟通中了解到，作为教研组长他怕自己的课上不好，心里有一定压力，比较紧张。我告诉他："不要有负担，只要尽心尽力就好。放心，不会让你孤军奋战。"我给他提出建议，从现在到比赛还有两个月的时间，可以与我们的体育学科顾问商量一下，制订一个切实可行的计划，着手开始练习基本功。我又找到我们的体育顾问孙老师，沟通了谷老师的情况，让孙老师给他减压。这期间我组织体育组的老师利用教研活动时间集体听谷老师的课，课后大家畅所欲言地给谷老师提出宝贵的建议。由于有了平时的积淀，从抽签到正式赛课，虽然只有短短的几天时间，但是谷老师很快就备出了比较成熟的教案，胡校长、我们的体育顾问、体育组的全体老师几次一起听谷老师试讲，课后一起讨论，提出改进意见。

上课的前一天，下了整整一天的雨，谷老师担心操场的水干不了影响上课，我告诉他："你放心，准备自己的课吧。操场的事你不用担心，只要明天不下雨，一定让它是干的。"下班前，我叮嘱传达室的师傅："如果雨停了，辛苦一下，帮我们把操场上的水扫一下。"第二天一早，我早早来到学校，准备找工人师傅帮忙把操场的水坑扫干净。可是当我到操场时，看到的是比我来得更早的体育组的老师，地面已经几乎看不出昨夜下过雨的痕迹。

上课了，领导、体育组全体老师都来到操场上，为谷老师助威。课后，谷老师说："太感动了，太幸福了！我原来上评优课，从来没有像今天这样，领导们都来了。上不好都对不起大家。"谷老师在区评优课中获得了一等奖。他在总结中写道："感谢体育组这个团队支持，感谢学校领导帮助。我要继续努力向更高一级的市级课努力。"

干部们一句简单的话语，一个小小的行动，就能让老师们切身体会到学校对他们的尊重与重视；这一点小小的变化，就会让老师感到工作中的幸福，由感动到自觉行动，这不是靠"管"就能实现的。对服务，我的感悟是：走近教师，才可了解教师真正的需求；排忧解难，才是为教师有效地服务；适宜指导，才是为教师超前地服务。

2. 变"命令"为"感召"

课间操是学校教学工作的重要内容，是落实"体育锻炼一小时，强健学生体魄"的重要手段之一。提高课间操的质量是我上任后的一件大事。上学期开始，我校实行了错峰上操，希望通过此举措缓解长期以来操场拥挤以及因人多体育教师对学生的管理与指导不力的难题，提高质量。通过一段时间的观察，我发现拥挤问题解决了，但学生做操仍比较懒散，动作不准确，质量提升不大。我是看在眼里急在心里。

为了能够及时扭转这样的局面，我与体育组的老师一起研究分析了学生课间操质量不高的原因：一是学生思想上不重视，中高年级长期做这两套操觉得枯燥，没有兴趣，低年级动作掌握不够标准。二是课间操的组织管理没有到位，使得学生做操流于形式。找到原因，我们一起研究解决办法。这时，恰逢区课间操比赛。我们提出“以赛带练”，具体措施如下：

由孙晓黎老师根据学生的年龄特点，负责创编适合学生年龄特点的新操，以丰富课间操的内容，激发学生的兴趣。

体育老师在体育课上对学生的动作加以规范，落实到每个学生。

要求体育老师每天两遍操都要到岗，一名老师负责带操，一名老师领操，其他老师深入指导学生、监督管理。

我协调思教处，加强课间操的检查评比，并充分发挥班主任的管理作用。

老师们没说什么，开始这样做了，我也是每天尽量倒开自己的课，坚持到操场出操，中心组所有干部亦如此。让我们欣喜的是，在大家的共同努力下，课间操的质量有了明显的提高。

可是，让我没有想到的是，一天午饭后我走进体育组，只见几位女老师趴在桌上，饭菜摆在眼前却一口未动。我愣了，询问后才猛然意识到：错峰上操后，体育老师工作量增加，有些老师连续上两遍操后马上就要上课，中午有时还要值饭班；有的老师下午放学后还有训练队的训练，这样体育组的全体教师几乎是全天奋战在操场上，一点休息的时间都没有。想到这儿我心中难免有些自责：在努力转变学生课间操现状这个问题上，只站在自己的角度去思考问题，提出解决办法，完全没有想到自己的计划安排可能会给教师带来困扰。我在做这个计划和决定之前应换位思考，站在老师的角度想一想：“如果我是一位体育老师会怎样?”经过详细地研究、反复地论证和认真地推敲后再执行，也许就可以避免这样的失误。

离开体育组，我马上想办法与其他老师沟通，解决了体育组老师中午值饭班的问题，使他们能够在中午短暂地休息一下，缓解疲劳。再进体育组，我首先诚恳地道歉，并告诉大家最近中午不用值饭班的决定，体育组的老师们纷纷表示学校安排不开时，他们可以克服困难。一位老师说道："嗨！没事！领导们不是也和我们一样每天站在操场上那么长时间嘛，这是我们的工作，应该的。"多么可爱的老师呀！这一幕，真的让我好感动。

从此，操场上看到的是体育组老师们更加忙碌的身影，汗水湿透了他们的衣服，嗓子哑了，含上金嗓子喉宝继续带操。用他们的话说，学校为我们解决困难，我们就要更努力地做好自己的工作。

教育需要教师全身心地投入，教师与管理者之间需要交流与关怀，需要协作与支持，在学校管理工作中不要命令式给教师安排工作，否则即使对方接受了任务，其心情也不会舒畅，只能是被动地去完成。遇到问题我们要要多一点身体力行，参与其中一起找原因、想办法，要求老师做到的，我们自己先做到，用自己的言行感染、改变身边的人，让他们以更积极的心态投入工作，正是"身教重于言传"。同时，作为管理者要学会随时反思，学会换位思考，学会在日常工作中发现和寻找问题，不断做自我调整，才能给教师提供良好的支持与服务。教师会把感激之情化作工作的强大动力。"感人心者，莫先乎情"，教师感受到学校这个大家庭的温暖，怎么会不尽心尽力工作呢？相信情感的感召力胜于权力与威风的驱动力，领导的亲和力胜于领导的高压力。

3. 变"批评"为"赏识"

发现优点，及时鼓励。好孩子是表扬出来的，好老师也同样需要激励。教师的工作是辛苦的，他们除了在课堂上教书育人，课下还在绞尽脑汁地想着自己的教学，心里装着学生的健康成长，这一切有时是不易引起人们的察觉的，我们作为管理者要眼观六路、耳听八方，了解他们的工作、生活、学习情况，同时还要不断捕捉他们工作中的闪光点，给予充分的肯定，让他们的劳动得到高度认可，这样教师工作的积极性就会被调动起来。

我校一位年轻的体育老师假期参加了专业培训，培训会上专家关于中日两国学生体质的对比深深地触动了他，培训会后，他在查找资料、系统学习研究的基础上，经过反复思考修改，制订了一份详细的学生田径训练计划。当我从校长那得知这一消息后，马上找到这位老师，首先肯定了他作为一名年轻教师的高度责任感及敬业精神，了解了他的想法，并鼓励他按计划科学合理地开展训练，坚持下来一定会有收获。在此后的田径队训练中，这位老师兢兢业业，就连手臂骨折也没有停止过一次训练。在今年区田径运动会上他训练的学生取得了较好的成绩。

作为管理者的我们应该充分认识到，教师看重的是学校对自己工作的承认，对自己的认同。赏识是对教师工作的一种积极评判，教师就是这样在被赏识的幸福感中获得满足、发展、进步。美国一位著名教育家说过："赞美犹如阳光。"作为一名管理者，我们应该相信每一个教师都是一枝花，我们应该为他们提供一个充满阳光、空气、水分的空间，让他们迎风展姿，百花争艳。应该带着尊重去欣赏每个教师身上都有的长处，勉励教师，多赞扬教师，并且表达出对教师的期望。因为获得别人的肯定和赞美是人们共同的心理需要，一旦得到满足，就会成为积极向上的原动力，产生激励效应。

4. 变"指责"为"宽容"

宽容别人，海纳百川。法国著名作家雨果在《悲惨世界》中说："尽可能少犯错误，这是人的准则；不犯错误，那是天使的梦想。"记得那是一次周二早上的学科例会，例会开始不过十几分钟我便发现一位体育老师趴在桌上睡起觉来。我当时心里十分生气，趁其他老师发言之机，我拿起手机给他发了短信：别睡了，认真开会。我的短信如石沉大海。想点名叫醒他，转念一想这种场合点名字，老师会下不来台。直到他身边的老师发现我不时地看他才把他叫醒。学科会后，我严肃地批评了他，告诉他作为一名党员教师在任何时候都应该严格要求自己。我又了解了他一大早就睡觉的原因，原来昨夜他怀孕九个月的妻子身体不适，他照顾妻子一夜没合眼。知道这个情况后我对他说："下午还有课，中午换个饭班抓紧时间睡一会儿，如果饭班换不开我去替你。"下午，我接到这位老师发来的短信："勾主任，对不起！实在不该开会时睡觉。抱歉！下次注意。"

我庆幸自己在会上没有当众点名批评这位老师。当老师有错误的做法时批评是必要的，问题是如何把握好批评的度。让老师下不了台不是批评的目的。会后单独谈一谈，陈述利害，点到为止，或许效果会更好。如果不分析原因就点名批评，则更是错误，被批评的人即使慑于领导威严，嘴上不说什么，但心里还是有看法的，有的甚至会引起逆反心理，与你对着干。所以，作为一名管理者，要学会宽容别人，海纳百川，而不是经常地横加批评指责。

宽容就是用宽广之心，包容别人的过错和不足。我们所说的宽容，并不是毫无原则地一味退让、放纵不管。只是想换个角度去看看，能否包容，能否化解，能否感化，能否在他的心田上洒下一丝细雨，让他在不痛不伤中受到感动。

生活中，工作中，有很多这样微不足道的小事，我们永远不要自以为是地忽视一件小事对于我们的价值。就是这样一件件小事，如果我们采用不同的处理方法，结果也就会截然不同吧。只要我们蹲下身来，深入细致地了解情况，遇事多从他人的角度去思考，就能找到最佳的解决办法。就是这样一件件小事让我们体育组这个团队悄然变化着：怪话没了，牢骚少了，计较少了，每当有工作与他们商量，得到的都是："放心吧！没问题！"展现在我们眼前的是一个健康、阳光、快乐的体育教师团队。

山，如果不改变，那就让我们过去吧！愿我们在改变中成长，在成长中改变。

干部们"三变""四多"的管理行为转变，让"尊重、服务、高效"的管理文化逐步形成。正是在这样一个变化的过程中，让我看到了我们干部的成长与优秀，也让我有了一次难忘的督导经历……

【案例分享 5】

一次别样的督导

——胡晓峰

2011 年是我到育翔小学工作的第二年。11 月经历了做校长十年间的第三次督导——对学校五年来全面实施素质教育及小学规范化建设工作评价验收。虽然督导的基本流程大体相同，但对我来讲却是一次别样的体验。

1."了解不深"的校情让我缺少自信

得到教委通知，我很不情愿地接受了本次督导任务。因为刚到学校初步了解情况，稳步接手工作，这时接受上级对学校前几年工作的督导，我自己不熟悉校情，不好做出评价。而我手下绝大多数干部主管本部门工作时间不长，又都没经历过督导，全面历史地总结评价学校方方面面的工作，对他们而言，困难不小，紧张情绪更不可低估。老师、学生会有什么样的表现？想到这些，一向具有把事想清楚、办漂亮的办事风格的我缺少了几分自信。

幸好有到校工作一年的基础和对干部教师严谨办学工作态度的了解认同，开学前我理清了工作思路：以督导工作为统领，以全面督导为契机，锻炼队伍，推进各项工作，并将其写入学校计划和实践研究。还明确了具体的督导要求：通过档案整理熟悉、规范各部门工作；通过撰写专项报告明确部门优势与不足；借助督导的评价反馈，使我们能够有更高站位，更加准确地找准问题，实施改进，清晰下一阶段方向，真正实现以督促改，以督促建，以督促发展。

开学后，通过计划宣讲、落实的途径，围绕督导，各项工作全面展开。

2.“不太完整”的资料让我心中忐忑

督导的经历让我领教了材料的重要性。每一次，我都会对材料的准备格外重视，对照评价要素一一准备。由于督导间隔时间长，这期间人员变化也比较大，材料不齐在所难免。以往，凡是缺少的材料我要求一定要补齐，决不允许有缺失。很多学校也是这样做的，让老师们加班加点大量补材料。

本次材料整理依然是督导的重头戏，也是最耗费精力的工作。只是我们的定位不同，参与人员不同。要通过档案整理熟悉、规范各部门工作，知道各部门工作应该包含什么，重点是什么。同时，通过档案整理，明确部门优势与不足，找准问题，实施改进，清晰下一阶段方向，实现真正意义上的督导。基于这样的想法，我要求所有干部直接参与。

由于所需档案与文书档案差异较大，从九月份开始，我和干部一起对照评价要素分项整理、装订材料，有些是一篇一篇拆开重新装订。进入十月，所有档案汇集近500盒。我们又对照要素整体一一核查。在准备档案时，我要求尽可能不让老师们补材料，对于有些缺少的内容，实事求是地扣分，并做出改进意见。进入编排目录阶段，又一次打开所有档案盒进行核对，之后，请部分老师帮助一起贴盒；为了清晰方便，不同指标采用不同颜色做书脊；同时，我们还要为督导员准备一份包含评价要素内容的总目录作为检索，便于查找。督导前一天晚上，按责任督学要求，所有干部对档案再次查阅，最终呈现的是真实、整齐、清晰的档案和目录检索。

在准备材料的过程中，我经常听到这样的话：“这件事要是这样做就更好了；下一次再做这个事的时候，我知道应该这样完成就更好了……”显然，我的干部在反思，我笑了；看着第一次参加督导的干部们精益求精的工作态度，我笑了。没有人知道我是第一次带着不完整的材料迎检，心中不免忐忑，甚至在督导前一天我还产生过极强的不安和自责。直到当天各位督学陆续反馈后，一颗悬着的心才放了下来。

3.“缺少动员”的教师让我心中没底

督导中，随堂听课应该是重点。因为，所有材料显示最终是要通过课堂来体现的。进入十月，我们的工作重心就开始转向督导课的准备，而此时又恰逢“西城杯”的赛事，两件同等重要的工作确实让干部和老师们分身乏术，甚至可以说是疲惫不堪。我和干部们没有给老师提更多的要求，只是深入下去给予尽可能的指导。大面积听课会达到什么标准，我心中没底。

尽管督导十分重要，但我还是恪守着每月月底召开一次全体会的原则。遗憾的是，督导前仅有的两次开全体会的时间都被我因临时原因错过了。“我们都讲了，但没有您说的力度大”，“再安排一次全体会吧”……我没有听从干部的建议，因为我相信他们，也因为我心疼教师，但教师们会做到什么程度，我心中真是没底。好在我在计划解读时讲得很有重点、很具体，我在心里这样安慰自己。

4.“习惯较弱”的学生让我不够放心

学生行为养成一直是我校的弱项，我们在自查自评中已经扣分。事实上从上学期开始，学校就已经将学生养成教育作为重点工作来抓，并且取得了一定进展。本学期，抛开督导，这项工作也是要继续推进的。责任督学几次来校都谈到这点，并且说这是最容易的一件事。我清楚地知道他所说的容易是指严抓、狠抓，严训、狠训，这种做法一定会在短时间内取得效果。但我想的是，我们这样做的目的是什么？是为了获得一个育翔小学行为习惯培养好的评价，还是为了让孩子们真正受益呢？我选择了后者——不能急功近利，要遵循规律，讲求方法。支持德育依旧采取发小红花、张贴提示语宣传画、倡导读书、升旗仪式表彰、组建国旗护卫队、管乐团现场演奏、学校电视台正面宣传引导等多种教育方法促进学生良好习惯的形成。尽管这些做法收效比较缓慢，有些做法还不成熟，但我想这应该是学校不同于军队的地方、孩子不同于成人的地方。事实上在做出这样的选择时，我就已经做好了督学指出我们行为养成要加强的心理准备了。

5.“意想不到”的结果让我感动、反思

督导的两天中，因档案有疑问找干部询问的只有两次。

督导当天老师们都主动地很早来到学校，身体力行，示范指导着孩子们。学生进校问好时，值周干部、教师也向学生鞠躬问好；见到督导员，我们的老师主动打招呼问客人好。一位督学见到后就对我说，这就是榜样的力量。两天中，督学们会不由自主地跟我说到学生的礼貌和行为养成非常好，尤其肯定的是我们的孩子不仅是口头问好，而且主动帮忙搬凳子……

督导当天我听到的反馈是学校的整体教学水平比较高，很多教师能够关注每一个孩子，非常注意抓住课上生成的内容灵活地实施教学，并且能够举出具体的例子。

督学们有感而发说的就是我们老师良好的、积极向上的精神状态了。在访谈、座谈中，督学们感受最深的就是育翔人的热情与激情和希望育翔越办越好的强烈愿望，他们给予干部们大量有实例说明的充分肯定。“学校的发展势头非常好，具备了再发展的潜力，育翔一定能再上新台阶。”督学反馈时说道。

“在迎接督导的日日夜夜，我们痛并快乐着！忙并收获着！成长着！”老师如是说。

“当我真真切切地经历了督导之后，我相信了，督导不仅让我更加清晰地认识到应该怎样规范、系统、有针对性地开展工作，更在很多方面为我打开了工作的思路。我们的老师，在准备督导课的过程中，教学能力获得了提高；我们的学生，近一个学期以来，行为习惯取得了进步。”干部如是说。

这样的结果是我没想到的，这样的结果令我感动——我的团队在成长。感谢督导，让我认识了这样一群可敬可爱的干部和老师们。

督导后，根据督导评价及反馈意见，我组织召开了行政会，针对提出的问题研究制定改进措施，在新学年工作中加以落实，促进学校进一步的发展。这次，新学期的工作思路是以督导评价为依据，及时梳理、总结、固化研究成果，制定整改措施。“规范办学行为”同样写进了学校工作计划。感谢督导，让我们又有了新的目标和方向；感谢督导，让我真实地感受到 UDS 项目倡导的理念——学校发展从计划开始，依托计划，将给学校持续发展助力。

6. “不一样”的感悟让我提升、发展

经历了别样的督导，带给我的是顿悟。

没有经验，干部靠努力做得很好；缺少校长的动员，老师们依然自觉做好自己；尊重教育规律，学生也有较出色的表现。在经历督导中，育翔人的主人翁精神、精益求精的工作态度和不断反思、自主提升的发展意识给了我最强烈的震撼，其实大家在下面做了很多很多。我常说要尊重我们的干部和师生，其实尊重的前提首先是信任，作为管理者，要相信我们的干部、教师、学生都是有潜力、想发展的，也一定能够通过自身的努力和激励激发潜能、得到发展；每个人都有可能成为最优秀的一员。相信大家能做好多一分，管理者的不放心、忐忑就会少一分。

经历了别样的督导，带给我的是发展。

第一次督导后，我的反思是“借助督导，规范管理”。大致内容是经过督导的准备以及督导过程，使我明确了各部门管理的基本内容与评价项目、标准，督导之后，开始按照督导评价要素规范各部门的管理工作，实现了管理的规范化。第二次督导后，我的反思是“依托督导，助推发展”。主要内容是学校依托督导，借助督导专家团队，明确学校自主发展目标和方向，实现了学校的自主发展。而这一次给我带来了不同的感悟，引发了我对管理和教育的深入思考：

首先是管理——管理中什么是最重要的？

本次督导材料很真实，没有大量补材料，只是把现有材料按照要素有序装订，分项装盒。我在想：以往补好的材料检查之后，即被束之高阁，它的作用有多大？我们得到“材料齐全、完整”的评价后，又将失去什么？而这两者之间又孰重孰轻呢？

在督导原则中明确了“以督促改，以督促建，以督促发展”。事实上，此次督导，我们是严格落实这样一个目标的。查找出问题，加以改进；缺失的内容，我们重新建立；将督导反馈评价，作为学校发展的新起点。有了这样的定位，我们进行的是实事求是的客观自评，明确改进内容和方向。因此应该说，材料是管理的印迹，教师的工作状态是管理的效果，学生发展是管理的终极目标。因此，在管理中，教师是第一位的。如何把握这个“第一位”，这就让我想到了管理者的角色定位：发号施令者？也许更适用于军队；布置工作者？更适用于政府职能部门；检查督促者？应该是督导检查机关。学校管理者究竟应该是怎样的角色？我想应该是激励者和引领者。就是通过我们的管理激发每一位教师的发展愿望，挖掘教师潜力，引领教师实现自身发展。扮演好这样的管理者角色，就需要把“人”放大，尊重个体，尊重差异，尊重劳动，在决策之前，在评价之前，在执行制度中，在实施管理中我们是否起到了激励和引领作用，是否产生效果，这也许应该是我们管理的出发点和落脚点吧。

第二是教育——教育中什么是最长远的？

学生发展是学校教育、学校管理的终极目标。学生发展什么？如何发展？发展目标是什么？这是我们教育必须思考的。

此次督导，涉及的学生问题中最触动我的是礼貌问题、主体性问题和后劲不足问题。我们各个学校无论是否接受督导，都会涉及礼貌教育问题，但学生礼貌教育的本质是什么？也就是礼貌教育背后蕴含的内容是什么？这次督导让我感悟到，通过文明礼貌教育，要让孩子体味人与人之间的真诚和友善，营造温馨美好的和谐氛围。当我们挖掘到礼貌教育的实质后，就不会仅仅单纯地通过说教，让孩子见到老师、客人要问好了。

学生主体性问题，其实是涉及学生观和质量观的问题。课上以教师为主体，可以保证教学进度完成，确保学生的学习质量。但离开教师呢？学生还剩下什么？这是否与后劲不足就产生了某种直接的关联呢？教育家怀特海曾经说："当一个人把所学的东西都忘记了以后，剩下的就是教育教给你的东西。"如何让我们的教育走得更加长远，给孩子的成长留下更有用的东西，将是我们今后的价值追求和教育方向。

感谢督导，让我在自我提升和发展中再次感悟管理与教育。

感谢督导，让我感觉到我在育翔团队中工作是如此的幸运和幸福。

不仅我有这样的幸福体验，其实参与督导的干部都有这样的体验。

【案例分享 6】

2011 年工作述职

——生烁

这学期，我开始担任副校长的职务，主管全校的教学工作。俗话说，"万事开头难"，回顾一个学期的工作，对于我这个校级管理的新兵来说，的确是品尝到了很多艰辛，但同时也有很多感悟和收获。借今天的机会，和各位老师做汇报和交流。

从一个主管语文教学的主任到一个主管全面教学的副校长，负责的工作内容多了，责任也更大了，但我感到最大的不同是工作的方法变了。以前，无论我的主管领导是杨东燕副校长还是刘晶副校长，我的任务都是完成她们交给我的工作，所以我所关注的是如何干好某一件事，求得较为理想的效果，也就是操作层面的问题，其他方面，我思考的并不多。成为校级干部之后，对于某一件事，我所思考的就明显要比以前多许多了。

就拿这个学期重中之重的任务“迎接督导”来说吧。如果是以前，在材料准备阶段，我只需按要求整理相关档案就可以了，其间发现了什么问题，我也只需提出就可以了。但这一次，我把准备材料的过程也自觉当成了发现问题、思考改进方法的过程。责任督学说：对督导有多重视，收获就有多大。的确是如此。整理老师们历年上交的听课笔记的过程中，我仿佛又看到了大家凝神听讲、奋笔疾书的情景，对于这些笔记，如果能够保留在大家手中，供老师们随时翻阅回顾、学习参考，不是比躺在资料库里更有意义吗？那么，今后上交检查之后，就应该发回给大家自行保留，供随时参考、学习、借鉴之用，在需要时再收回。这样，对老师们的业务发展来说，我们的听课笔记就可以发挥更大作用了。对于每学期的重点课，在每一篇都要突出科研专题的前提下，我们还要同时兼顾德育渗透、心理教育等方面，时间长了，难免会有面面俱到但又蜻蜓点水的情况发生，如果能够给老师们更大的自主性，在教案中有选择地突出某一点，并做出相关的反思，实效性应该会更强，对于学校收集不同方面的研究资料也会更加便利。对于我个人来说，现在的工作中仍然保留着当年做课时反复修改教案的习惯，就是喜欢用只有我自己看得清的文字随时手写记录一些突发的想法，事后就撕碎不再保留，时间一长连自己都记不清了，今后应该养成随时整理存档的习惯，这样就可以为以后的工作提供更多的帮助了。

除了整理档案材料之外，督导中的另一项重要内容就是接受访谈。两天的督导中我一共接受了九次访谈，虽然当时不免紧张，但访谈给我的启发触动确实还是很大的。一位督导员在访谈中对我说：“在听课中我们发现，有时候学生回答问题时谈得非常好，层次已经超出了老师的问题，但老师却不进行回应，又把学生拉回到自己的问题，看得出是怕他们偏离了自己教案的环节。这说明在尊重学生的主体性方面你们还要进一步努力啊！”无独有偶，另一位督导员也对我说：“听一些中学反映，育翔的学生在刚进入中学时普遍表现出学习习惯好，基础知识、基本技能扎实的优点，但过了一两年之后，就显得后劲儿不足了，比如学习方法不够灵活，自主学习的意识不太强等。”当时的我听到以上这些话的时候，与仅仅主管语文教学时的感受是有很大不同的，紧迫感油然而生。我所应该做的，绝不仅仅是向校长转达督导员的意见，也不是简单地告诉老师们“在尊重学生的主体性，培养学生自主学习的能力方面，我们要进一步努力”，而是首先从自己工作的角度思考，为什么会出现这样的情况？作为主管干部，我应该做什么？我应该为老师们提供哪些切实的相关帮助、培训，使大家不仅有改变的意识，还有改变的方法？

行动的力量固然重要，但思考的价值有时更大。在这一个学期的工作中，我有意识地做到努力思考，但实事求是地说，很多时候还是身不由己地忙于处理事务性的工作以及日日不断的学生作业，思考仍然很不够。在时间管理学上，将人们要面对的事情分为以下四类：紧急而重要的，紧急而不重要的，不紧急而重要的，不紧急不重要的。“思考”应该是属于不紧急但重要的，而我和很多人一样，会不由自主地只去关注“紧急”的，最终的结果不免会捡了芝麻丢了西瓜。因此我想，在今后的工作中，做一个勤于思考、善于思考的干部，应该是我要着重努力的方向。

新的工作岗位对我提出了全面关注学校各方面工作的要求，在备战“西城杯”的过程中，我对这一点有了尤其深刻的体会。在本次备赛过程中，我除了像以往一样，把主要精力投入几位语文学科的参赛教师身上，同时有意识地关注其他学科老师们的情况。在这个过程中，我发现了很多老师们身上的可爱、可敬之处(这一点，在《备战“西城杯”》总结中已经有比较详细的记述，这里就不再重复了)。同样，我增强了全面关注的意识。我进一步体会到，无论是主科还是副科，无论年级是高是低，无论是教育教学一线还是行政后勤，学校中的任何一个岗位都是重要的，要做好任何一项工作也都是需要很多辛苦付出的。作为一个干部，真正把老师当作一个学校中最宝贵的财富，把“尊重、服务、高效”的管理理念落实到行动上，才能够抓住学校发展的关键。

长期以来，我一直埋头于自己的教学工作，这一个学期的新工作使我切实感受到，既要低头做事，又要抬头看路，而且后者比前者更为重要，因为在抬头看路的过程中，一个人的方向感会更强，目标会更明确，眼界会更开阔，路也才会走得更好，干劲儿也才会更足。十一月份的科研周中，我参加了北京小学的主场活动，观摩了他们的校本课程展览展示。丰富多彩的活动，老师、学生的自信与自豪，深深地触动了我——要想真正成为名校，仅仅教好国家规定的教材是远远不够的，学生要实现真正意义上的主动、全面的发展；仅仅学好课本上的知识也是远远不够的，立足课堂，又不局限于课堂，努力实现课内外的融汇、双赢，进而促进学生主动、全面地发展，是我们所应该不懈追求的。那么，学生的发展、学校的发展与我们个人的发展，又是怎样的关系？12月份到海口九小的参观学习，又给我上了一课。校长、干部们的自信满满，所到之处与九小有共建关系的接待单位的热情周到，使我认识到，我们常说的“校荣我荣，校耻我耻”还应该有下半句，“校兴我兴，校衰我衰”。个人的能力再强，也离不开学校这个发展的平台，个人的发展一定是依托于学校的发展的，而学校的发展，又离不开学生、家长、社会的口碑，这口碑从何而来？是每一位老师创造出来的。所以说，我们每一个人与学校都是紧密相关的一体，一荣俱荣，一损俱损。即使仅仅从这个角度讲，我们又怎能不为自己的工作而潜心研究、不断努力呢？

任职副校长以来的第一个学期，就要在一如既往的忙碌中结束了。我在经历这个学期中的许多事情时，都感受到了前所未有的紧张、压力、疲惫，常有不堪回首之感，但在写这份总结而必须要频频回首的时候，这一切沉重的感觉却都烟消云散了，取而代之的是成长的欣慰和愉悦，是深深的感谢。

这个学期，我是幸运的，也是幸福的，因为在辛劳的同时，始终有温暖和爱相伴。

的确，2011学年的第一个学期我们经历了很多，尤其是作为新上任的干部，我们面临很多的困难与挑战。但正是在这样一个个挑战与考验中，在一次次不断的自我更新与日常改进中，我们收获了成长，收获了幸福与快乐。我希望这种幸福可以传递，让所有的育翔人都能体会到成长的快乐与幸福。

尽管我的工作岗位一直在变动，但始终不变的是时常在我心中涌动着的那份教育的情结和信念，那就是，我深信每一个学生都会拥有属于他们自己的灿烂的人生。在他的童年时代，作为教育者就要悉心地呵护他们的心灵，留住他们的天真，留住孩子的天性，留住孩子的自然，留住孩子的梦想，留住属于孩子的一切……在调研中，我认识了育翔小学——这个以关注孩子身心健康为首要工作的心理教育特色校，我与育翔之间有了某种契合。我想，做“滋养心灵的教育”，关注学生心灵的成长，在他们心中打下一抹亮丽的底色，让他们感受生命的美好、人性的可贵，让他们满怀自信地朝着自己心中的梦想飞翔，一定会成为我们共同追求的教育梦想。

第四章　传承发展，明确方向

我深知，在形成办学理念的过程中，传承是关键，整合是手段，提升是目标。只有在传承中才能更好地求发展，持续发展。正是本着这样的思想，在调研的基础上，我们找到了学校在办学中最突出的两大优势：一是在促进教师队伍专业化的发展上，学校已经形成了确保学校教育教学高质量的“行为更进式”校本教研策略；二是提出了以心理教育为依托的“全元心育”育人思想和模式。在 UDS 项目组专家的引领下，我们整合了学校原有的两大优势，明确了“十二五”期间学校的发展方向，实现了从“心育”到“育心”的育人理念的发展，使育翔走入了一个新的发展阶段。

第一节　梳理历史，找到方向

多年的校长经验告诉我，要进入一所学校，除了要开展一系列的深入调研以外，还要认真沉浸到学校的历史脉络中，了解学校发展的优势与不足，这对于了解和理解一所学校的文化特质，找到未来学校发展的切入点也是极其重要的。育翔的实践就证明了这一点。

一、认真梳理，找到优势

梳理校史，我发现育翔的发展历程经历了如下发展阶段。

阶段一(1954—1998年)：追求“严谨治学、质量至上”，成为优质学校。

育翔小学建校于1954年，建校之初是寄宿制空军子弟小学，校名也因此而来。1964年归为地方学校。育翔小学在“严谨治学、质量至上”目标的引领下，在始终保持教学高质量的同时，也形成了学校科学管理严谨、教师教育教学态度严谨、学生学习态度严谨的特色。“严谨”成为师生共同的特点。随着教育教学改革的不断深入，“严谨治学、和谐发展”成为引领学校发展的目标。学校严谨治学体现在：学校管理高标准——依法治校、科学决策、争创名牌学校；教师队伍高素质——学习实践、竞争合作、争做科研型教师；课堂教学高效益——鼓励感悟、学会合作、促进学生个性的全面、和谐发展。和谐发展中的“和谐”包含三方面：一是校园环境是和谐的，二是学校的人际关系是和谐的，三是人的发展是和谐的，追求学生、教师与学校的共同发展。在这一目标引领下，学校以科研为手段，各学科先后开展《激发学生兴趣，培养学生良好习惯》《优化课堂结构，提高学生素质》《在自主活动中培养学生的实践和创新精神》《如何在课堂教学中实施合作学习》《学生实验能力的培养》等课题研究，教学质量取得突出成绩。同时，一批中青年骨干教师脱颖而出，成绩在区评优课大赛中位居全区之首。学校成为了社会认可的优质资源学校。

阶段二(1998—2004年)：关注“以人为本”，开始心理教育探索。

进入21世纪，随着新课程改革，学校进一步深化学校的办学理念，在原有“严谨治学、和谐发展”的基础上，又增加了“以人为本”，开始强调“尊重学生人格，关注学生成长的全过程”。“创造适合每个学生成长的教育”成为核心思想。

围绕这一理念，学校以心理教育为切入点，落实以人为本的思想。以优化心理素质、维护心理健康为目的，通过心理素质训练、心理健康教育、心理辅导活动，对学生实施积极影响。由思教处和大队部带头，学校建立了“心理小屋”。团支部组织青年团员老师在午休时间轮流值班，约请学生到

“心理小屋”畅谈心声，疏解烦恼，起到了一定的心理咨询作用。学校的心理教育在这一阶段初见雏形。

在初步尝试实践的基础上，学校积极推广普及心理教育的活动。在全体教师中，积极推广实践“在学科教学中渗透心理教育”的理念。同时，在班队会中增设“心理健康教育”专题活动。各个班级、各个学科的心理教育活动如火如荼地开展起来，班主任将自己的教育心得撰写成《心育个案》，每学期上交思教处1～2篇。由思教处选取出带有共性的问题且易于推广交流的心理教育经验在班主任例会上宣读点评。各班还给特需生、学困生建立心理档案，建立追踪调查辅导机制。在这一阶段，基本做到了全员参与。学校的学生团体心理辅导教育成果得到了专家的较高评价和兄弟学校的广泛认可，学校也获得“西城区团体心理辅导示范校”的称号。

阶段三(2004—2006年)：蓬勃发展，形成心理教育特色。

2004年9月，育翔新址落成。全校师生惜别老校址，全部迁入新教学楼。南楼二层“心心屿”心理咨询室的正式启用，为学校心理教育的发展带来了新的契机。学校设立了“心心屿”信箱，供学生们投递信件，预约来访。还提倡心理课及其他各科教师在有需要的情况下，可以到“心心屿”中的“团团圆”进行教育教学活动。“心心屿”成为了育翔学生心中最向往的“乐园”。与此同时，学校开始关注心理教育师资力量的专业化培训。学校先后出资送六位教师外出学习并考取国家级心理二级咨询师的职业证书，还有四位教师获得共青团系统的心理辅导员上岗证书。心理教育团队的建设极大地促进了更加深入、系统的心理教育研究和实践工作。心理组老师积极参与到“教育教学双重介入式”课题研究中。

学校的心理教育在这个时期取得了前所未有的辉煌和成绩，西城区心理教研室也给予学校心理教育极高的认可，学校有两位教师担任西城区小学心理教育的兼职教研员。在西城区小学心理教育领域，学校走在前列并能起到示范引领作用，无论是教师个人还是集体都获得了许多荣誉和嘉奖。

阶段四(2007—2010年)：遭遇瓶颈，转型突破阶段。

在这个阶段，西城区各所学校都认识到学生心理教育的重要性和必要性，纷纷加大对心理教育的人力物力投入和软硬件的建设，后起之秀不断涌现。育翔小学的心理教育却在辉煌之后遭遇到发展“瓶颈期”，呈现“墙内开花墙外香”的局面，工作效果没能得到校内老师的普遍认可。在激烈竞争的心理教育发展中，逐步失去了自己的优势和特色。

为了攻克这一难关，心理组上下一心，在西城区心理教研室的带领下，初涉“箱庭疗法”这一新兴心理辅导课题。同时，在学校科研主课题《学校发展与团体心理辅导的研究》这一大背景下，教师积极参与科研室主持的“音乐介入课堂”和“全元心育”(“十一五”课题)的研究工作。

这一阶段，在团体心理辅导活动课继续保持全区一流水平的基础上，心理教师认识到家庭因素、家长心理素质对学生心理的深刻影响。因此学校各年级、各班级在家校工作中普遍开展了具有团体心理辅导性质的家校沟通活动，在家长中取得了广泛好评和赞赏。心理组的老师还承担起每周一次的“心理广播”任务，每学期更换两次心理展板。加强心理知识的普及和宣传工作，使心理教育更扎实有效。尤其是借助“十一五全元心育”的课题研究，学校提出了“全元心育”的办学理念，即全人化、全员化、全面化、全方位、全渠道地实施心理教育。在这一理念指导下，学校在学科教学中提出了树立“目标意识、主体意识、情感意识、反馈意识、创新意识”五种意识；在课堂教学中，引导教师努力做到“五带进”：“把信任的目光带进课堂，把尊重的话语带进课堂，把和蔼的微笑带进课堂，把善意的激励带进课堂，把适度的竞争带进课堂。”在全校员工的共同努力下，育翔获得了北京市教委认定并颁发的“心理教育实验校”称号。

通过对育翔历史的梳理我们发现，心理教育特色是育翔学校发展中非常重要的关键事件与发展生长点。通过多年的探索积累，无论是在硬件还是在软件上，育翔都形成了较为深厚的办学积淀，这应该成为育翔今后发展的重要支持点和生长点。

除了心理教育以外，在梳理育翔历史的过程中，我们还发现了另一个值得重视和关注的办学优势，那就是“行为更进”教研策略。

“行为更进”策略是在新课程背景下，学校立足校本研究，通过教育教学实践、总结、提炼，逐步形成的“行为更进、交替引领、整体提高”的校本研修策略，简称“行为更进”式校本研修策略。

“行为更进”式校本研修策略以课例研究为依托，以组内全体教师的主动参与为显著特点，关注教学方案的形成过程。在这里，“更”为“改变”的意思；“进”是“前行”的意思。“更进”就是行为在动态过程中的改变。所谓“行为更进”校本研修策略是指在研究中关注研究周期和后续教学行为的不断优化，使之不断改变和发展。在实践中，“行为更进”式校本研修对促进教师专业成长和整体提高，保证教育教学高质量发挥了重要作用。

我们认为，“行为更进”校本研修策略体现了行动研究的指导思想，是助推事物向前发展的重要推动机制。在推进“十二五”特色发展规划的过程中，如果能将这一优势继续扩大，将“行为更进”式校本研修策略延伸拓展到学校管理、课程建设、教育教学活动等各方面工作当中，形成一种“行为更进文化”，那么这一办学优势将会在学校发展中发挥出更大的推动作用。

在 UDS 项目组专家的引领下，我们整合了学校原有的这两大办学优势，将“十二五”期间学校的发展思路确定为：“以行为更进文化，促进学校办学特色的进一步形成与深化。”

心理教育和行为更进两大优势犹如散落的珍珠，通过调研中的发现、梳理、总结后，被穿成了两条项链，让人眼前一亮。通过我们的整合，恰如将两条项链取其精华、合二为一，开始发出光彩，熠熠生辉，为学校下一步的发展明确了航向。

二、反思不足，聚焦问题

虽然通过梳理育翔的历史，我们找到了育翔发展的两个优势，同时，我们也找到了学校特色建设新的生长点。

第一，心理教育的实践更多的是局限在具有专业技术的少数教师层面，尚未做到在全体教师中达成共识，多数教师也没有掌握基本的心理学规律并在实践中应用。老师们认为心理教育属于专业层面，应该由具有心理教育专业资质的教师实施，其余教师做好日常教育教学即可。当遇到有心理问题的学生时，心理专业教师应从专业技术角度予以及时的疏导和帮助。如果全员参与心理教育难度比较大，专业差距也比较大，就不能落到实处。

第二，学校办学理念与办学特色之间、心理教育的“育人”内涵与学校“育人”目标之间尚未建立有机的联系。实施心理教育的策略与路径尚不清晰。

第三，学校自 2004 年迁址，至 2011 年已有七年时间，墙皮、教室、楼道等设施老化、破损严重。校园环境缺乏整体的设计，以凸显学校办学特色。

第四，具有专业心理技术能力的教师教学负担重，尚未充分发挥出作用。

目前学校获得国家及二级心理咨询师资质的六位教师中，有两位是中层领导，负责德育和少先队工作，其余的三位中有两位担任语文、数学主科兼任班主任，只有一位兼任本班心理课教学，其他几位不担任心理课教学就已经全部满工作量。当工作量减不下来、个体心理咨询缺少时间保障时，心理教育就处于停滞状态。

第五，心理教育的受众人群也主要集中在个体少数学生，更多体现在解决学生个体心理层面的问题，因此，作为学校特色来说，其关注的领域有些狭窄。

通过以上反思，我们明确了在原有心理教育特色的基础之上，继续发掘“全元心育”的深层次内涵，找出其与时代发展脉搏、与教育教学规律和儿童身心发展规律相契合的部分，在不断传承的基础上，将心理教育特色发展为一种更贴近于“人”、更具有时代气息和内涵品质的学校教育。

三、深化理解，找到目标

在专家的帮助下，我们提出了从“心育”到“育心”的新的发展目标和发展思路。

我们认为，两者虽然只是位置做了一个颠倒，但是其背后的理念和内涵却有很大的不同：“心育”，强调更多的是手段，是路径。“心”的内涵主要指的是实施心理健康教育。而“育心”，更强调的是目的，是内容，强调在教育教学中把“关注心灵成长，提高生命价值”作为核心价值观，把让师生享受教育的快乐与幸福作为根本目的。

这一转变从人性发展的角度，赋予教育对象、教育内容、教育过程、教育方法以人本关爱，将一定世界观和价值观渗透至每一位个体心中，形成共同的价值取向和精神情怀，使学生拥有幸福童年，感受到生命美好，朝着自己心中的梦想快乐地飞翔。

这里的“心”也有学生心理健康，但它的内涵应该更深、更广，不仅强调学生心理健康的发展，还强调学生精神世界的提升、强调心灵的充盈与丰满。“育心教育”追求的是作为“人”这一特色对象本身的全面而和谐的发展。从这个意义上，“育心教育”也是“人的教育”。

在这些认识的基础上，我们形成了对“育心教育”的如下理解。

我们提出的“育心教育”的“心”，包含“心灵和心品”两方面的内容：心灵——人的精神与灵魂；心品——个性、心态与认知、情感。“育心教育”的最终目标是培养有梦想、有智慧、有毅力、积极乐观、身心健康的小学生，使其获得健康、快乐的成长，实现自我飞翔的目标。

“育”主要包含“引导、呵护和尊重”三层含义。引导——遵循教育与身心发展规律；呵护——对生命的呵护与关爱；尊重——尊重个性与差异。其具体的指导思想与实施策略为“以心为先，以心育心，滋养心灵”。

“以心为先，以心育心，滋养心灵”是三层递进关系。

“以心为先”，即教育以育心为本，育人从育心开始。我们认为，教育的本真在于激发、唤醒孕育生命成长的本质力量。而这种本质力量主要来自于“心”。“心”是人之本、人之魂、人之内核，因此，也是教育之本，教育之魂，教育之内核。学生良好的心理品质和美好的心灵是一切教育的基础与核心，教育者对学生心理潜能的挖掘，对其生命本质力量的激发是教育的根本使命。因此，从一定意义上说，教育就是育心的教育，教育应从“心”开始。

“以心育心”，即育心教育的途径是以心灵呵护心灵，以心灵启迪心灵，以心灵影响心灵，以教育者自身的健康、幸福、美好、成长来影响带动学生的健康、幸福、美好和成长。我们认为，教育就是教育者有目的地对教育对象主动施加影响的过程。这种影响，不仅来自于教师的知识传授、技能的训练，更主要的是来自于教师在日常交往互动中潜移默化的影响，教师的人格魅力、高尚情操、健康自我等无形的精神财富对学生的影响才是最大、最深远的。从这一意义上说，教育是依靠教育者全部身心对教育者施加影响的过程，是以人育人、以心育心的过程。教师作为施教者，必须具有健康的心理品质和高尚的道德情操，才能培育学生良好的思想品格，让学生发觉生命的美好，从而激发出自我成长的潜能。因此，教育者自身的心灵成长与健康自我是“育心教育”的前提，也是实现“育心”教育的途径和手段。学校干部教师自身的心灵成长与健康自我发展也是育心教育的重要组成部分。

“滋养心灵”，即“关注学生心灵成长，提高生命价值”，是我们培养目标的核心价值观。这种价值观背后隐含着我们对教育规律的理解与尊重。

我们认为，美好的心灵不能被塑造，而需要去滋养，需要美好的事物以及美好的环境去滋润、去温暖，去一点点浸染和沉淀。这种滋养不是从知识的灌输、技能的训练、道德的训诫中获得，而是从教育者全部身心的敞开与提升中获得；从教育者相信每个学生都有自我成长的能力，应给予无条件的尊重与呵护中获得；从对学生的个性差异和兴趣爱好与潜能的激发与爱护中获得；从为学生的心灵成长提供丰富的精神营养，使之感受生命的美好，享受属于自己的幸福童年生活中获得。

因此我们认为，我们提出的“育心教育”，蕴含着对教育本质的理解，蕴含着对教育与身心发展规律的尊重；其核心思想是让学生获得健康、快乐的成长，实现“自我飞翔”的目标。

这个“自我飞翔”目标包含：学生的个性得到发展、潜能得以开发、自信逐步建立、健康心态逐渐养成。通过育翔六年“育心教育”的滋养，每一个育翔小学的学生都能成为一个有梦想、有智慧、有毅力、身心健康、积极乐观、健康快乐的小学生，从育翔小学这片教育的热土中，飞翔到更高、更辽阔的天空中。

第二节　学习研讨，深化认识

虽然明确了“育心教育”的基本内涵、目标和实施指导思想，但是，我们还有很多如何实践操作的困惑没有解答。“育心教育”，关键是对心的理解。如果只是大概地提出内涵，甚至提出育心教育的各种原则，却没有对“育心教育”的实质有深入而明确的理解，不能明确育什么样的心，那么“育心教育”仍然会停留在空泛的愿望上，甚至仍然会走上歧途。还有，如何在“全元心育”的基础上实施“育心教育”？育心教育的“心”到底有哪些内容维度？实施“育心教育”中应该注意些什么？如何抓住“育心教育”的实质？如何让“育心教育”落地，在德育、教学、管理，特别是课程等方面加以体现？

为此，UDS 项目组专家们给我们从理论层面、文本细化等方面进行了深入的、有针对性的专题校本支持。同时，专家建议我们：办学理念是学校的灵魂，是特色的核心，因此对“育心教育”内涵的深入理解，要组织教师反复学习、研讨，成为全校上下的重要课题。也正是在反反复复的讨论中，我们的认识越来越清晰，内心也开始变得越来越柔软，越来越充满温情。

一、和谐发展，育心关键

细观中国古代哲学，从孟子的“性善论”关注人性中“良知”“良能”，到荀子“性恶论”关注人性中“本始材朴”的自然之性，再到后期的“化性起伪”之说，教育始终承担着一种泯“恶”扬“善”、最大限度地实现人性中自然性和社会性的和谐发展，最终让人成为一个自身和谐发展的完整的社会人的功能。因此，在“育心教育”培养目标的设定中，我们始终要坚持从学生、家长、学校的不同需求的角度，关注个体发展过程中社会性、个人性与自然性的和谐统一问题。在此基础上，我们发现以往办学中，虽然提出了“以人为本、以学生为主体”的办学理念，但落实到实际工作中，其实还是更多地关注学生的社会性，而忽略了其自然性和个人性的发展，这应该是我们在“育心教育”中加以警惕和改进的。

小学阶段学生正处于身心发展的关键时期，思维活跃、对事物充满好奇之心以及好动、贪玩等都是他们的天性，是他们在人生特定发展阶段的身心发展规律决定的，这些也构成了个体发展过程中的自然性。在人生天地间，每个学生的天赋不同，生活环境不同，由此而形成的优势倾向等也各不相同，这些就构成了个体发展中的个性差异和个性品质。在学生成长的过程中，往往会出现学生的自然性、个人性与社会性之间产生矛盾的情况，这就要求我们在“育心教育”中，努力实现学生自然性、个人性和社会性的和谐发展，这样才能帮助学生协调好自然性、个人性与社会性之间的关系，根据内心的自我感受，形成一种自发的心理调节，让孩子人性中的各个特征实现融通与和谐，从而最大限度地让学生获得一种快乐与幸福的生命体验。因此，从这个角度来说，我们“育心教育”的实质是培养一个完整的人，让孩子身心健康、心灵自由，人性中的各种品质得到和谐发展。至此，我们对“育心教育”培养目标的理解更加深入而全面了。

二、健康自我，育心实质

根据健康自我理论，学生的利益从根本上是获得一种健康自我的发展能力。教育是师与生、教与学持续互动的过程，缺少任何一方的配合都难以完成。因此，在“育心教育”中，同样需要师生形成合力，需具学生具有健康自我的发展能力。

这种能力要求学生在日常教育教学过程中，在教师的诱导下，能够具有主动探索的欲望和好奇心，具有大胆思考、质疑权威的意识与勇气，能够进行自我反思与筹划，能够处理学习危机、应对各种压力；能够突破自我的局限，获得融入社会、成为一个社会需要的健康社会人的本领，并能最终体验幸福，获得一种生命自由。

因此，健康自我发展能力是生发其他能力的基础和核心，是“以学生为本”的“本”之所在。这个“本”要求教师们无论是在教学中，还是在其他具体工作中都要以它为核心目标，“授之以鱼”，更要“授之以渔”，帮助学生成为一个具有健康自我品质的人，并具有健康自我的发展能力，是教育也是“育心教育”的关键所在。

三、五心并育，育心精髓

在将“育心教育”的培养目标上升到一种哲学的高度进行价值重构后，有感于健康自我视角对个体生命质量、心志视野、创新精神以及体验幸福能力的关注，有感于健康自我理论与我校办学理念在“人”的培养上的异曲同工之处，在抓住“育心教育”的核心本质内涵之后，我们又开始思考：“育心教育”培养目标的落脚点和抓手是什么，或者说，“育心教育”的培养目标的建构需要通过哪些具体的目标来实现？

经过认真地分析讨论，我们认为“爱心、好奇心、自信心、进取心、责任心”是建立学生健康自我的核心品质，也是在小学阶段学生培养目标中的核心素养。于是，我们提出了“五心并育”的教育思想和发展策略。

“五心并育”是我校提炼出来的“育心教育”最为精髓、最与众不同的地方，也是“育心教育”培养目标实现路径的核心抓手。它不仅包含了对学生的培养目标，也包括对教师的培养要求。

1. 爱心培育

爱是动物和人的一种本能，一种生理和心理的驱动力。但作为教育，我们所培养的“爱心”应该与动物的本能之爱是有差别的，因此我们的“爱心”包含两个层面，一个是“对待世界和他人的爱心”，这是道德层面的爱心；一个是作为心理品质的“对待事物的热爱之心”，其中“热爱”的心理品质，对于培养学生的健康自我来说是尤其重要的。热爱要比爱还要强烈，是一种持续涌动的热流，也是一种把自己的资源与情感倾注到所爱对象身上的强烈的情感与行为。一个人一般会有一个或几个非常乐于从事与关注的焦点，将自己深深地投入其中，并享受其带给自己的快乐。因而，一个有了某种热爱的事物的人，他的生命质量是高的，而且也让自己显得特别。在“五心”中，我们认为爱心是“五心”的基础，爱心居首，承载了其他“四心”的核心内涵。

我们认为，“五心”的感知与培育只有在爱的土壤中才能得到蓬勃的生长、长足的发展。因而对教师提出的要求是：培育爱心除了教师要拥有高尚的师德、无私奉献的精神以及对学生负责的精神外，还体现着对学生的宽容、尊重和理解，以及教师自己所体现出的对学生的热爱。热爱学生就要学会宽容学生，尊重学生，理解学生，以变应变，叩开他们的心扉。教师的爱应该是自己投入其间，享受教育本身所带来的快乐与幸福；教师的爱应该是推心置腹、以诚相见的。教师要学会换位思考，包容学生。另外，教师关注的是全体学生，要严慈相济。教育是人性化的举措，说到底是对每个学生的关注，不能局限于个别对象，而应该是面向全体，是泛爱、博爱，不是偏爱、溺爱。

2. 好奇心培育

好奇作为童心的重要体现，也是个体学习的内在动机之一。好奇心是个体寻求知识的动力，是培育人类具有不断探索未知世界的精神、不断开拓创新品质的重要基础，也是考量小学阶段儿童身心发展状况的重要参照物，是人性中最为自然的部分。

儿童的好奇是单纯的，只要给他们安全的环境，他们自然就会表现出好奇。因而对好奇心的培育，就要求教师鼓励孩子的探索，尽量不要恐吓他们。儿童的好奇可以是对自然界的，也可以是对人的，更可能是对自己的，希望儿童的好奇是全面的。所以，我们要带孩子们接触大自然、多和人交往，让他们在好奇中丰富对世界的了解和体验。好奇是探索的基础和前提，是无意识的本能的行为，而探索是受意识支配的行为。因此教师要引导儿童从好奇走向探索，要教给学生解决问题的思路与方法，鼓励学生发现问题、研究问题，寻求多种方法解决问题。此外，还要培养孩子围绕目标，持之以恒钻研的精神。

3. 自信心培育

自信是个体对自己所做各种准备的感性评估，自信象征着一种对待困难时的积极态度和精神，是健康心理的重要标志，也是一个人的生命力，对于个体的成长成才尤为重要。

对于自信心的培育，作为孩子成长中的重要他人——教师、家长对孩子略高于其自身的评价，对于孩子自信心的培养是至关重要的。首先，孩子的天赋秉性各不相同，没有好坏之分，因此就要求教师要在尊重个体的基础上，承认差异，关注差异，在不同标准中，实现差异化发展。其次，还要求教师要善于发现挖掘孩子的潜能，积极培养，鼓励学生大胆实践，为不同学生搭建成长的平台，让他们在参与中享受成功，逐步建立自信。同时，也要帮助学生进一步明确目标，付出努力，不断提升，促进其自信心得到不断强化。最后，教师要言传身教，创设培养学生自信心的环境。老师、家长是孩子的效仿榜样，因此，教师在孩子面前更应呈现出自信、开朗、乐观的性格，有魄力、自强、办事不怯懦的特点，为他们树立良好的形象，创设良好的精神氛围，让他们在潜移默化中“自信”起来。

4. 进取心培育

进取是指不满足于现状，坚持不懈地向新的目标追求的蓬勃向上的心理状态，包括好胜心、主动学习和自我发展这三种个人特质。

进取心的培育需要培养实际应付挑战的能力，比如智力、体力、技巧。这些能力最好的培育方法就是让学生参与竞争以及承担比较艰巨的任务。首先，这就要求教师适当设置竞争任务，制造竞争环境，帮助学生敢于面对挑战，鼓励学生克服困难，付出艰苦和努力，并获得成功。同时还要帮助学生学会处理和面对失败挫折的能力。这其中需要首先承认在面对失败和挫折时，人都会有不愉快的情绪发生；其次，指导学生了解掌握健康的情绪宣泄方式，学会积极地管理情绪；最后，要帮助学生分析造成难过情绪的原因，让学生懂得情绪的本质，看到自己前进的方向，不致迷失在情绪的旋涡中，失掉进取心。

5. 责任心培育

责任是一种自觉地把分内的事做好的重要人格特质，即个体对自我应负责任的自觉意识与积极履行的行为倾向，是由内心生发而来的价值感和使命感。对于处在小学阶段的儿童来说，这种责任包括作为组织中一员所应承担的责任；对行为后果，特别是过失行为的责任；对所承担任务的责任等。

责任心的培育主要包括两个大的方面：一是向内培养对自己的责任心，能够有意识对自己行为负责；二是向外培养对他人的责任心，即在诚信的品质下实现对他人的各种利他行为，如对父母、老师、同伴的责任心。责任心中的情感成分十分强烈。责任感对责任行为具有十分重要的推动作用。责任感包含丰富的情感成分，这就要求教师对其养成也需要从多种情感入手，对学生进行“爱”的教育和“良心”的教育。其次是教师的身体力行，践行责任。责任心不仅是一个理论的范畴，也是一个实践的范畴，只有通过责任实践，才能提高个体的责任能力，养成责任行为的习惯，责任心才能巩固成熟，并成为个体稳定的心理特征和人格倾向。最后，要从小事入手培养学生的责任心。古人云：“莫因善小而不为，莫因恶小而为之。”不论大小事情，都要有责任心。而且，对小事的责任心往往是对大事的责任心的基础。

一个心灵自由的人是具有创造潜力的人，一个身心健康的人才具备“飞翔”的能力。“五心并育”的教育思想熔铸了未来学生自我飞翔的关键品质，这其中蕴含着我们对教育本质的理解，对教育教学和儿童身心发展规律的尊重，它预示着通过“育心教育”的滋养，每一个育翔的孩子都能成为一个有梦想、有智慧、有毅力、身心健康、积极乐观、快乐自由的小学生，通过育翔这片教育热土，飞向更高更远的天空。

第三节 整体构架，具化路径

《学记》有言：“教者，上所施，下所效也；育者，养子使向善也。”我们认为，教育的过程本是一个不断给予、不断“使向善”的过程，而“育心教育”所通过的路径与过程也必须是柔韧有度而又不着声迹的，需要潜移默化的滋养，需要“全元育人”整体环境的“浸润”。

领悟了“育心教育”理念的内涵，明确了育心的目标与方向，我们继续踏上探索“育心教育”的旅程——打造育心团队，开启心动德育，构建心智课堂，为“育心教育”落地提供必要的条件和实施路径。

一、育心团队，以心育心

我们认为，“育心教育”是“以心为先，以心育心，滋养心灵”的教育。因此，只有打造出一支能够生发爱的力量，赋予教育以生命的“育心团队”，才能保证“育心教育”的真正实施。为此，我们提出了做“生发爱的力量，赋予教育以生命”的“育心型”教师的号召，并与教师一起制定了“育心教师团队”

的核心素质标准。

我们心中的“育心团队”应具有教师的职业精神。他们能凭借永不放弃的道德良知赢得尊敬；凭借对人的发展的独特判断力赢得尊敬；凭借走进人心灵的能力赢得尊敬，通过孩子们的成长获得全社会对教育者的尊重。

我们心中的“育心团队”应具有教育的使命与担当。他们能始终保持对教育的激情与责任，保持对教育的理性认识与思考，保持对孩子的关爱，对职业价值的追求。他们能不断学习，勇于实践，大胆创新，紧跟时代发展的步伐，满足社会的需要，满足家长和孩子对成长的需求。

我们心中的“育心团队”具有获得幸福的正能量。他们相互关爱、相互帮助、共同成长，使育心团队更像一个和谐、温暖的大家庭，彼此关心、彼此惦念、彼此包容，又时时散发着正能量，让人们的心态总是积极的、阳光的，一路播撒欢笑，一路帮助别人。

我们心中的“育心团队”应对教育有深刻的理解，育心教育理念能植入到每一个人的心里，在育心的路上，不错过孩子们内心最纯洁美丽的风景，能为每个孩子的内心注入丰厚的养料。

我想，如果教师都能做到这些，那么教育便有了温度，我们便赋予了教育以生命，我们便具有催生生命成长的力量。“育心教育”也就有了切实的基础和保障。

二、心动德育，启迪心灵

教育家陶行知说，“教育是心心相印的活动，唯独从心里发出的，才能达到心的深处。”我以为，只有为心灵认可、接纳的教育，才能生成“发于心而形于外”的行为力量；只有着眼于生命天性和存在形式并激起了心灵跃动的教育，才能唤起生命的本质力量和“活性”机能；只有在“育人育心”的教育过程中，才能实现教育的社会性与人性的平衡发展。

我们提出的“心动德育”，指从学生的实际出发，遵循教育规律和学生身心发展特点而精心设计的、打动人心的教育活动。强调在以心育心、以心育德、育德育心的过程中，催生道德生命成长的生本力量，实现“以心动促行动”的教育目标。

为此，我提出“心动德育”要做到“两化、两性”。所谓“两化”是指教育内容生活化和教育形式儿童化。所谓“两性”是指教育过程发挥主体性和教育方法符合规律性。

1. 教育内容生活化

人的教育只有回到人的世界才有意义。教育的作用就是帮助学生走进他们的生活世界。教育的内容只有来自于学生日常生活中的兴趣、爱好，学生才能对产生于他们熟悉的生活的想法感兴趣，引发共鸣，这样，为实现其想法的活动才有深度和广度，对他们价值观的形成产生积极影响。

2. 教育形式儿童化

教育过程中的组织形式和手段，要以适合学生发展为前提，根据不同年龄学生的身心发展特点设计教育活动。只有开展学生“听得懂、看得明、入得脑、动于心”的活动，才能实现教育的目标。

3. 教育过程发挥主体性

教育中，学生是自我成长与发展的主体，他们的人性向什么方向发展，如何发展，不仅取决于家长和老师的引导，更主要取决于他们自身的认识和努力。因此，教育中激发学生自我教育的力量就成为关键。教育过程中，必须充分发挥学生的主体地位，在参与体验中感悟，才能达到教育的效果。

4. 教育方法符合规律性

教育要通过发现、发展、提升、成就人性而实现自身的意义，就是指教育要善于发现学生所蕴含的各种潜能和可能性，以此为基础，创造条件，通过自身良好习性的养成、秉性的塑造、共性的培养、天性的发挥，使他们在人生实践中获得发展、提升，最终成就圆满，实现自身的发展与价值。因此，我们的教育方法要符合学生的年龄特点、认知规律，才能实现教育的社会性与人性目标的平衡发展。

三、心智课堂，开启智慧

相信在很多人的头脑中都渴望这样的一个课堂画面：没有盆景工艺式的缠扎，没有驯技强化般的鞭打，教师的话语诗意盎然，如春风化雨，滋润孩子的心田，教师的笑容激情荡漾，似阳光和煦温暖孩子的心房。课堂是孩子自由发展的日常空间、真情洋溢的生活世界。因此，课堂是落实“育心教育”的主要途径和空间。为此，我们提出了建设“心智课堂”的目标。

我们心中的“心智课堂”，是开启智慧、陶冶情感的课堂；是让每一个孩子的自主性充分表现、潜能得以发挥，充满灵动与愉悦的课堂，是师生在其中获得归属感并学会尊重与爱的和谐课堂。

在这样的课堂上，学生的主体地位得到尊重，学生能参与其中，感悟提升。教师重视唤醒和激发学生完善成就自我的内在需要，善于引导学生形成主体意识、主体能力、主体人格。

在这样的课堂上，教师能精心呵护孩子的天性，主动积极地为其萌发和茁壮成长创造条件；教师关注学生内心情感体验，促进个性的发展、潜能的开发、自信的建立、积极健康心态的形成，课堂成为学生感受成长快乐的地方。

在这样的课堂上，学生的个性差异得到尊重，充满灵动与和谐。教师能深刻地洞察学生差异的存在，对其学生的发展现状予以接受和尊重，并以更加宽容的心态、多元化的评价标准对待差异，以更加具体的措施、更加多样化的方式开展教学活动，最大限度地激发学生的自主性、能动性、创造性。

我们相信，这样的课堂才是学生成长和发展健康自我的乐园，教育才能真正发挥其引导学生自主建构健康自我的重要作用。

哈佛大学泰勒博士曾说过："幸福是向山顶攀登过程中的种种经历和感受。""育心教育"的实施恰如登山，我们会最终体验山的挺拔，但在攀登过程中，我们一样体验到了生命的韧性和力量，体验到了一种探求教育真谛、感悟教育真谛的快乐与幸福。我们相信，通过我们对"育心教育"内涵、目标、路径的探索，通过我们对"育心团队、心动德育与心智课堂"的不断建设，我们一定会为育翔的孩子们插上自由飞翔的翅膀，育翔小学也一定会在"育心教育"的探索中，踏上一个新的发展阶梯。

在进入“育心教育”实践的探索中，我们认为“育心团队”建设是重中之重，而教师团队建设的关键又在理念。有什么样的教育理念，就会有什么样的教育行为。在我看来，“以心育心”是“育心教育”理念的核心内涵，它强调的是育心教育的途径是以心灵呵护心灵，以心灵启迪心灵，以心灵影响心灵，以教育者的健康自我成长影响带动学生的健康自我成长。这就需要我们的教师具有人格魅力、高尚情操、健康自我等无形的精神财富对学生产生的影响。

第五章　育心团队，从心开始

美国国务活动家韦伯特有一句名言：“人们在一起可以做出单独一个人所不能做出的事业，智慧、双手、力量结合在一起几乎是万能的。”这正是人们常说的团结就是力量。而我们认为，形成团结的力量源于优秀的团队。在每个学期的计划中，我们都明确提出：在推进育心教育的研究中，以明确教育理念为核心，以育心团队建设为重点，以行为更进为策略，实现在理念落地中更进教育教学行为，在积累总结中推广提升，逐步扩大研究的成果，实现以心育心的过程。我们的育心团队建设首先是从心开始的。

第一节　以情移情，以心润心

进入 2011 年，顺利完成了新老校长的平稳过渡，经过调研、明方向、微改进减负的过程，赢得教师的信任后，新的领导团队带领大家信心满满地站在了新的发展起点上，从心开始了育心团队的建设。

一、改进环境，关注民生

重视打造育心团队，是因为在以心育心的过程中，教师是学校育心教育的主力军。我们相信，真正的教育是发自内心的、充满激情的，是享受着工作的乐趣和幸福感的。真正意义上的老师是有工作幸福感的，只有幸福的老师才能育出幸福的学生。

然而现在的老师面临工作量繁重，学生个性凸显，社会、家庭要求迅速提高等一系列问题，于是我们看到，这些压力都交织压在老师的身上，让老师们身心疲惫，也让老师对教育感到倦怠、乏味。

育翔在不断发展壮大中创造过辉煌，也赢得了声誉，这是育翔人辛勤付出的结果。成绩的背后，有老师们的欣喜、满足，也有疲惫、压力……其实，每个人都渴望有一个可以快乐工作、生活的“家”。我们首先要做的，是要经过努力，使学校首先成为教师发展的学校，团队成为教师喜欢的、温暖的“家”。教师在从事教育教学工作中获得成长，实现自身的价值，并且能够产生愉悦感、新鲜感、满足感。

2011 年，政府工作报告开始关注民生。学习政府工作报告时，我在学习感言中谈道：在学校发展中，教师、学生、家长就是我们的“民生”。作为学校领导，要转变职能，关注教师、学生、家长的需求。

2011 年，制约学校发展的最大民生是校舍面积问题。在增加楼顶层、地下空间等方案被彻底否决后，经过艰苦努力，我们终于把被驻京办事处占用多年的小楼收了回来。当我把这个消息向老师们宣布时，大家无比振奋，上级领导和学校教师一致称赞“不容易”！

老师的吃饭问题也是民生问题。育翔多年来没有自己的食堂，老师们一直与学生一起吃配送的营养餐。经过协调，一楼的一个房间马上被改造成教师临时食堂。食堂虽然简陋，但是教师们终于告别了吃盒饭的日子。端着一碗热腾腾的面条，边吃边与同事轻松地聊着，那真是到家的感觉。

假期装修后，育翔终于有了第一个可容纳 200 人的小礼堂和音乐、美术、劳动、心理等专业教室。要知道，这对育翔人来说真是一件值得庆贺的事。

这一年，操场改造被提到环境建设的首位。近年来，操场因草坪老化影响学生活动，也存在安全隐患，家长反应强烈。经多方努力，9 月开学，新操场投入使用。

学生欢呼——有了漂亮的操场；家长感谢——孩子运动更安全，建议被采纳；教师们点头笑了——因为孩子和家长的笑，因为看到学校倡导更进，不是口号是行动。

接下来的几年，校园变化不断。教室粉刷、电教设备更新、大门改造……校园硬件建设改造朝着安全、合理、优美、利于教育教学开展的方向推进着。优美的校园环境愉悦着教师的身心，透着“家”的文化。

与环境同时变化的还有校园文化建设。

连接南北楼的通道，我们修建了校史长廊，东侧空地建成了开放式图书馆——校园书吧，彩色的书架，贴着诱人的标语：“书的味道是甜的；书是夏天里的清风；书是冬天里的阳光；书是求知成才的翅膀；书是开启智慧的钥匙……”这些温馨的话语都在提示、吸引着孩子们来到书吧，畅游书海。楼道一侧是班级文化墙，展示学生的作品以及年级文化活动成果。教室门口张贴着班主任寄语：“苏姗姗——我愿用微笑做太阳，照亮你梦的方向，我愿用爱做翅膀，带你飞向梦的天堂；王冠——不要学花儿只把春天等待，要学燕子把春天衔来；赵莹——用进取书写成长，用快乐记录时光；周思阳——没有最好，只有更好，愿你们在未来的学习生活中，不断超越自我，迈向成功的明天……”班主任的寄语如春风化雨滋润心田。

在学校文化环境影响下，班级宣传板报也在不断更进，各显特点。精心设计、不断变化的环境彰显学校文化的内涵，是一种无声的、潜移默化的熏陶。与以往不同的是，干部、教师们参与了设计、内容的讨论，增强了对环境文化的喜爱与认同，特别是在学校有形的变化中看到学校的新发展希望。

二、体现尊重，触动心灵

我认为，学校中的任何一个岗位都是重要的，要做好任何一项工作也都是要有很多辛苦地付出的。作为一个干部，真正把老师当作一个学校中最宝贵的财富，把“尊重、服务、高效”的管理理念落实到行动上，这才能够抓住学校发展的关键，这才是根本的转变。在学校更进文化的打造中，我在干部中首先倡导的就是用尊重服务教师，用尊重温暖人心，用尊重凝聚人心。

在初期调研中，学校通过多种途径让大家建言，提问题、希望和建议，大家在后来学校的变化中看到了结果：减少了上交的材料、精简会议、变检查为指导、减轻主副科老师的工作负担……没能解决的问题也得到了答复，原来听意见不是走过场。干部真听，吸纳教师智慧，改进工作，管理形成了新常态。我高兴地看到，学校愿意发表意见的教师在不断增多，他们有了主人翁的感觉。

按照育翔的惯例，每年六年级学生毕业后，都会组织教师外出活动。2011年起，活动继续，但人员进行了调整：除六年级监控学科以外，增加了五年级监控学科的老师；增加了本学年抽测学科的老师以及当年退休的老师。我们认为，所有监控学科的老师，无论年级，都很辛苦。有很多老师一直在低年级把关，到退休也没有过外出的机会。同几位老教师谈后他们都很激动。

人员的小变化，体现的是管理者观念的转变，更加人性、公平、奖勤，有利于调动更多教师的积极性，做好本职工作。

2011年，孙老师退休。她1975年4月参加工作，1989年9月来到育翔。孙老师在平凡的岗位上默默耕耘、辛勤工作的态度，也为学校留下了宝贵的精神财富。老教师干了一辈子，不能因为他们不能再为学校工作就不重视他们了。于是，我们给她开了欢送会，献花，制作了水晶照片留念。孙老师很激动，参会者也很感动。

对人发自内心的尊重，不求回报，却换来主动的回报。后来，学校有老师因病吃紧，孙老师听说后，主动跟孩子沟通："学校有困难，我要去帮忙。"原来一直反对母亲再工作的孩子马上同意了。

温暖需要真心付出，温暖是从内心感受到的。在感恩节来临之际，我在网上及时送出了祝福。

亲爱的老师们：

来到育翔小学一年多的时间，老师们给了我太多的包容、理解和支持，让我温暖，让我感动！这份沉甸甸的厚爱无以回报，我只有化作行动，更加努力地工作，更好地为老师们服务，让育翔的明天更加美好。

今天是感恩节，在此献上我衷心的祝福：祝福老师们快乐！幸福！

谢谢大家！

胡晓峰

三、关注心理，愉悦身心

教师的心理健康问题不仅仅是个人的事情，不良的心理压力不仅会影响教师们自身的工作和生活质量，它通过长期的、潜移默化的作用对学生的心理健康也会产生直接影响。教师心理不健康就不能正确理解学生的行为，更无法巧妙地处理学生问题，轻则影响师生关系，重则可能伤害学生心灵，影响到学生一生的成功和幸福。只有心理积极、健康的教师，才能创造出一种和谐与温馨的学习气氛，使学生心情愉快、健康发展。

在育心团队建设中，通过多种途径和手段，关注教师心灵成长，让教师的心灵得到滋养，获得动力。每周二下午政治学习开始前或班主任例会前，我校都先由专任心理教师对忙碌了一天的老师们进行以“做健康、快乐的育翔人”为主题的团体心理辅导。团体心理辅导让教师在游戏中、参与中获得感悟，调整身心，放松情绪，减轻压力。压力缓解，消极的因素也会逐渐减少，积极正向的风气才会成为主导。

【案例分享 1】

难忘的团体心理辅导

——郭 蕾

炎炎夏日中，全体老师正为紧张的学生期末复习考试付出着辛勤的劳动。复习虽然很累，但也很有盼头，长长的假期在向我们招手，有时也会说复习是黎明前的黑暗。压力可以变成动力，没有现在的辛勤付出，怎能有优异的成绩；没有现在的“痛苦”，怎能体会出假期的“快乐无穷”！今天，我们心理组的成员精心准备，为大家带来缓压减负的快乐活动，就是为了帮老师们跳出压力圈，抬眼望蓝天，提前感受假日的惬意与放松。

活动 1：找朋友——刘亚宁老师

《找朋友》是我们小时候经常玩的游戏，今天我们就来找一找自己身边的大朋友，并用独特的方式来表达找到朋友的快乐。

活动要求：共分成六个组，每个组的年级组长起立。每个组的年级组长去寻找自己组的组员，在音乐声中去寻找您的第一位朋友，当您找到这位朋友的时候，别忘记和他(她)说一句话：会出现烦躁不安、情绪低落的状况，身边能让自己快乐的东西也越来越少。

经常听到有人感叹：“还是小时候快乐多！”

是呀，下个朋友在接受邀请时一定要听到前两个朋友对您说的话，当您找到这位朋友的时候，别忘记和他(她)说一句话：会出现烦躁不安、情绪低落的状况，身边能……后面的人依次进行，直到找到组内所有的朋友为止，最后以组为单位，坐在一起，你们的朋友就算都找到了。

每个人的生命都是美丽的过程，每个人的生活都是个大的括号，我们可以尝试用丰富多彩的事情和好心情把括号填满，小小的游戏就可以让老师们微笑、开心，那么我们何不学着为身边的小事高兴，学着善待学生、同事和朋友，拥有阳光般的心态，你会发现快乐就是如此的简单，快乐就在我们的点滴小事中。

爱自己也是一种能力，大家要学会爱自己！当顽皮的学生让你非常气愤时，在你的情绪爆发出来之前，请想象你正坐在飞机上，那个顽皮的学生在地面上。然后，试想飞机越飞越远，学生像个小点一样越来越模糊，最后不见了……是不是不那么生气了？

我们经常把学生比喻成祖国的花朵，其实每个人的内心都盛开着美丽的鲜花。今天，我就陪伴大家一起来制作一朵怒放的鲜花。当我们看到那一朵朵、一簇簇鲜艳而又怒放的鲜花时，心中不免充满了喜悦！

花朵在老师们的一双双巧手中“诞生”了，在制作过程中也需要我们相互学习、相互帮助，这样才能成功！我们要感谢同伴，能够感激他人而又被他人感激，必须具备一种品质，这种品质便是真诚，凡事常怀一颗感激的心，就会有一股无穷的力量推动着你。

老师们做好玫瑰后离开座位，将自己制作的纸玫瑰送给您想送的人，在送予的同时，双方可以彼此笑一笑、握握手，甚至是一个拥抱都可以！当然也可以把这朵纸玫瑰送给自己。

在音乐的陪伴下，通过学折纸玫瑰舒缓情绪、释放压力；在互赠纸玫瑰的过程中，感受来自同伴的温暖，同时也是减压的一种途径。

活动 2：“萨提亚冥想”音乐放松训练——姜璐老师

冥想是一种放松身心的活动，在音乐的伴随下引导团体成员，调整呼吸，安静心灵，表达自己对身边人的感谢和支持，善待自己，善待身边的人。

我们知道要保持健康的心理，最重要的是拥有阳光般的心态，要有一个正确的、科学的人生观，要有乐观的性格、坚强的意志。今天我们就在一起感悟幸福、缓解压力。请大家看这样一幅画——著名的油画《蒙娜丽莎的微笑》，请您从这幅画中感受一下蒙娜丽莎的幸福指数是多少呢，请您用一个百分数表示出来。

下面我们就来测测我们的幸福指数是多少。请老师们分别用三个词来形容一下在教研活动中、工作中、生活中的感受，写在这个及时贴上，然后我们以工会大组为单位贴在一张纸上，请一位老师当代表讲解一下你们组这样贴的意图是什么。

黑板上展示的是我们六个工会大组的感悟，其实我们心理组的老师们也有一些感悟与大家分享。幻灯片出示。首先是在教研活动中，我们感到不断地成长，在与老师们共同备课的过程中，自身得到提升；学会合作，在课程改革的大潮中体现共赢的理念，教师间的合作令人感动；在心理教研中得到关爱，它是助人自助精髓的体现，是无私奉献的体现。在工作中，我们感到融洽，通过研讨、互动，我们全身心投入，热爱心理教育工作，我们相互扶持，同事、同行相互扶持使我们在心理教育这条路上越走越好。再有就是宽容，海纳百川，有容乃大，无欲则刚，我们只管努力做就好。在生活中，我们体会到要常怀有一颗感恩的心，我们要感谢生活赋予的一切，同时珍惜当下，幸福就好。相信在工作上的付出总会有回报，让我们携手克服暂时的烦躁和困难，在知足中常乐。

欢乐时光虽短暂，美好感受存心间。活动给教师带来心灵上的放松、愉悦，大家在身心放松中，带着幸福感，带着快乐结束了这次辅导。

年轻人让“家”充满朝气，学校应给予他们特殊的关注。除了平日在教育教学工作上安排教师随时指导外，党支部都会把青年人组织到一起，开展适合青年人的培训、活动，激昂青春，陶冶心灵。

以下是党团员青年教师难忘的密云南山房车小镇之行——“党团携手同筑美丽育翔”团队心理拓展活动。

学校党支部书记胡校长亲自带队，部分中心组领导也欣然接受邀请，和青年人们一同乘车前往目的地。一路上老师们欢声笑语，对即将开始的房车小镇之旅充满了向往和期待。

我们的活动共分为五个步骤：首先，是热身活动“生日排排队”，利用这个活动组成游戏队形。拓展活动由团支书担任主持人，活动规则是：所有人不能发出任何声音，只能用手势等肢体语言比画出自己的生日，然后根据对方的手势按从小到大的月份和日期来排列成一列。宣布开始后，所有老师马上都变成了“聋哑人”，纷纷忙着比画自己的生日日期，同时也在紧张地观察着别人的手势。等大家按要求排列好后，禁声令解除。每个人要依次报出自己的生日，检验一下是否出错。老师们真棒！在很短的时间内，全部顺利完成排队任务，没有一个出错的。

队列头尾相接，我们围成一个“生日圈”，顺时针慢跑两圈，停下做扩胸压腿、跳起旋转等活动后再转圈跑步，在跑步的同时，后一个人要给前面的伙伴做肩背放松按摩，之后反方向慢跑，为另一侧的伙伴重复按摩。在享受别人关怀的同时，也为其他伙伴服务，正所谓“我为人人、人人为我”。最后还要轻伏在队友肩头，在对方耳边说上一句知心话。通过热身活动，大家感觉不光身体灵活起来，彼此心灵之间的距离也拉近了许多。

接下来，我们进行了一个非常有趣的活动——甜蜜抱抱。游戏规则很简单，就是在“生日圈”慢跑过程中，主持人会出简单的数学运算题，参与活动的老师需要迅速心算出结果，然后按答案的数字和身边的伙伴自由组合抱成团。活动开始后，随着主持人报出一道道算术题，老师们紧张地心算出答案，然后寻找伙伴，清点人数，少人的呼朋引伴，多人的赶快调整。场面激烈，好不热闹！每次多出来的人都要接受或蹲起或俯卧撑的“惩罚”，真是几家欢喜几家愁啊……

接下来，我们分成两组围成圈，开展了一个需要团队合作完成的游戏：牵手钻圈。游戏要求是：两组选手围成圈，中间先断开一个缺口放进一个呼啦圈，不能用手触碰呼啦圈，借助其他身体部位将身体依次在呼啦圈内穿过，当然始终要手拉手不能断开。两组试做完后，比赛正式开始啦！激烈程度一点也不亚于上一个游戏，老师们亲密配合，互相指导，很快就完成了钻圈任务。两次比赛后，两组成绩不分上下。决赛时两组同时进行，最终稍晚完成任务的一组选手集体愉快地接受了惩罚。

最后，我们做了一个难度稍大的心理拓展游戏：“难舍难分”。游戏规则是：两人一组，每人发一根丝带。一个人先将丝带的两头分别系在同伴的左右手腕上，然后换另一方将另一根丝带的一头系在对方一个手腕上，再将丝带穿过自己的丝带内后将丝带的另外一头系在同伴的另外一个手腕上。接下来，不能解开手腕上的丝带扣，更不能将手从系好的丝带圈中退出来。想办法在保持双方手腕上的丝带都保持原样的情况下完全分开。大家按要求操练起来，尝试了几次之后，都觉得这是不可能完成的任务。为了打消大家的疑虑，主持人和另一位老师在众目睽睽之下配合完成了分离任务（当然细节是遮挡隐蔽完成的）。在主持人的启发下，聪明的老师们一组一组不约而同地破解了谜题，完成了任务。大家欢呼雀跃，庆祝成功！

在欢乐的笑声中，大家分享成功的喜悦和香甜的水果。老师们纷纷表示：拓展活动让我们体会到团队的力量，当出现问题和困难时，个体从集体中汲取的正能量和有效的支援会让自己更坚强，更有战胜困难的信心和勇气。同时，团体心理活动也赋予自己更多的智慧。

符合年轻人特点的活动形式，使大家在欢愉中思考，获得感悟，强大内心，获得追梦的力量。

为了放松教师的身心，我们工会每学年也会组织丰富多彩的活动，营造家庭氛围，为家添彩，使老师们在繁忙的工作之余，享受育翔大家庭的温馨。

开心快乐的育翔

——记 2012 年工会迎新年活动

——刘　晶

工会迎新年活动就是想让老师们利用这个时间好好放松放松，在活动中突出教师积极向上、团结协作的精神风貌，在活泼、愉悦的氛围中传递新年的祝福和欢乐，使教师以健康身心进入新的一年，促进和谐校园的形成和发展。

2012 年工会迎新年活动，给老师们留下了深刻的印象。四位主持人闪亮登场，“首都各界人士”对教师的问候，五个超级搞笑的游戏和有趣大奖的环节，无一不让老师们积极参与，开怀大笑，达到了我们预期的活动目标。

我们精心挑选了 4 位主持人，根据每人风格两两搭配。他们不负众望，设计了引人入胜、幽默诙谐的主持语，每说一组台词都引出一个游戏，每抖一个包袱都激起笑声一片。他们还从众多的游戏中，选取了五个动静结合、富有新意、便于参与的活动，让老师们体会参与的快乐、品味合作的幸福。

全体干部为老师们献上新年的祝福。他们认真对待、精心准备、刻苦排练，有的唱歌，有的伴奏，用《铃儿响叮当》的曲调，填写育翔美好明天的新篇章。

五个游戏让老师们乐翻了天。“新”歌新唱，台上的着急，会唱的也唱不出来了，急得台下的恨不得自己跑上去替他们唱。心有灵犀，就看哪两个人平时最有默契，上场还最会表现。copy 不走样，从第一个人看了词汇用动作表现出来，到最后一个人看了前边人的动作，能猜出词汇，真是聪明。一心二用，台上人点着钱，主持人打着岔，台下人鼓着劲儿，想不数错好难。超级模仿秀从刘老根到宋丹丹，看谁最具表演才能。

2012 年是龙年，我们请了属龙的老师们为我们抽取幸运的三等奖和二等奖。请年龄最大的几位老专家、老教师，为我们抽取大家期盼的一等奖。不论是抽奖的还是中奖的，无不满怀欣喜。

最难忘的是幕后的准备。电教组的老师们为活动摄像、照相，为我们留下美好的回忆……而这美好回忆的背后，饱含着连日的辛苦付出。多次与主持人，也是工会聘请的活动策划人研究商议活动内容；没完没了与商家讨价还价，为的是用最少的钱为大家做更多的事；实地勘察场地，做好布置会场的准备工作；请体育组协助，提前到会场布置场地，给老师们创造一个喜气洋洋的环境；制作活动背景音乐、幻灯片、视频，制作桌牌、抽奖号码，安排奖品的发放……看到老师们欢聚一堂露出甜美的笑容，一切的努力都是值得的！

工会是教师的家，工会活动就是要让家庭成员和谐相处，愉悦身心。因此，工会活动要贴近实际，贴近教职工需求。只有贴近广大教职工会员，组织开展让广大教职工"心动"的活动，才能在传统工作中出新，中心工作中求实，不断增强工会组织的吸引力和凝聚力。

本着这样的理念，我们的工会还创办了《心育》期刊，成立了"做快乐健康育翔人"俱乐部……

就这样，在和谐愉悦中感受着"家"的不断变化，体验着来自"家"的温馨……学校教师的心态也一点点发生着变化。

第二节　师德为先，唤醒责任

我认为在育心团队建设中，激发教师发展的内在动力是教师发展的核心，而师德又是关键。因此，我们在"十二五"教师队伍建设目标中明确提出：以敬业、乐业、爱生为基础，以师德建设为核心，以校本研修为途径，明确育心教育理念，提高育人能力，建设具有"爱心、责任心、进取心"的

“育心型”教师团队。这一发展目标强调了我们的育心型教师队伍，一定是在敬业、乐业、爱生的基础上，以师德建设为核心，突出育心理念的团队建设，更加强调在新的理念指导下的更加专业化的教育教学行为。

围绕这一目标，我们逐步建立了一种常态的有目标、有计划的工作机制和活动组织安排，每学期围绕师德教育主题开展教育活动。通过组织教师开展专题学习、研讨、演讲等多种形式的学习实践活动，更新教育理念，让育心教育的理念植入人心，指导行为。

一、主题研讨，唤醒责任

教师的师德是职业赋予的要求与规范，每一位教师都必须遵守。围绕师德这一核心，我们从职业精神的角度，找到师德与育心的交会点，确定了“爱与责任”的系列教育主题。

每学期初，我们都设立师德教育宣传月。在活动中，我们通过法律法规学习，明确职业规范，先后组织教师集中学习义务教育法、教师法等法律法规；围绕《小学教师职业标准》《中小学教师职业道德规范》进行研讨，明确教师职责义务和职业规范；学习研讨教育理念，更新教育观念，领悟如何理解、尊重学生人格，如何做到遵循教育规律，如何做到关心学生身心健康。

我们还以“呵护心灵，关注成长”为主题，组织老师们撰写教育故事，并开展学习、交流，分享教育智慧。内容涉及：如何做到尊重人格、呵护心灵？老师如何在盛怒之下进行冷处理？如何让孩子认识到自己的错误，并真心悔改？如何面对高智商或学习、行为有困难的孩子，积极寻找适合的教育方法？如何向孩子传递尊重和信任？如何对孩子进行真实客观的评价，维护了孩子的自尊同时又对其他学生进行指导？

老师们这些做法值得大家借鉴，但更重要的是我们要引导教师思考这些做法背后的教育理念，使大家明确这些行为是教育理念指导下的育人行为。

以下张雅媛老师的案例就是我们选取的对老师进行学习、引领的案例。

【案例分享2】

拥有一双发现美的眼睛

——张雅媛

本学期我新接了一年级，原本想大干一场的我被开学以来面对的这些"小鬼"们折腾得团团转，这些还不算什么，特别"可怕"的是我遇到了自当教师以来从未遇过的特殊学生——迪迪。

迪迪的父母都是知识分子，父亲是中央某部副处长，母亲是中央某部处长，家庭环境还是蛮不错的。但是迪迪与这个班里的学生都不一样，他上课不能安静地坐在座位上，喜欢到处溜达。如果老师提醒他，他就会"啊，啊"大叫，如果再去制止他大叫，他就会有更夸张的举动，要么就"哇哇"大哭，要么就龇牙咧嘴冲我做鬼脸。总之，迪迪是个自我约束、自我管理都比较弱、情绪控制力很差的孩子。那段时间我真的要被迪迪整成高血压了，上课不提醒他，他就会干扰别的同学；上课提醒他，他大哭大叫，依然会干扰别的同学。我茫然了，无助、困惑、气愤、委屈……我的整个内心像是被打翻了"五味瓶"。该怎样改变这种状况？我陷入了困境。整整一个"十一"七天长假，我一直感冒，鼻子直到第七天早上才通气。身体的信号警示我必须想办法来解决这种状况，因为烦恼、发火、逃避都不是乐观积极的态度，也无法改变现状。

于是，我在一张纸上为迪迪写了一份分析表，把他的身上的问题写了出来，又把开学来我发现的他的优点也写了出来。比较后我感到迪迪的缺点真是比优点多多了，但是他的优点中最突出的就是他非常聪明，智力水平达到125分，表达能力很强，说话清楚，思维清晰，文化知识掌握称得上优秀。面对迪迪这样的学生，我想他的智力发展得这么好，又这么能折腾，只能充分地证明他的能量很强，精力十分充沛，想用纪律强制管理的方法制服他是不太可能的，只有通过各种办法把他的全部精力占用，这样才是有效可行的办法。

整体的教育方式我想好了，接下来我进一步思考了对迪迪进行教育的几个目标。我将第一个层次的目标定为"上课时不随便离开座位走动"。目标定的很低，是为了让自己能很快看到教育效果，我想这个目标是老师与家长配合后，需要迪迪稍微努力一下就可以做到的。我请迪迪的父母共同监督迪迪，在学校由我总负责，由迪迪的妈妈制订了一份表格，表格记录迪迪每节课的表现，检查内容就是“上课时不随便离开座位走动”。我们共同约定只要迪迪做到了就可以受到表扬，并且在学校得到老师奖励的小贴画。在执行中我考虑到迪迪是不可能坐到座位上40分钟不动的，他只有听新知识时特别专注，而后就开始折腾。于是，我就允许迪迪每天带几本自己喜欢看的课外书，在每门课上想看的时候就可以拿出来看，只要不影响其他同学上课就行。

我的教育计划开始实施了，起初收到了比较好的教育效果。迪迪课堂上有了一些改变，看课外书的确牵制了他的一些精力。但是当一个问题解决后，就会遇到新的问题。没多久我又遇到了新的问题……

一天，我们进行第一单元的考试，由于迪迪学前识字量很大，别的孩子两道题还没做完，他整份试卷都答完了。不用说，谁都可以猜到接下来发生的是什么，迪迪又开始离开座位，我把他叫回来，没有两分钟又不见了。啊！原来是在地上爬。一年级小孩，刚入学不久，哪有什么是非观，很多孩子看到爬来爬去的迪迪都嘻嘻地笑个没完。哎！又在考验我的智商和忍耐力。我先制止了孩子们的笑，继而走到迪迪的身边，悄悄对他说：“喂，亲爱的小朋友，你是想用自己的衣服为班里擦地板吗?”他可聪明了，一下就听出我话里的意思。但是他的眼神充满野性，看得出这个孩子很叛逆。我马上换了话语，我说：“你都写完了？都对吗？不再检查一下了?”他自信地说：“我都会。”我说：“好吧，拿过卷子我看看。”他总算从地上爬起来了。拿过卷子一判，居然得了100分。“哎，真是个怪癖的奇才!”我暗自对自己说。万一这就是未来的爱因斯坦、牛顿呢？不行，我是个教师，要拥有大爱，而不是带有个人情感去面对迪迪。我夸了夸迪迪，并对全班说：“你们看，人家这么快就做完了，而且得了100分，你们就会笑人家的不足，看到人家有多么棒了吗?”小孩们都不说话了，低头写自己的卷子。人的智慧真是无穷的，我忽然想起，一摞摞的卷子还没有分类，不如交给迪迪来办这件事吧。迪迪听说我要他帮忙很高兴，欣然答应。我在教室后面找来两把椅子，教给迪迪该怎样分这些卷子，并强调最后一定要整理整齐。他学得很认真，之后便踏踏实实地干起来。一节课在平静中结束。课间迪迪除了上厕所，又赶回来分卷子，直到把一个单元的试卷分完，又整齐码放好。看着迪迪完成的工作，我更是对他刮目相看，一个6岁大的孩子竟然教了一遍就完成得这么出色，不得不让我对他曾经的一切行为重新分析和思考。

这件事后，我不但奖励了迪迪漂亮的小贴画，还在记事本上写了一段表扬的话。迪迪很高兴，眼神里的野性不见了，取而代之的是天真的得意。我感到自己越来越喜欢迪迪了，因为我在逐渐走近他，逐渐读懂他，逐渐适应他，逐渐“征服”他，逐渐改变他。我也开始喜欢我自己，觉得自己又变得聪明了一些，懂得在逆境中找寻方法，在应接不暇时学会随机应变。我勉励自己做与时俱进的老师，更全心去做智慧的教师。努力寻求各种方法解决教育中的问题已成为我的教育理想，因为我相信方法总比问题多！

真实的案例告诉我们的教师：当面对孩子出现的一个又一个“问题”的时候，作为教师，我们首先要做的是走近孩子，走进孩子的内心，真正了解他的所思所想，了解他行为背后的动机。此时，我们会发现孩子的真正世界。这就是我们所说的“育人先育心，以心为本”。

【案例分享3】

赞美是一缕阳光

——李春梅

小舒是我新接班的一个学生。通过一段时间的观察，我发现他在行为上自控能力弱，表现在上课注意力不集中，手里经常玩东西。对老师提出的要求很难做到，作业也总是丢三落四，不是忘写一项，就是写得一塌糊涂。语言表达能力很差，与老师交流时更是低着头，眼睛不知道看哪儿。平时在与同学交往时，说话也结结巴巴的。

我及时与家长进行了面谈。虽然是第一次见面，但家长非常信任老师，非常坦诚地给我详细讲了孩子的情况。孩子从小患有多动症，在上幼儿园时不是特别明显。开始家长对孩子的期望值还很高，但随着年龄的增长，尤其是上学以后，孩子的症状愈加严重。在行为上不能自控，在学习上有障碍。家长非常痛苦，曾奔波于各大医院，也吃过很多药。因药物抑制神经，虽然孩子小动作少了，但目光呆滞，反应很慢，治疗的效果也不明显。为此家长渐渐失去了信心，对孩子有些放弃，尤其是对孩子的学习更没有过多的要求。了解到这个情况，我的内心非常沉重。现在很多家庭都只有一个孩子，谁不希望自己的孩子是优秀的。想到家长忧郁的眼神、无奈的叹息，作为一名教育工作者，我感到了身上的责任，我一定要帮帮这个孩子。

通过查阅相关的资料，我了解到儿童多动症又称轻微脑功能障碍综合征，是常见的儿童疾病，表现为行为异常，其智力正常或基本正常，但学习、行为和性情方面有缺陷。由于自控能力差，因此对学习的影响很大，其产生的原因很复杂。于是，我开始关注孩子各方面的表现。我发现孩子并不笨，挺聪明的。有一次，我中午看着他改错，小字写得蛮漂亮的。当他拿着作业本给我看时，我惊讶地说："你不是能写好吗？下次我就这样要求你。"接下来几天，他的字迹较以前有了改进。而且我发现，只要老师表扬他，他会特别高兴，像个小孩子似的，学习也有了热情，看样子，及时的肯定和表扬起到了明显的效果。

通过一段时间的观察和家长的沟通，我觉得孩子主要的问题是没有养成良好的习惯，这是问题的关键与实质。一直以来，家长老拿孩子的病作为借口，认为孩子比较可怜，是疾病造成孩子这样的结果，对孩子的教育有所放松，甚至降低对孩子的要求，放纵孩子的行为，甚至有些溺爱。这从情感上是可以理解的。对于孩子本身来讲，也是非常痛苦的。不是他们不想做好，而是他们对自己的行为缺乏自我控制的能力。

我首先做通家长的工作，客观地指出了家长在教育孩子方面出现的问题，孩子的学习缺乏家长的检查、督促。希望家长关心孩子，并陪着孩子一起学习。要给孩子积极良好的情绪，相信孩子，也相信自己。从家长这里就不放弃，对孩子是一个积极的心理暗示。告诉孩子你没有任何问题，你能做到！家长采纳了我的建议，把他当作正常的孩子看待，每天开始一项一项检查孩子的作业。一段时间下来，我发现孩子渐渐地变了，这也更坚信了我的判断。

苏霍姆林斯基曾说过："一个教师真正的教育艺术不是用眼睛教育孩子，而是用心灵去观察孩子的世界。"说起来容易，做起来却不是那么简单。作为教师要正确理解他们的行为，理解他们的表现，甚至要包容他们的过错。同时要积极寻求良好的教育对策，帮助他们逐步改变自己的行为。在学校，我经常与他交流沟通，如课间主动与他聊天，当他没有站好时，我就过去拍拍他的肩膀；当他上课主动发言时，我向他投去赞许的目光。我用我的耐心，包容他的行为，同时不断为他加油鼓劲，使他获得心理上的满足。渐渐地，我发现他对老师信任和亲近了，有时还主动与我聊天。

由于他自控能力差，常常坚持不了多久。因此在对全班学生提出要求之后，我都特别提醒他注意自己的行为，并鼓励他一定能做好。如果在其间，他无法控制自己的行为，我就有意识地利用语言、表情、动作等给予他积极的暗示，及时提醒他集中注意力，逐步使他养成遵守纪律的好习惯。如果做得好，我立即进行行为强化，给予表扬、鼓励，使他感到愉快和满足，从而帮助他建立良好的习惯，提高行为教育的持久性。我特别注意到，当我鼓励他时，他脸上露出灿烂的微笑。看来，教师的鼓励对孩子是最好的引导。我想这就是赞赏的力量。经过一段时间的训练，我发现他小动作减少了，注意力有所增强。

小舒的进步触动了我，作为一个教育工作者，作为一个班主任，应以赏识的眼光和心态看待每一个孩子，善于发现他们的闪光点。也正由于有了老师对他的信任、尊重、理解、激励、宽容，才使他找回了自信。对于那些在学习、思想、行为等方面存在一定偏差的学生，即所谓“问题学生”，更要无条件地去接受他们，真诚地爱他们。对于这样的孩子需要我们老师经常给予提醒，不厌其烦，要有足够的耐心。要及时给予鼓励，好的行为习惯是在不断的反复中得到巩固，不好的行为在不断地出现后被反反复复矫正，才能戒除。所以我们更要耐心引导，对自己的教育要充满信心。

转变小舒的过程，其实也是转变自己观念的一个过程，让自己以全新的眼光去审视每一个孩子。其实无论是优秀生还是学困生，他们身上都有闪光点和不足，作为教师也要充分认识到，只有这样才能公平地看待每一个孩子，爱他们，接受他们。殊不知，学生看起来最不值得爱的时候，恰恰是学生最需要爱的时候。错过学生的一个教育机会，说不定就错过学生的一辈子。班主任应当对他们给予更多的教育引导和关爱，最大限度地理解、宽容、善待“问题学生”，使他们健康地成长。

李春梅老师的案例同样告诉老师们，教育是一门艺术，需要育人者的智慧和创造力。教育应该是春风化雨，悄悄浸润学生的心灵，能够真正走近孩子，走进孩子的心里去了解他们的内心世界；从孩子的视角去思考问题，寻求解决办法。我们面对的是鲜活的生命，幼小的心灵，它需要我们每一个育人者精心呵护，用心培养，因为这是我们的职责。

二、深入讨论，明晰认识

为了进一步强化教师的师德意识，明确师德内涵，我们还开展了“教师的职业精神”大讨论活动。

首先由心理教师郑楠抛出了一则教育故事——《梦岂能修改》，引发大家思考：

英语交际课上，教师让学生说梦。一位调皮的学生主动上台与同学交流，他乐呵呵地讲到自己与班长在梦中换脑袋后的情景。他成了一个绝顶聪明的好学生，门门功课都稳拿第一，同学们非常崇拜他。而班长一下子成了大笨蛋，而且越来越笨，以至于把课本当面包，把钞票当废纸送给人家。这位同学将自己讲得不可一世，而将班长丑化得一无是处。其风趣幽默竟赢得了同学们的喝彩。教师感到吃惊，准备借机施以教育，于是在引导下，大部分学生觉得这个梦做得不好。然后教师开始鼓励学生将梦进行修改，最后以“全班都换上了班长的大脑，成了远近闻名的‘天才’班”而结束。

于是，讨论围绕故事展开：

以我揣摩，当时教师想得更多的恐怕是如何更好地为班级管理和所谓的德育教育服务，而忽视了学生是一个活生生的人的本质。

我们是园丁，只要是没按我们的要求长出的枝丫都要修整，甚至剪掉。我们安排学生的思想，甚至是梦。这种做法恐怕便没有尊重学生的情感体验，而是堂而皇之地剥夺了他们思想的自由，甚至是潜意识做梦的自由！

学生这个梦所反映出的心态挺复杂……如果组织大家讨论，各自发表自己的意见，便可以使所有人(包括老师)都有收获。

教育当然要深入学生的灵魂，但自有深入的方法。把梦修改了，学生日后该怎么做梦……

教师的讨论非常热烈，案例其实传递这样一个观念：什么叫尊重？教师凭什么赢得学生的尊重？

什么叫尊重？理论上讲人的内心里都渴望得到他人的尊重，只有尊重他人才能赢得他人的尊重。人们在人格上都是平等的。这种平等决定了我们不能把自己的意志强加于人，而是要容纳个性，允许差异。

以育心育人为目的的教育首要的便是对人性需要的洞察与尊重，真正了解学生行为背后传递出的意愿信息，针对意愿实施教育，满足其行为背后真正的人性需要。比如，学习习惯中马虎这一行为背后，就存在能力不强、性格急躁、思考问题不周全、缺乏责任感、不良情绪、轻敌、紧张、疲劳等多种情况；行为习惯中胡搅蛮缠的表现背后，就存在为了面子、为自己获取利益、推卸责任、拒绝批评、引起注意、自我保护、上行下效、家长失去权威、家长存在误会等几种情况。一旦做出区分与判断，了解孩子行为背后究竟是什么在起作用，究竟传递出哪些寻求需要的信息，就可以做出正确回应，真正做到满足需要，纠正行为。而如果仅仅简单地看到行为本身，看到行为带来的种种违规违纪现象，那么教育就全是在为整齐划一、模范执行服务了，从而忽略了对人性的关注、人品的塑造，教育就会走向程式化、规范化、形式化的道路。

尊重不是示好示弱，不是曲意逢迎，而是智慧下的洞察，理智下的调控，真正了解孩子成长中的问题，合理满足孩子成长中的需要，让他们获得积极健康的成长。这样才是真正的育心教育，尊重人性的教育。在成长中究竟什么才是孩子真正需要的？探究这一内容，解决这一问题，正是我们教师职业精神的体现。

今天的教师凭什么赢得尊敬？

刘沿老师说：作为一名科任学科的教师，我每学年至少都要带5个教学班，大约220名以上的学生。但是我每当接新班时，都要求自己记住他们所有人的中英文名字和个人基本信息。这是一个压力不小的任务，但是我却没有一次放松过对自己的要求，因为这是我对孩子们关爱的第一步，是我尊重每一个孩子的第一步。

之所以这样要求自己，是源于多年前的一次亲身经历。那时因为生病，我不得不住院治疗，情绪很低落，再加上家人不能每天来探视，心情更差。就在这时，我遇到了一位与众不同的护士，她使我的住院生活有了生机。这是一位专门值夜班的护士，已经年过五十，只要是她值班的时候，她都会抽空到每个病房和大家聊天。在这个过程中，我发现她从没有像其他大夫和护士一样用床号来称呼大家，而是直接叫名字。当我听到她称呼我的名字时，心里感觉非常温暖和亲切，特别是经过她的询问和开导，我那低落的情绪一下就好了起来，甚至觉得自己的病也好了很多。病区中所有病人的名字和病情，她都可以说得上来，让我惊奇，更让我佩服。至今我都还记得那位护士，尤其是从她那里得到的关爱和尊重。

从那时起，我就要求自己也记住所教的孩子的名字和他们的个人基本信息。一开始很困难，经常是上一节课记得，下一节课就又忘了。但是我没有气馁，不断开动脑筋寻找各种规律以尽快记住他们的名字，例如，按小组记，按性别记，按身高记，按外貌记，按名字的难易程度记等。后来我们开始在课堂上用英文名字称呼孩子们时，我就先记英文名字，再记中文名字，最后将中英文名字写在一起阅读记忆。英文名字很容易重复，所以记忆时就更加困难，于是我将他们的英文名字和中文姓氏结合在一起记，这就可以又快又准确地叫出孩子们的名字了。通过这样的努力，当我在课堂上用英文名字称呼每个孩子时，他们的脸上都会洋溢着幸福的微笑。学生们心里渴望老师关爱的需要得到了满足，甚至有些孩子还会在课后主动告诉我他们名字的由来，使我们的师生关系进一步加深了。

为了能够在每学年第一次家长会上和家长们全面地沟通孩子们的在校学习情况，除了在家长会之前完成记忆孩子们名字的工作之外，我还会关注每个孩子的课堂表现。对于那些明显有学习困难的孩子，我会向班主任了解他们的家庭状况和学习状况，然后设计出符合他们自身情况的学习辅导方法，在家长会之前利用放学后的时间与家长直接面谈，给予他们建议。在这些沟通过程中，家长们既了解了孩子们的在校情况和教育方法，同时也感受到了老师对孩子们的关爱，从而在家长和老师之间建立了彼此信任的关系，成为良好“家校关系”的基础，为孩子们的发展搭建了一个坚实的平台。

记忆孩子们的名字、了解他们的情况、向家长提供教育建议，这些我们每个人都在做的、看似琐碎和细小的事情却会让孩子和家长们感受到老师的关爱。

那么，如果孩子生活在关爱中，他便会具有爱的能力和力量。长大后，他周围的人也会因为有他而更加幸福。这正是我理解的“育心教育”的目标。

刘沿老师从记住每一个孩子的名字，并真正去了解孩子的过程中，让孩子们感受到教师对他们的关爱与尊重，从而实现育心教育倡导的以心育心的目标。

陈利壬老师说：你给孩子一份理解和关爱，他就会对你产生依赖和信任。作为体育教师应该敞开胸怀爱学生，用自己的行动去感染他们，他们会逐步接纳你，更加尊重你。

柳晶老师说：师爱是教育的润滑剂，是进行教育的必要条件。当教师全身心地爱护、关心、帮助学生，做学生的贴心人时，师爱就成了一种巨大的教育力量。正因为有了师爱，教师才能赢得学生的信赖，学生才乐于接受教育，教育才能收到良好的效果。

在讨论和育心教育的实践中，教师们做出了自己的回答：为师者，只有做好“人师”才能让教育具有穿透岁月的力量，才能赢得历久弥新的尊敬。无论孩子当下多么不尽如人意，能够在他的心里种下一颗希望种子的人，都是伟大而可敬的。所以，我们教师是凭借永不放弃的道德良知赢得尊敬；凭借对人的发展的独特判断力赢得尊敬；凭借我们走进人心灵的能力赢得尊敬。

教师要赢得孩子们的尊重还取决于三个重要方面：第一个方面是教师精湛的教学；第二个方面是教师示范性的言行；第三个方面是教师对学生的爱。具备这三方面，我们才可能赢得孩子们的喜爱、信任、崇拜，直至影响他们的成长，甚至是人生。我们把这三个方面作为教师展现职业精神和评价教师的重要标准。

第三节　寻根探源，获得激情

每一所学校的教师团队都有其独有的特点，我们可以称之为文化，这种文化会渗透至这所学校每个个体的行为中，成为大家共有的行为准则。育翔，这所有着 60 余年历史的学校拥有其特有的优秀文化，经过一代代育翔人的传承、发扬，不断发展，不断创新。这是一所学校最有价值的东西，我们带领老师们一起去寻根，去挖掘那些最宝贵的精神财富，唤醒潜藏在教师心灵深处的教育激情，在传承与弘扬中，让这些瑰宝发出璀璨的光芒。

一、梳理校史，挖掘精神

为了更好地挖掘育翔精神，我们成立校史组，梳理育翔发展史。由校级干部及教师组成的校史组在历时一年时间的查阅资料、走访老校长、老教师，举办退休老教师、曾经在育翔工作的干部教师、新老毕业生等多场座谈会后，将六十年中的一幅幅绚烂的画卷铺展在我们面前，一组组鲜活的人物群像出现在我们的眼前。跨越60年，经历时代变迁，始终不变的是育翔人对教育真谛的执着追求。

育翔小学是一所与新中国共同成长的小学。建校之初是北京军区空军子弟寄宿制小学，特殊的校情与背景决定了学校不同的性质和使命。正是在共和国的旗帜下，育翔小学不仅是教书育人的学习之地，也是发挥育心、育德、育成长的生活家园；教师不光要给予孩子们丰富的知识，还要担当"父母"之责任，给予孩子们贴心的呵护与关怀，更要教育孩子们要像父母一样有志气，长大为人类解放而奋斗。几十年过去了，深深烙印在育翔人心中的依旧是浓浓的爱国情怀，在育翔人心中所有的荣耀都属于共和国。

育翔首届毕业生贾书君充满感情地回忆道：

我们的长辈大都是打过鬼子、扛过枪，消灭蒋匪、渡过江，爬过雪山、走过草地的老红军。他们听从毛主席的命令调到空军，建设空军。他们上天不太可能，他们子弟的学校当然要建成培养飞行员的摇篮，来圆自己的上天梦。

校名中"育"字就不用讲了，当时已有育鹏，育英，育才；"翔"字比较容易得到大家的认可。我们61届毕业的39名同学共同的梦想是"飞翔在祖国蓝天，当飞行员报效祖国"。毕业后，同学们奔赴祖国各地，大多数人从事空军的建设，我也在其中。是育翔的教育，让我们从小就立志报国，实现了蓝天梦。

扎根于育翔学子心中的保家卫国的情怀伴随着他们长大成人，经历半个世纪始终未改，这就是育翔特有的家国情怀啊！

育翔老师们对孩子们无微不至的关怀与独立性、意志品质的培养，塑造了孩子们坚强的性格，成就了未来的事业，成为栋梁之才。

1958年，育翔小学从天津迁至北京，1964年回归地方，开始招收地方学生。办学特点也开始从最初的关心孩子生活，向提高教学质量转型。面对这样的变化，出身军旅的干部、教师倍感压力。"我们不能输！""一定要赶上来！"这是发自心底的声音。正是凭借着一股不服输的劲头，育翔人奋起直追，迎头赶上。

经历了"文化大革命"的洗礼，学校百废待兴。面对教室破碎的玻璃，倒塌的围墙，“我们自己来!”在老校长的带领下，干部教师亲自动手安装玻璃、修建围墙、平整操场，恢复了学校本来的样子。

“不怕困难，永不服输”的一代育翔人永远留在育翔小学的相册里，历经岁月洗礼，这些身影愈发清晰伟岸，因为育翔的精神历久弥新!

二、撰写征文，讲述育翔

为了更好地挖掘育翔的历史和精神文化，我们开展以“我心中的育翔”为主题的征文活动。那一篇篇精美的文字和真挚的语言，向我们讲述了一个个育翔的故事。这一个个动人的故事，又燃起每一个育翔人内心的激情。

育翔首届毕业生徐湘平这样回忆在育翔的难忘岁月：

时光流逝，岁月荏苒。在我花甲过半，逐渐向古稀之年迈进之时，回忆在育翔小学学习的时光，依然历历在目，别样的亲切，别样的真实，别样的刻骨铭心!

育翔的教工对同学特别认真负责，从乔校长、孙协理员、教导处刘主任、班主任郭老师、体音美等科任老师、总务处丁主任、医生许阿姨、生活老师丁老师、门卫师傅，到每一位炊事员，大家对每一位学生都特别关心。他们对学生的关心未必是事事包办、处处叮咛、百般呵护，而是多年培育形成一种严谨、上进、正直、好学的风气。

班里四十余名同学，各有所长：班长唐辰功不苟言笑，可是吹得一口好口琴，在新年晚会上还出乎意料地化装成藏族小朋友载歌载舞。史黎晴同学活泼开朗，除了能歌善舞，还画得一手极棒的古代仕女铅笔素描！崔宏茹同学的毛笔字每每使人自叹弗如！我与她同桌，虽然默默努力，悄悄买了多家的墨盒、墨块、毛笔，怎奈一上写字课，优劣还是不言自明。

几十年过去，作为育翔首届毕业生，全班同学都在祖国各地不同的工作岗位上做出了不同的贡献，且已相继退休步入晚年。但是，人生易老，大家对在母校育翔学习生活的记忆不会老。

老校长付俊英如是说：

我在育翔小学工作将近 16 年，让我最欣慰的是看到育翔小学一步一个新台阶，不断进取。

育翔小学取得了很多优异成绩，这主要得益于育翔小学有一个团结、和谐、有战斗力的领导班子，有一支具有强烈责任心、爱学生的教师队伍，特别是他们对学习困难的学生给予了更多的关注和关爱。教师们继承和发扬育翔的优良传统，利用业余时间进行家访，使得育翔小学在全面育人的基础上，获得了大面积的丰收，得到了家长和社会的广泛认可，也获得了上级领导的肯定。在西城区首批评选中，育翔小学被评为“全面育人办有特色学校”，我深深地感谢教师们的无私付出。

毕业生聂晶在征文中写道：

20世纪80年代，以教学质量为重点的新时期全面开启。付俊英校长提出“教学高质量、课堂高效益、教师高素质”的办学目标。育翔人用自己的智慧和汗水，创新教研方式及授课方法，一次次刷新升学记录，创造了一个又一个“奇迹”，教学质量连续多年位居全区前列。跨入新世纪，育翔人始终不变的是对教育的执着追求和对学生的无私关爱。在陈永珍校长“以人为本、严谨治学、和谐发展”办学理念的指导下，坚持课堂教学“五带进”，确立“行为更进”校本研修策略，明确“全元心育”育人理念。关注学生成长的全过程，努力创造适合每一个学生的教育，以先进的育人目标、扎实的育人过程展示了学校软实力，赢得了良好的声誉与口碑。

老教师们这样回忆育翔：

育翔小学是一个非常好的教学平台，它为每一个想飞的人插上一双隐形的翅膀。一个人的成长离不开一个优秀的集体，育翔小学给了所有想成才的人最优秀的平台、最坚实的助力。

回想在育翔工作的时光，种种感想油然而生。育翔小学是一所不断积极进取、奋发向上的学校，我们的领导班子永远都团结协作，我们的教师队伍一直是奋发昂扬。

是永不服输、奋勇争先、昂扬向上的精神激励着育翔人在教育的道路上执着向前，成就了今天的育翔。

回顾、梳理校史的过程，让老师们共同见证了育翔小学60年的奋斗史：

20世纪五六十年代，为了国家利益，为了抚育革命后代，育翔人对孩子倾注了慈母般的关爱，也正是从那时起至今，“爱”成为育翔人永恒的特质；七八十年代，为适应时代的发展、教育改革的需要，面对艰难的转型期，凭借斗志昂扬、奋勇争先的干劲儿育翔迎头赶上，而这种精神也融入了每一代育翔人的血液；八九十年代，以质量为中心的教育时代全面开启，在“三高”目标引领下，育翔人不甘示弱，秉烛研磨，造就了育翔小学坚强的领导集体和过硬的教师队伍，建立了一套科学、严谨、系统的教学管理体系，创下教学高质量的佳绩，并保持至今；进入21世纪的今天，教育飞速发展，关注学生身心健康和谐发展成为主旋律，育翔人重视学生心理健康，以育心为途径，实现育翔学子的飞翔梦的教育理念再次走在了时代的前列。

校史的梳理与宣讲，让老师们感受到育翔的发展是历史与文化的传承，是一代代育翔人对教育不断追求与探寻、不懈努力与奋斗的成果，是高度的责任感与使命感带来的一份担当。正是育翔人执着追求、奋勇争先、无悔奉献的精神让育翔走到了今天。这让老师们感受到肩负的那份责任，焕发出对教育的那份激情。

我想，这就是文化的力量，也是我们回顾历史的最大价值所在。

为了深化教师对育翔文化与精神的理解，围绕着今天以“育心飞翔”为核心的“育心教育”实践，我们组织老师们讨论育翔小学发展的每一个历史阶段最核心的精神，形成我们的核心价值观。

在讨论中，大家感受到育翔教师对孩子无微不至的关怀；育翔教育教学高质量的背后，是严谨求实的敬业精神；育心教育的提出，是育翔人永远奋进追求教育真谛的执着态度；育翔的发展是一代又一代育翔人的传承与弘扬。育翔文化的真谛是爱国情、进取心、严谨求实的态度。

在校史的梳理中，我们汲取了精神养料，也激起了育翔人再创辉煌的激情。

大家在讨论中回顾，在讨论中明晰，在讨论中达成共识，进一步明确了建设具有“爱心、责任心、进取心”的“育心型”教师团队是实践育心教育的关键。老师们在育翔精神的指引下，开始了导航生命、激发潜能、照亮心灵的育心教育之旅。

第四节　多元激励，奋发向上

人活着，要始终保持一种热情，我想这就是精气神儿，一种积极进取、不断追求的精神。这就是工作的价值、生活的意义，也是快乐的源泉。而管理者要不断地激发正能量，不断提高教师的教育智慧与能力。

当你的生命里融入了这样的东西，就像流动的水一样，它会永远清澈，不会变质。而你也会因此而享受工作的快乐！

一、党员垂范，先锋引领

在育心团队的建设中，党支部发挥着重要的战斗作用。党支部计划紧紧围绕学校的中心工作，结合政治形势，积极开展主题党日活动。通过活动，激励党员，再以党员的示范引领，带动影响广大教师，凝心聚力。

围绕学校“育心教育”理念，党支部确立了“关注心灵成长，强化责任意识，提升育人能力”的教育主题；制定了《育心型干部行为准则》，以深化管理理念；确立了“关注成长，强化责任”的主题党日。党课的主题定为“探索一个通往童心的世界”。我们还采取“多种方式，层级推进”的做法，引发党员思考，在不断加深对学校形成“育心”理念和“行为更进”策略的理解中提升党员的责任意识。

我们还组织党员教师们共同学习了《做最好的党员》一书，并撰写读书心得。通过学习，读懂党员的含义，体会奉献的意义。在读书中，党员懂得了最优秀的党员都是肩膀最硬的人、敢于承担责任的人、处处体现主人翁精神的人，要做到最好，要认真做事，以实际行动去做一名最优秀的党员。

【案例分享 4】

没有最好，只有更好

——刘婧怡

相对于理论层面论述深刻的书籍、文章，这本书让我眼前一亮，内心如释重负。每一个章节围绕“怎么办”展开，告诉我们一个个优秀的共产党员在思想上、行动上、工作方式方法以及如何学习上应怎样提升素养。每一个小标题言简意赅，围绕一个中心思想，呈现了不少活生生的优秀共产党员的形象。边读边想边联系，“微生活、真道理、高追求”是我阅读后的最深感受。歌德说：“我们的生活就像旅行，思想是导游者；没有导游者，一切都会停止。目标会丧失，力量也会化为乌有。”

“想”决定着我们如何做。只有端正、提高了思想上的态度认识，才可能有正确的做法。

这本书的第一章中用了五个“特别”：“特别能贡献，特别能负责，特别能自觉，特别能战斗，特别能团结。”这五个“特别”总结了一名优秀党员看似平凡却崇高、看似简单却不易坚守的优秀品质。

做到一定是先想到！沈浩放弃舒适的生活主动到艰苦的基层工作，一干就是六年。他想到的是村子能发展，想到的是人民能富裕，想到的是国家能减轻负担。

做到一定不是想到！王争艳口对口地给肝炎患者做人工呼吸，她没有想到自己的安危，没想，也来不及想。

一个个鲜活的事例让我感受到：原来人的潜能是无限的，关键是看你将自己放在一个什么样的高度！“想”是一个人的思想导向，是一个人的行为舵手。

“想”工作所想。我是一名普通的人民教师，也是一名共产党员。在教育教学工作中，我努力把自己当成工作的主人，心中装着学生、装着孩子的未来发展。“全心教育教学工作，热爱学生，勇于实践，不断提高自身思想政治水平和教育教学水平”是我的承诺。教学工作怎样有实效？班主任工作怎样顺利开展？我努力想着如何把各项工作做得更好、更到位。

“想”学生所需。教育的对象是学生，我们的工作就是为学生服务。学生需要怎样的课堂？学生喜爱什么样的活动？学生易于接受怎样的教育方式？这些都是我们要时时刻刻去思考的。

想到了，我也便这样努力去做。

学校的课题研究是崭新的，六年级组又担任了“开路先锋”。作为教研组长，我认真学习相关理念，思考每一个研究细节。无论是上个学期全区的现场会还是课题展示课，我都积极参与、带头实践，在科研工作中积极发挥骨干引领作用。课题的研究初见成效。

多年执教高年级，学会了站在学生角度想问题、解决问题。每一个学生个体来自于不同的家庭，在如今中国社会的家庭生活中他们是唯一，备受爱护、赞赏、鼓励。但是当他们进入学校、走进一个集体时，很多家庭教育的弊端就暴露了出来。这也是必然的，毕竟他们换了环境，他们不再是家庭中的那个“个体”，他们将真正开始生命教育。而生命教育中最关键的就是帮助孩子建立两种正确的关系，一是与自己的关系；二是与他人的关系。而如何让孩子们有良好的转变，特别是六年级，又将投入新的集体，他们如何面对、如何适应、如何成长呢？这一学年我努力在班级工作中培养孩子做“集体人”、做“社会人”。

想到了就去实践，就去为自己的内心寻找正确的出口。我目前的想法就是：一个党员是不是优秀，首先从他的思想境界上体现出来。眼前的正确做法一定源于内心忘我的精神。

阅读这本书后，对照自己，我发现自己做得真的不够。在工作中，很多时候在面对阻力时，我经常会退缩。这本书很值得继续再读、再悟。而我自己也会在实践中不断前行、不断提高！

支部还将管理心理学纳入干部中心组学习之中，使之依据互悦机制理论，将尊重与激励运用于管理实践。围绕育心教育理念的研讨，使党员教师进一步明确，“育心”要求我们更加关注学生的内心感受与情感体验，更加关心每一个孩子的身心健康，这是让“以学生为本”真正落地生根的教育。

围绕“心动德育”的理念，思教处干部、党员率先策划了以“诵读童谣”为主题的开学典礼后，又策划了以“爱北京、新西城、亮育翔”为主题的体育节活动。二年级教师在党员组长的带领下，精心设计，成功举行“入队典礼”和“寸草心”感恩教育主题班会。生动感人的内容，活泼新颖的形式，深深吸引着孩子，感染着孩子，也影响着孩子。活动的成功组织，为全校整体推进心动德育起到了示范引领作用，带动了其他教师积极开展实践研究。

对心智课堂内涵的理解与把握，对教与学的方式的改革，难度非常大，教师面临着考验。在学科组内更进活动中，党员骨干教师带领组里教师，结合学科教学及学生年龄特点，循环往复，不断改进，亲自上研究课、展示课，使“心智课堂”的研究不断深入。蒲文丽老师就是其中的代表。

【案例分享5】

如何让孩子们喜欢数学

——蒲文丽

面对小学生的我们，作为孩子们的启蒙老师，谈不上在学习的初始阶段就让孩子们“热爱”数学，但我想，起码我们应该努力让学生“爱”上数学。要让学生喜欢数学课，就要从“动”和“玩”开始。不是有一本书叫《数学好玩》

吗？玩是孩子的天性，也是孩子的权利。一提到玩，学生就会激动，会雀跃。我们是否能根据教材内容，用“玩”的心态来设计流程、实施教学，提供好玩的材料给学生玩，给予学生充分的时间玩，让学生在“玩中学”，感受数学的美妙呢？

让学生“玩”

六年级的教材上讲到“莫比乌斯带”这个内容，老师提供长方形纸条，问：它有几个面、几条边？（2，4）你能将它变成 2 个面 2 条边吗？（生：粘一圈就行）你能再想想办法将它变成 1 个面 1 条边吗？（多数学生感到惊讶）这时老师提出：那就让我们一起来动动手，研究研究吧！这时学生就迫不及待地开始动手操作了，高兴之余开始思考并交流：“1 个面，1 条边在哪儿，怎样做会变成 1 个面 1 条边？”几分钟后由做出来的同学介绍“莫比乌斯带”的做法：一端不变，将其中的另一端拧 180 度，两头粘贴就行了。做出来的和做介绍的同学真是喜形于色。接着老师又提出挑战性的问题：用剪刀沿中线剪开纸圈，猜一猜会变成什么样子？（猜是 2 个小圈）实践是检验真理的唯一标准，还是让我们动手验证吧！学生开始剪。（不是 2 个小圈，而是扭在一起的 1 个大圈?）再猜一猜，如果沿着三等分线剪，剪的结果会怎样？（1 个更大的圈?）再次操作验证。（原来是 1 个大圈套着 1 个小圈!）看着学生越剪越有兴致，老师启发说：一张普通的长条纸，经过拧、粘、剪，变成了这么多神奇的纸圈，就像在变魔术，你还能想出其他的玩法吗？

看，数学课变成了游戏课，学生哪有不高兴的。但是，在动脑猜想、思考，动手实践之后，我们还是要把数学游戏和生活联系起来，于是老师提出：如此神奇的圈，它可不光好玩有趣，还被应用到了生活的方方面面，你能发挥想象力，看它都用到了什么地方吗？（玩的东西还有用?）当老师出示图片“过山车”“爬梯”“传送带”时，孩子们惊讶无比。我想，这样的课是学生爱上的课，要想让数学好玩，我们就要学会跟着学生走，用“玩”的心态去预设和实施教学，让学生的思维真正舞动起来，这正是数学的魅力所在！

让学生“说”

小学生的特点是有求知欲望，但学习不刻苦，听课时间不能持久，爱动、精力不够集中。为了使学生注意力集中，我们在讲课时，通常用生动的语言、恰当的比喻、直观的演示、启发性的提问、变化多样的教学方法把学生的注意力吸引过来。但学生也需要自我展示的舞台，所以，我会把讲台让给孩子们。

比如课前2分钟的知识积累，在时间允许的情况下，我会让准备好的学生讲讲有关数学方面的知识，如数学家的故事、数字的由来、我知道的数学游戏等。例如，上学期就有一位学生讲了“最大的计数单位是什么”的内容（古格尔），孩子们听得呆住了，说实话，我都闻所未闻，所以我和孩子们的注意力都集中到他的介绍中，无一分神，效果极佳。

对于主要的学习内容，我也会让孩子们来讲解例题、讲解注意事项、讲错例的分析等。学生在讲的过程中，掌握了知识，培养了能力。尤其是每到期末时，我总会有一些自主复习的作业：在家里把本学期所学内容，或曾做错的题目进行整理，在数学课上进行展示和讲解。每到这时，孩子们的学习积极性都是非常高的，虽然习题难度有难有易，错例情况五花八门，但呈现出的是孩子们自己独立的思考过程，给同伴提出的是发自内心的忠告。我想，孩子们在自主复习的过程中，一定有自己的感悟。我一直认为，成绩固然很重要，但学习能力和学习上进心更重要。因此，让学生“说”数学，在教学实践中取得了较好的效果。

感受数学的“美”

所有数学家们都说数学是美丽的，他们从多角度解读着数学的美，但我们怎样做才能让学生感受到数学的美，也沉浸在美的享受中呢？应该说，这一点需要我们老师做得更多，要教会孩子们欣赏数学的美。

如数学有“简洁的美”，生活中杂乱无章的现象，用数学公式表示，则朴素、简单，如圆的周长公式：$C=2\pi R$，就是“简洁美”的典范。世间的圆形有多少没有人能说清楚，但它们的周长C、半径R，都必须服从刚才所给出的公式，一个如此简单的公式，概括了所有圆形的共同特性，怎能不令人惊叹不已？在数学中，像周长公式这样形式简洁、内容深刻的定理还有许多。世间的圆形有多少没有人能说清楚，但它们周长的和谐之美还体现在对称性之中。数学家曾说：“一切立体图形中最美的是球形，一切平面图形中最美的是圆形。”正是由于几何图形中有这些点对称、线对称、面对称，才构成了美丽的图案、精美的设计、巧夺天工的建筑，才给我们带来丰富多彩的自然美。因此，在教学过程中，我们要不断引导学生对学习内容进行比较、综合、归纳，善于观察、发现、总结规律，努力从数学角度发现数学的美。

永远激励学生

有这样一句话，“好孩子是夸出来的”，我非常赞同。可以说在任何情况下，激励既能督促孩子进步，又能保证孩子的自尊不受伤害。我们认可不同孩子之间有思维差异，所以要保证孩子得第一名或前几名高兴，不名列前茅也高兴，随时保护好孩子学习的积极性，这样孩子们在我们的数学课堂就会快乐。我们不妨站在长远的角度上去思考，前几名和最后几名到底有多少差距。难道没上大学的孩子一辈子就没出息了吗？因此在课堂教学中，一定要用语言、用眼神、用行动来帮助和激励学困生，帮他们建立起“我能行”的信心，让孩子们觉得：“原来数学学习也不是一件困难的事，我也行！”我觉得，孩子们能听懂，会应用，感受成功的喜悦，得到老师的表扬，感到学习是幸福快乐的，这对孩子来说是最重要的了。

爱学、会学、乐学，是逐步递进的，乐学是我们追求的理想教育境界。这就需要我们创设丰富的情境，让数学知识贴近学生实际。我们赋予了学生学习的外在动力，再通过指导学生掌握更多的学习方法，培养他们自我学习的能力，这样，让学生体验学习的快乐和成功，让学生爱上数学课！

蒲文丽老师的探索，使老师们看到了我们所倡导的心智课堂，前提就是让孩子喜欢上课。让孩子成为课堂的主人，感受学科的魅力，正是从心出发，回归心处。教师要真正了解孩子的身心特点与认知规律，能够准确把握学科本身的特点与独特魅力，并以此来设计自己的教学，让孩子实现“爱学—会学—乐学”。

不仅如此，蒲老师更以自己的探索为普通教师树立起党员的先锋形象。陈晨老师感悟道：

在备战“西城杯”的日子里，正值迎接督导，干部们还要上课，为了帮助我们提高教学水平，领导们可谓是想尽了办法。我在教学上最大的问题就是课堂调控，如语速较慢、语气过于平淡、对学生的评价不够等。这些问题困扰了我许久，可是怎么改都没有效果。这时刘校长想出了一个办法，就是让组长蒲老师也上一节同内容的课，让我来学习一下蒲老师在课上是怎样有效调控的。这可真是个难得的好机会，只是太辛苦蒲老师了，这些日子她忙着听我们试讲，给我们评课，自己还有两个班的教学。可谁知蒲老师知道后却痛快地答应了，我心中欣喜之余充满了对她的感激之情。而看到她上课的情景时，我心中又不禁暗暗钦佩：在这么短的准备时间里，在这么疲惫的身体状况下，蒲老师竟然能神采奕奕地上出一节这么精彩的课来。听了这节课，我的精神受到了鼓舞。在之后的试讲中，学着蒲老师的样子进行教学，果然收到了很好的效果。

其实，我们身边的优秀党员又何止蒲文丽老师一个呢？他们以身作则，勇承重担，在各自的岗位上发挥着模范作用。

宽松的工作环境，良好的同事关系以及愉快的心情是做好工作的基础。在体育组老师之间的相处中，我们更多的是体谅，是理解，在这样和谐的氛围中工作，大家都很舒服。我作为体育教研组组长，作为党员，时刻以身作则，不计较得失，主动承担重、难的教学任务，为有困难的老师分担工作。同时体育组的老师们也都很支持我的工作。今年我承担了“西城杯”体育教学评优课任务，组内老师们把评优课当成是教师共同提高的一种形式。我们积极发挥群体力量与智慧，对我的教案仔细分析研究，对课堂结构仔细推敲，对教学过程精心设计。每次试讲结束后大家都会在体育教研员孙嘉林老师的带领下坐在一起找出优点，分析不足，并提出改进意见。

记得评优课的前一天，在所有准备工作都完成后，突然下了一场大雨，学校操场严重积水，而我的教学内容又是对场地要求很高的篮球课，当时真是有点慌了，正当我不知所措时，听见的是全体组内老师说“别急，明天早上我们全都到操场帮你整理场地，晚上回家好好休息”这样让人无比感动的话语，第二天当我六点多到操场的时候看见的是组内老师忙碌的身影和一个没有一滴雨水的漂亮场地，当时我就一个想法，一定要把课上好！最终在大家的共同努力下，在“西城杯”的教学评优活动中，我取得了非常好的成绩。

——教研组长谷丰

党员在研究实践中履行责任，充分发挥示范引领作用，推进了学校特色建设。同时，研究实践的过程也不断强化着党员的责任意识、争先意识，使党员自觉地成为示范者、引领者、带动者。党支部的战斗力和凝聚力加强，学校洋溢着和谐、积极向上的氛围，呈现出不断“更进”的良好局面。

二、发扬传统，传承精神

一直以来，育翔凭借着高质量的教学赢得社会口碑，而高质量教学的背后恰恰是团队教师严谨治学的工作态度与和刻苦钻研的学术精神。这种精神无时无刻不在感染、影响、激励着育翔的每一个人。学校精神是学校发展的灵魂，是凝聚人心的力量，是鼓舞人奋进的动力。要建设育心团队就要把学校精神传承、发扬下去。

在育心团队的建设中，我们倡导的发展原则是：学会坚守，学会在传承中发展。因此，我对老师们说：严谨治学的研究精神是我们育翔人的制胜法宝，在教学研究的道路上没有捷径，也不应该有捷径，更没有尽头，无论是谁，如果你选择了做教师，选择了在育翔，就一定要做一个在教学上精益求精、深入钻研、不断探索、勇于实践的人。这样的人也一定会赢得大家的尊重。

在我们育翔，活跃着这样一群人，他们爱自己的职业，爱自己的岗位，爱孩子们，在他们身上，体现了尽职尽责的敬业精神。每年我们都组织“融入育翔，感悟育翔”的新教师培训会，使他们通过“知晓校史”了解育翔小学的历史。

闪亮的珍珠

在育翔，我经历了从一名普通的青年教师向一名学校管理者的转变。岁月虽然过去了近二十年，但育翔给我留下的是一颗颗闪亮的珍珠，在记忆的长河中熠熠生辉，挥之不去。在育翔的组教研中，我感受最深的是精益求精。集体教研是我们使用得最熟练的武器！“提问—分析—辩论—再分析—总结”是每一次教研都要经历的过程。这里没有“一言堂”，有的是每一位教师基于自己理解的观点表达；这里没有“标准答案”，有的是经过分析、辩论后产生的理解共识。“精益求精”这颗“珍珠”就是在这种环境下被滋养起来，并发扬光大的。

——现任白云路小学校长杨东燕

一个人的智慧是有限的，集体的力量是无穷的。通过“集体备课”和“教学更进”等活动，我们从“问题”入手，集中智慧，资源共享，找出解决问题的方法，并善于发现和总结问题产生的规律，使我们在校本教研中得到实质性的发展与提高。

为了传承和发扬育翔精神，从“传承文化”中，了解学校的全元心育和行为更进的研究，从“感悟精神”中，熟悉育翔文化的精神实质，我们不断讲述着我们身边教师的故事。事实上，也正是通过这样一种形式，使好的育翔传统在回顾、传承的基础上更好地发扬。

青年教师姜海超讲了自己师徒结对的故事。

师徒结对，为我打开了一扇天窗

刚刚走上讲台时，觉得一切都很陌生，每天的生活也像打仗一样，忙乱而又紧张，然而学校为我们安排了师父，指引着我们的教育教学工作，也为我打开了一扇天窗。

作为青年教师，听课是必不可少的，每次听课前，师父都会通知我听课时间和听课内容，不管是公开课还是常态课，我最大的感受就是，在听每一节课的过程中，所有的教学环节都好像是水到渠成的，学生都是一步一步按照师父的思路进行着。第一学期，为了更快适应课堂，我在听师父讲课的同时，反复钻研教材，尽快熟悉教学内容，精心备课，让自己对教学环节、教学重难点的把握更准确，同时学习一些组织课堂的技巧与经验，并将这些方法运用到自己的课堂中去。经过一学期的实践与努力，我对于课堂的组织教学有了一定的经验，但是在组织课堂的教学中，效果并不明显。

第二学期初，我和师父结合上学期的经验教训，一起制定了本学期具体的成长目标，主要围绕教学目标的把握与组织教学方面加强了学习和锻炼。首先，我通过听师父上课，学习师父的教学方法，更加明确了上课的思路，增加了组织课堂教学的经验。在每次听完课后，师父会耐心地跟我说她的教学目标与教学思路，提示我在上课过程中应该注意的重难点，使我受益匪浅。在此基础上，师父又多次走进我的课堂，根据我上课的情况，提出了几点改进建议：(1)认真备课，钻研教材，熟悉教材内容与教学目标，准确把握教学的重难点；(2)教学设计要合理，教学内容要紧密围绕教学目标进行展开，在每一环节的安排时，要根据学生的年龄特点以及已有的知识基础进行安排，根据学生的实际情况设计好问题，而且在每节课之前都要认真预备和复备，在教学中不断积累教学经验；(3)教学评价要到位，在课堂上随时鼓励、表扬学生，多发现学生的闪光点，及时对表现好的同学进行表扬，发小奖票或小红花作为奖励，这样使其他同学得到正强化，规范自己的行为，从而提高课堂效率；(4)学校全面推进育心教育，在课堂上也要关注学生的基本心理需求，同时多表扬、少批评，用学生喜欢的方式，帮助孩子养成良好的听讲习惯、发言习惯等。

接下来，我按照师父的建议进行教学，课堂的组织收到了意想不到的效果，在感慨师父教学经验丰厚的同时，也为师父的知无不言、言无不尽所感动，回眸过去，我收获着、成长着、感动着。

青年教师郑丽讲述了自己“蜕变”的故事。

蜕 变

在阴暗的角落中，它奋力地冲破最后的枷锁，展翅飞翔，沐浴阳光。这破茧成蝶的过程就如同完成一次更进课般，面对课题，迎接挑战，克服困难，最终收获喜悦。

记得一次上复习课，从确定授课内容是复习课后，我就开始思考两个问题，一是复习课的形式，如果只是一味地先复习知识点，再做题，学生学习的积极性就不会很高，效果也只是一般。在紧张的期末复习阶段，学生的学习兴趣不高，效率也会降低。二是练习题的选择，作为复习课的练习，既要考虑到知识点的应用，又要考虑练习的综合性，既要带动基础一般的学生，又要考虑到对部分基础好的学生进行拔高练习。

针对这两点困惑，组里的老师们坐在办公室一起出谋划策，力求找到最好的授课方式，找到合适的习题。在这个过程中，老师们毫无保留，各抒己见，查阅了许多的资料、参考书。经过一周的研讨，反复地试讲，最终发挥集体的力量，制定了思维导图的设计思路。大家眼前豁然一亮，这个设计使得整节课层次鲜明了起来，学生们课前参与，制作知识点的思维导图，然后上课时展示，参与度和积极性都很高，这样一来学生不仅复习了知识点，还学会了一种学习方法，对于今后的学习也是十分有帮助的。最后的练习题始终没有合适的选择，于是我有了一个大胆的想法——自己出题，老师们都觉得这个方法可行。于是经历了一系列过程，最终呈现了五道大家满意的自编习题。最后，加上每个环节之间的设计，增加习题的趣味性，并制作了PPT。当一堂课“破茧而出”，展现在大家面前时，我看到老师们欣慰的笑容，我自己也仿佛沐浴在阳光中。

这只是在教学中众多成长经历中的一段，还有许多类似的经历。在一次次蜕变中，我看到了更多需要学习的内容。宝剑锋从磨砺出，梅花香自苦寒来，在这样的团队中，融入这样的教研氛围中，在这么多、这么好的教师和专家的帮助下，作为青年教师，我带着收获和喜悦，快速地成长着。

我认为，一所学校，只有坚持传承，才能站得更高、看得更远，才能创造真正的校园之美。正是老师们严谨治学的态度与钻研精神，才逐步让教育成为专业，并以我们的专业，赢得人们对教师职业的尊重。在这个过程中，教师得到发展，幸福感提升，团队的力量凸显。

三、读书涵养，激励梦想

读书活动是滋养教师身心，激励教师前行的重要内容。同时，教师作为示范者，带领学生一同走进书的海洋。为此，我们全校师生共同开展读书活动，并成功举办了首届读书节。青年教师是教育的主力军，是学校发展的中坚力量，我们希望这支队伍是有梦想的，不畏惧困难的。在读书节中，我们组织青年教师共同阅读《海鸥乔纳森》一书，并举行读书分享会，激励大家为了梦想而努力。

《海鸥乔纳森》一书讲述了一只名叫乔纳森的普通海鸥，不愿屈服于自己只会低飞的命运。于是，它有了充满热情的梦想——渴望像鹰一般自由自在地翱翔。在追求梦想的过程中，它历经磨难与痛苦、家人与同类的斥责与嘲笑，却始终不退缩，终于翱翔于天空。

青年教师李丹在分享会上说：

闭目回忆着每一段情节，仿佛那只展翅翱翔的海鸥正从遥远的天际飞来，告诉我对于梦想应该有怎样的执着，告诉我应当用怎样的勇气去实现梦想。我也有我的梦想。我梦想成为这样的教师：他心中有爱，独具慧眼，能看到每个学生都是一朵含苞欲放的花朵，能发现每一个孩子身上的潜能，并用正确的方法鼓励孩子不断自主探索；他崇尚“亲其师，信其道”的真谛，崇尚民主，愿与学生平等交流，共同成长；他熟练掌握现代教育技术并充分运用现有教育资源，对当代最新的信息、知识有很强的敏感性和独到的见解，能有效地为学生“扬长”创造条件；他能在很大程度上挣脱课程和教材的束缚，不断反思自己的授课方式，让自己的教学始终受到学生的喜欢。我梦想教出这样的学生：他们富有理想、品行端正、热爱生活、朝气蓬勃；他们积极进取，富有独特见解和思想，不盲从于所谓的权威，对疑问敢于提出自己的见解；他们善于和人合作，善于和人相处，有着帮助他人的强烈愿望，有着和谐的人际关系；他们有扎实的基础知识，认真学习，勤于思考，有丰富的想象力，掌握科学的学习方法，能用最少的时间赢得最高的学习效率。

青年干部郭蕾在分享会上讲道：

习近平主席提出“中国梦”，我也思考我的“教育梦”。有梦就要像海鸥乔纳森一样努力去圆梦。梦想不会抛弃努力追求的人，只要不停止追求，就会沐浴在梦想的光辉之中。这种努力来源于你每一天的认真生活，来源于你对未来的无限希望，来源于你对于我们祖国的热爱，来源于你对于美好生活的追求。作为一名青年教师，要想实现我的教育梦想，就要刻苦钻研教材，了解学生，认真地上好每一节课，用自己的耐心、爱心、责任心去关怀和帮助学生，用实际行动去践行育心教育，尽自己最大的努力使每个学生都能得到优化发展。青年教师是学校发展的明天，当我们每个人的小小梦想汇聚在一起时，就构筑了育翔梦，也是在为中国梦的实现而添砖加瓦。

每个生命都有无数种可能，每时每刻都面临无数种选择。只有飞得越高，视野才越广越远，才能看清每种选择，才能发现自己心中真正的梦想、渴望与激情。此时此刻，对于我这个青年教师来说，正处在教育梦想的起点。通过自己的选择，我可以设计自己的人生，享受成功的喜悦。书静静地躺在桌子上，而我却觉得体内仿佛已充满面对挑战的勇气和对实现梦想的渴望。我对自己说：我有梦，我永远在努力去圆梦！

四、多种方式，激活动力

教师的积极性需要不断地激活才能促进学校可持续发展。为此，我们建立了多种激励机制，营造积极向上的校园文化氛围。

在干部例会汇报工作时，我要求干部先谈：你看到了教师身上什么闪光点？旨在学会欣赏教师、干部。借效益工资改革方案的制定，我加大了奖励项目和力度，起到导向作用。为发挥骨干教师作用，我聘请他们在教学比赛中做评委，组织开展以“立足岗位、踏实学习、主动发展”为主题的创先争优活动。

教师开始围绕“加强师生倾听的研究，提高课堂教学实效性”这一科研专题进行研究，在“鸿翔杯”教学比赛中，为表现突出的老师颁发了“倾听研究探索奖”，为三位在白板应用等方面积极探索的老师颁发了“教学引领奖”。

请外出脱产学习的两位青年教师做展示汇报，向各组老师赠送了两位老师撰写的《研学日记》，促进相互学习。

我们把“我心中的好老师谈教育感悟”汇编成册，放在网上，供教师们学习、分享。

……

我们希望育心团队充满正能量，希望教师在积极进取中享受成长的幸福。

外出学习考察是教师成长的重要途径，也是激励教师的重要方式。通过外出学习，老师们可以开阔眼界，提升教育理念，丰富教育教学，还能滋养身心，增进教师、学生彼此间的情感。这几年，教师紧缺现象加剧，但我们还是积极想办法，送一批批教师外出考察学习。学习回来后，及时将大家所学到的经验、理念和感想在学校进行交流，达到以点带面，激励发展的效果。

【案例分享 6】

学会接纳学生的不完美

——杨朔

英国游学之旅，我不仅看到了独特而别致的风景，同时还体验到了原汁原味的英国教育理念。

告别晚会的准备活动是在当天下午进行的，学生要在有限的时间里学会一支快节奏的集体舞和一首生词较多的英文歌。当了解到活动内容后，我真替学生们捏了一把汗：在短短 4 小时的时间里让 50 个孩子全部学会，这确实不是件容易的事，况且有的孩子对舞蹈根本没有兴趣。在我的担心中，学习正式开始。孩子们首先要学习的是集体舞。外教老师先把学生分为了四组并介绍了舞蹈的相关背景，接着便是示范和讲授。开始，孩子们并不适应舞曲的快节奏，动作有些跟不上，但是老师并没有刻板地纠正动作，反而侧重调节气氛，让整个房间瞬间热闹起来，大家热情高涨。经过一遍遍的练习之后，孩子们跳得越来越有范儿，越来越起劲。无论有没有舞蹈功底，每个孩子都俨然成为了一个舞者，沉浸在自己的节奏中，动感十足。不到两小时，孩子们便学会了集体舞。在短暂休息过后，学生们开始学习英文歌。由于歌词里穿插了一些德语，学生在发音上有些困难。老师先是非常耐心地一遍遍带读并进行分组检查，虽然耗费了许多时间，但是确保了每一个孩子都已经掌握。跟唱了五遍之后，学生已经能熟练地进行演唱了。不到 4 小时，学生学会了晚会的所有表演内容，开心不已，仿佛已经跃跃欲试。我原本提着的心也落地了。我一边惊叹这神奇的学习进度，一边努力回忆每一个细节，试图找到背后的原因。渐渐地，我发现，外教老师根本不要求学生做到整齐划一，而是让学生享受学习舞蹈和歌曲的过程，舞蹈动作允许学生有自己的表现形式，较难的单词发音只要大概会读即可。老师能够接纳学生的不完美，学生也能发现自己的不足，然后在一遍遍练习中努力突破。在这个忙碌而神奇的下午，学生有欢乐，有艰辛，即使自己的动作依旧有缺憾，即使有些单词的发音没记住，但是每个孩子都把自己当成了主角，享受着舞台和聚光灯带给他们的欢乐。

我们常说，人无完人。作为教师，我们更要学会接纳学生的不完美，也要教会学生坦然地面对自己的不完美。也许这些不完美会一直伴随学生的成长，但是这会激励他们变得更加勇敢、更加优秀。孩子会因为自己的不完美而不断学习，会因为自己的不完美而不断进步，会因为自己的不完美而不断蜕变。因为不完美，他们不会停留在曾经的风景中，也不会满足于现有的知识财富。因为不完美，他们一直走在更好的路上。

在原味的英国教育理念下，老师们感悟到如何才能让学生的潜能得到最大程度的激发，如何树立孩子的自信，其实这也正是我们苦苦追求的。不要求学生做到整齐划一，而是让学生享受学习的过程，并允许学生有自己的表现形式。它的核心在于："老师能够接纳学生的不完美，真正让每个孩子都把自己当成主角。"然后才有了师生共同享受"舞台和聚光灯带给他们的欢乐"。看到老师们的这些转变，我想这些难忘的学习经历一定会帮助老师转换思维，激发动力，在自己的教学实践中去尝试新改变。

【案例分享 7】

我会跟你在一起

——赵小琰

来到美国的第一晚我们住宿在旧金山的旅馆里，没有带孩子经验的我

“很负责任”地穿行在四个学生的两个房间之间，告诉她们如何使用水龙头、空调，如何拉好窗帘，以及如何使用滴流咖啡器烧热水喝，并且叮嘱她们把明早要穿戴的衣服以及要携带的东西准备好……直到兴奋得不愿意倒时差的学生们上床就寝已是午夜一点多钟，我疲惫极了，但对自己能如此“无微不至”地照顾四个孩子很是满意。

毕竟出门在外，我并不像在学校中一般处处对学生们严格要求，只要她们能够保持安静、讲礼貌，其他的一概忽略不计。比如，我发现住在一起的两个女孩小黄和小乐不太会整理物品，她们把床单铺在地上，无论次日是否穿戴的衣服都胡乱摊放在床单上、桌子上、沙发上……于是我再三嘱咐她们整理东西、整理东西、整理东西！第二天一早，我们要前往特维迪小学进行访问，学生们要身着校服。直到出发前 30 分钟，我发现那两个女孩还没有去吃早餐，原因令人匪夷所思——前一晚我亲自帮小黄放置在椅子上的校服裤子不见了，无论怎样也找不到。幸亏李莉老师有经验，从小乐的箱子里翻出了一条校服裤子，原来是小乐误穿了小黄的裤子！我们四个都草草吃了几口早餐就上了大巴车，一路上我严肃阴沉的脸色令孩子们出奇的沉默。我感到很委屈，每天我都陪着她们，叮嘱她们这个那个，可是她们还是状况不断！

直到到了特维迪小学，校长真诚灿烂的笑容才让我的心情平复。在接下来的时间里，我的想法有了翻天覆地的变化。我和学生被两个二年级学生带进了他们的教室。Mrs. Morales 是这个班级的教师，与中国教师不同，她是个全才，除了体育什么都教。

Mrs. Morales 一开始教授的是数学，内容简单到令我惊讶，无非就是让学生用学具摆出如 195、298 之类的数字，再问学生若从中减去 1 个 100，或者 2 个 10 后，剩下的是几。仔细观察她的学生，有的思维敏捷，很快说出了正确答案，Mrs. Morales 总会及时夸奖“Good job”；有的却半天连个 195 都摆不出来。Mrs. Morales 一直站在他的身边，指着学具问他：“1 个 100，9 个 10 都对了，还要摆几个 1？……你数数现在是几个 1？”然后又把着这个学生的手指，和他一起数：“1，2，3……”如此耐心直到这个孩子摆对了，还高兴地说道：“Excellent！”令我感动的是，Mrs. Morales 始终笑着，赞扬着，而这个孩子的脸上也没有显现出一丝赧然和惭愧，而是对着他的老师笑得那么自信，那么充满了感激，仿若在说：“我就知道您会跟我在一起，我一定会做对的！”

我忽然意识到，为什么千叮咛万嘱咐我的学生还是会发生找不到裤子的情况，因为和孩子在一起的只是我的号令而已。晚上回到酒店，原本准备好的一堆说教被心甘情愿地咽回了肚子里，我亲自帮助孩子们理清了第二天要穿着的服装鞋袜，要放在背包里的物品，然后指定其中一个将自己的东西放在躺椅上，另一个放在写字台上，箱子则放在一个角落里，最后要求她们按穿戴的顺序把衣服叠整齐摆好，箱子里的东西分区整理好，还必须能够拉好拉链。所有的垃圾都要清理干净，扔进垃圾桶。20分钟后，孩子们的干净整洁令我惊喜，这是孩子的成长，也是我的成长，很高兴我跟他们在一起！

美国之行令人回味不已，我欣赏他们的自由、自信、宽容、友爱，欣赏师生、生生间平等互助、彼此信任的情感。这也启发着我，要如此地对待我的学生、我的同事、我的家人，我要跟你们在一起！

育心团队建设始终伴随着育心教育的实践与探索，持续更进，成为实现育心教育的核心力量。育心团队也在实践中成长。有了这样的前提和基础，心动德育和心智课堂这两项工作才可以有效地开展。

其实每个人都有一种使命感，也就是一种责任感。工作不仅是一种职责，更传递着一种信念，我们不能改变自己的工作内容，但可以让自己更投入地工作，并将这种正能量传递给更多的人。

改变就从心动德育做起，从开展能够打动学生心灵的教育活动做起；

改变从心智课堂做起，从激发学生自主学习、营造和谐课堂氛围开始；

改变从我们的心开始……

明确“育心教育”理念后，我们率先推进的是“心动德育”的实践与研究。围绕着心动德育的理念，干部教师很快达成共识，并确定自上而下逐层推进的思路，精心设计打动人心的教育活动“以心动促行动”。我们的心动德育之旅就这样开始了……

⑥第六章　心动德育，以心促行

我们育心教育理念下的心动德育，非常直观的理解就是：要做可以使学生产生“心动”效应的德育。如何达到“心动”？为此，我们提出实现心动德育的“两化、两性”，即教育内容生活化；教育形式儿童化；教育过程发挥主体性；教育方法符合规律性。在“两化、两性”目标的引领下，我们开始了心动德育实践的探索。

第一节　策划成功，明确思路

落实心动德育目标，对于一个新组建的德育干部队伍而言，难度还是相当大的。恰逢此时，UDS 项目组进行了以“从计划到策划”为主题的培训，带给德育干部观念上的转变，“让策划走进我们的生活”使干部们眼前一亮。

学习回来，德育干部首先尝试策划了 2011 年秋季开学典礼。精心策划下的活动很成功，令我们难忘，因为这是开展心动德育研究的第一个全校活动。和以往相比，这次开学典礼，不仅变得“很有味道”，透着新意，引发心动，师生称赞，增强了我们走心动德育之路的信心，还因为这是开展心动德育研究的第一次活动策划，使管理者在对策划的作用有了切身的感悟后，增强了策划、整合的意识；更因为活动后的反思，使德育干部们认识到，成功源于自己教育理念的变化：学生是教育活动的主体，教育渗透中教师要起主体作用。

开学典礼后，我们又成功举办了教师节庆祝活动、读书活动启动仪式。借鉴了典礼活动的经验，我们在每个活动之前，都认真研究、精心设计策划，并将活动策划案发给每位教师，大家各司其职，保证了活动的实效性。坚持活动后的反思、跟进，使我们不断积累经验，对心动德育内涵的认识在实践、学习、再实践中逐步深化，工作思路逐渐清晰。

我们心动德育的实践探索思路是：依托活动更进，从“心”开始，以促学生发展为目的，以“心动”为标准，以策划为手段，以校级、年级和班级为路径，形成有效的教育活动——能够触动学生的心灵，能在学生记忆中留下深刻的印迹，能对学生的发展产生积极的影响。力求活动能够起到打动学生，以心动促行动的良好教育效果，使学生健康、快乐地成长。

第二节　校级引领，五大品牌

经过几年的实践与探索，我们逐步形成了深受学生喜爱的学校节日的五大品牌：体育节、科技节、艺术节、读书节、英语节。在形成品牌的过程中，在心动德育的推进过程中，学校的引领、示范作用至关重要。引领、示范，通过育心理念下的活动策划，使教师感悟心动，另外也引发思考：怎么实现心动？尤其借助这种有活动案例的教师培训，是宣传心动德育理念的重要时机。我们将开展活动的目的、意义，以及为了实现目标，我们为什么设计这样的环节，逐一向老师们进行解读，使老师们对心动德育的理解越来越深刻，促进教师观念转变，行动更进。

校级引领基于校本，以学校传统活动为载体，从点上研究突破，在总结反思中更进。

一、传承更进，校园节日

在校级活动的引领中，我们选择建立校园节日——孩子们的节日为切入点，在尊重学校传统的基础上，从使学生心动出发，首先对原有的节日进行更进，赋予它新的内涵，研究实践的重点就是要全员参与，注重体验。

（一）重参与，淡比赛的体育节

广泛开展“阳光体育”活动，学校每三年举办一次大型体育运动会，以运动员比赛、师生观赛为主，通过活动，提升体育工作的质量，提高学生的身体素质，培养学生对体育运动的兴趣和爱好，体验体育活动和竞赛成功的乐趣……

2012 年 4 月，我们抓住运动会举办的契机，以全新的理念提出将 3 年一次的体育运动会更进为 3 年一次体育节的想法，并马上投入研究、策划、筹备中。

我们首先确定体育节的主题是："新北京、大西城、亮育翔"。活动目标是通过体育节活动，使学生受到爱北京、爱西城、爱育翔的教育；促进学生参与体育锻炼、比赛，为学生搭建展示的平台，树立自信心；扩大学生参与面，使学生在参与中能有所体验、感悟、收获；促进师生、家校有效沟通，营造和谐的校园氛围；借入场式、团体操、观赛、赛场服务和加油等活动过程，大力推进学生养成教育，使学生在活动全过程中，以实际行动落实养成教育要求，为班级、为学校增光添彩。

参加人员为全校师生，家长代表。活动地点为(租用)北京师范大学的体育场(这是全体师生第一次在校外举办这样大型的活动，也是首次大规模的家长开放活动)。

经过若干次讨论后，我们制定了一个详尽周全的体育节策划案。

整个活动分为入场式、仪式、团体操、竞赛、闭幕式五大部分。

入场式有国旗、校旗展示，方阵由彩旗方阵、运动员方阵、家长方阵以及教师方阵组成；仪式阶段主要由开幕、升国旗、致开幕词、运动员宣誓等几部分内容构成；团体操表演安排了行进管乐演奏，三年级学生的韵律操表演，六年级学生的筷子操童谣表演、踢毽子表演；五年级学生的毽子操表演，四年级学生的腰鼓童谣表演；竞赛内容安排了田赛、径赛、亲子赛、师生家长对抗赛，每个赛事都会颁发个人奖项。

……

我们要求在入场式、团体操环节，各年级、部门本着让学生"心动"的目标和体育节主题，自己设计内容、方式。学生每人至少在入场式、团体操、体育比赛中选择一项参加。

在精心的策划和准备下，体育节隆重召开。

在体育节开幕入场式上，只见六年级学生牵着一年级小苗苗的手、二年级表演了易拉罐童谣、三至五年级各班也费尽心思，制作出别出心裁的班牌队牌、搭配着出众的服装、设计出新颖的道具动作。教师方阵中，我们的老师意气风发、英姿飒爽，展现了育翔人积极向上的风采。在团体操中，表演内容丰富多彩、现场精彩纷呈，各年级学生各显神通、发挥特长，为体育节的开幕奉献了一场精彩的视觉盛宴：三年级的旗操、四年级的腰鼓、五年级的毽子操、六年级的筷子操各具特色，符合孩子的年龄特点，孩子的参与积极性高涨。体育竞赛紧张有序，不时传来好成绩。体育节得到家长、老师、同学们的大力赞赏。体育节带给我们满满的收获。

首先，实现了心动德育目标。体育节，学生是最大的受益者。体育节为学生搭建了良好的展示平台，尽一切可能扩大了学生的参与度，使每一个学生都能有一项自己的任务，在活动过程中锻炼了身体、体验到付出的辛苦、磨炼了意志；树立了自信、增强了团队意识；获得了成功的体验、交出了满意的答卷。这个体育节切实触动了学生的心灵，给孩子们留下了深刻的印象，收到了教育实效，实现了我校提出的“心动德育”目标。很多学生在以《难忘的小学生活》为题的作文中，都写到了自己在体育节活动中的收获和体会。这是我们最大的收益。

其次，锻炼了干部队伍。2011 年 11 月督导工作中我们认识到，我们的干部队伍还存在着经验不足的问题。体育节筹备召开的过程，是一次很好的锻炼干部队伍的过程。我们不仅在已有的经验基础上设计初步方案，还向校外有经验的干部取经。我们随时随地商议研讨，精心策划，反复修改，精益求精，使我们的策划案和秩序册都达到了准确、细致、精美的程度。干部之间团结协作，各司其职，相互提醒。场地落实、节目审查、彩排演练、设施到位……每个环节大家都是在反复商议的基础上确保无误。事实证明，我们的干部队伍是一支有潜力、肯吃苦、能协作的队伍。

再次，锻炼了教师队伍，教师的才能、智慧得以彰显。我们年轻的体育组教师，还有我们很多年轻的新任教育组长、活动辅导员、班主任，都是第一次参与这样大型的体育活动。无论是入场式，还是团体操，各年级都是本着让学生“心动”的目标积极筹备。年级组长和活动辅导员一马当先、配合默契；班主任老师默默奉献、不分彼此；科任老师分工明确、包干到人；体育组老师群策群力、事半功倍。从前期的筹备，到体育节当天的各项演出、比赛组织都非常有序，这既是经验的积累，也是团队的成长。

最后，收获了家长理解。本届体育节是一次成功的家长开放活动。家长们参与到我们活动的筹备和组织当中：一年级的入场式、二年级的家长方阵、摄影拍照的临时记者、维持秩序的志愿者……家长们的参与，促进了家校融合，加强了家校沟通，加深了家长对学校、对教师的理解，为今后教师更好地开展工作拓宽、铺平了道路。各个年级的家长对体育节都有不同的感悟，各自收获不同的精彩体验。

一年级家长：体育节的组织有序、计划周全，高年级的团体操展示精彩异常，令人印象深刻，孩子在这样的环境下一定会成长为健康、自信、阳光、快乐的小少年。

二年级家长：这个体育节不仅是孩子们的体育节，也是我们的体育节，仿佛刹那间我们也回到了童年时代，感到无比纯真、幸福……感谢校领导举办了一次这么隆重、热烈、成功的体育盛会；感谢老师们的辛勤付出；也感谢我们的孩子们，在你们身上体现出的精神让我们也燃起了希望！

三年级家长：三年级的韵律操是我帮忙排练的，和孩子们接触的短短几天里，使我感触最深的是，作为一名老师，实在是太不容易了，非常辛苦。亲子运动体现了家长和孩子的默契，体会到体育竞争的精神，从而提高了孩子的协作能力，增进了孩子和家长的感情。学校和家长的配合使孩子们快乐地学习，健康地成长。

四年级家长：让我们感动的是老师们的辛苦和负责。我们看到老师们细心地从家长手中接过孩子；看到老师耐心地帮孩子整理衣服、粘贴号牌；看到老师们同孩子们一起加油助威……这样的一幕幕都打动着我们，也让我们看到育翔教师团队的专业之精，素质之高！

很多家长在参加体育节感受中谈道："在体育节上看到了孩子们的认真、热情和积极参与，更看到了学校有序和周密的组织。""通过体育节活动，增强了孩子们的自信心，给孩子创造了一个自我能力的展示平台。""育翔的校风非常好，从学生们服从命令听指挥中可以看出来。良好的校风还体现在，散场前，全体师生都自觉将看台上、操场上的垃圾拾起来带走。我们感慨，素质就是从这一点一滴的小事中培养起来的。"

体育节圆满落下帷幕，它带给我们的绝不仅仅是一次活动的成功，它揭示了体育节活动的理念——"人人参与，不做看客"。全校 2000 余名学生全部参加体育节活动，有的参加入场式表演，有的参加团体操表演，还有的参与田赛、径赛项目的比赛。表演不仅仅是为了美观、整齐划一、达到完美，而是重在让每一个孩子在活动中收获成长。这一理念引领教师在日常教育中进行实践。活动的策划案，指导教师如何围绕教育主题策划活动，充分实现教育目标，为教师独立完成教育策划打下基础。本届体育节，是我们心动德育之路上的一个里程碑！

2015 年体育节，我们又更进了内容和组织形式。这次参加人员为育翔教育集团的师生；家长由 1/3 参与变为全体参与；地点选在奥林匹克体育中心运动场；体育节以“唱响体育精神，争做健康雏鹰”为主题。学生依然是全员参与，通过体育节，他们真正体会到了什么是体育精神，获得了一种努力向上的力量，收获了在教室里获取不到的知识与能力、乐趣与激情。我们计划的针对学生的教育目标，全都实现了。没有我们全体教师的付出，就没有学生获得的成长，教师在发展，队伍更凝聚。

这次我们更多地反思了组织超大型体育节的细节，以查找问题为主来看我们的策划，以期更好地改进。我们有理由相信，育翔的下一届体育节必将更加精彩！

通过体育节活动，我们成功推进了学校体育工作的开展，为学生树立了“健康第一”的思想以及终身体育锻炼的意识，确保了学生每天一小时在校活动时间，增强了学生体质，发挥了学生特长，促进了学生在身体、心理及社会适应能力等方面的和谐发展，使学生充分享受运动带来的乐趣，养成了良好的锻炼习惯和健康的生活方式，形成了热爱体育、崇尚运动、健康向上的良好风气，在校园内营造了注重健康、重视体育的良好氛围。

(二)可自选菜单的艺术节

艺术教育是实施美育的重要途径。通过艺术课与艺术活动中美的画面、美的音乐、美的节奏、美的旋律、美的动作，可以塑造美的形象，振奋人的精神，提高审美情趣，对培养学生人格、个性的发展以及造就跨世纪的实用型、复合型、开拓型人才具有举足轻重的作用。2011 年，我们每三年举办一次艺术节活动，给有才华、有特长的孩子创设了展示和发展的平台，丰富了孩子们的校园生活。

2014 年的艺术节，我们的研究思路向多元化拓展，参与学生向全员发展，关注重点向过程倾斜。正值学校建校 60 周年，我们将艺术节与校庆整合在一起，举办以“甲子高歌，育心飞翔”为主题的艺术节暨建校 60 周年庆祝活动。

筹备小组提出了三点教育目的：首先是让学生得到爱校教育、感恩教育，提高责任意识；其次，让教师通过了解光辉校史，增强育翔人的光荣感与使命感，继承并发扬建校60周年来积淀的育翔精神，励精图治，再创辉煌；最后，就是要让干部队伍得到锻炼和提升。

1. 争做爱校小雏鹰

我们以“争做爱校雏鹰系列活动”开启了艺术节的序幕。

这是我们在“甲子高歌，育心飞翔”的主题下的主题教育活动，提出在爱校活动中，学生以遵守一日常规的实际行动来体现爱家人、爱同学、爱老师、爱学校，养成良好行为习惯，提升文明素养，懂得分享，感恩，学会做人。

“三八”节，各班老师们引导学生开展为妈妈等女性长辈献爱心活动，教育学生要“感恩她们对自己的付出，不能仅是一时行为，应坚持在平日的生活中”。

“四五”学雷锋日，班级开展对“心心屿”小屋、专业教室、楼道书吧等公共场所的打扫清理活动，学生体验服务他人的快乐。

“五一”国际劳动节前夕，少先队开展主题为“学习劳动模范，争做雏鹰标兵”的慰问普通劳动者活动。全体大队委代表全体学生，为在学校后勤辛勤付出的保洁、保安以及送餐的叔叔阿姨们送去了亲手制作的红玫瑰以及小毛巾，并送上了少先队员们真挚的祝福，借此机会表达孩子们一直以来对他们的尊敬之情，让孩子体会后勤工作人员付出的辛苦，爱惜他们的劳动成果。孩子们用实际行动温暖整个校园。

开展这样看似平淡的活动，主要目的就是让孩子们关注身边默默为自己服务的人们，感受到来自家人、伙伴、教师、后勤等人员对自己的帮助，能够发自内心地爱同学、爱老师、爱学校。

争做爱校雏鹰系列活动使孩子们懂得了同学间互相帮助是爱校，尊敬师长是爱校；不追跑打闹是爱校，爱护公物是爱校；随手捡垃圾是爱校，遵守育翔小学学生行为规范等都是爱校的基本表现。爱学校不是口头说说就可以了，而是要落实在自己的一言一行中，校内校外记住自己是育翔人，要做文明的育翔人。

2. 用表演艺术演绎校史

60年来，育翔小学历代教职员工辛勤耕耘，诲人不倦，传承文明，谱写了一曲曲呕心沥血的红烛颂歌，创造了骄人的辉煌业绩。60年来，育翔小学教泽长流，英才辈出，数万名孩子在此陶冶心灵，砥砺才智，撑起了人生理想的风帆。为了更好地传承和感悟历史，我们设计了“用表演艺术演绎校史”的环节，全员参与。为此，全体教师，特别是我们的班主任、年级组长和活动辅导员们，带领学生付出了艰辛的努力。大家采用各种方式——书法、绘画、演唱、器乐……甚至是铅笔字来抒发爱校情怀，由学生自愿选择。集体表演的节目也是先报名、展示再确定的，我们关注的是参与过程。

孩子们的作品，在教室、楼道和长廊展出；师生的节目在校庆上精彩上演。二年级的情景剧《我们在一起》，把我们带回到建校初期保育型学校的那个年代，展现了老师对学生妈妈般的爱；三年级的《红领巾之歌》，让少先队员们看到自己从一名普通儿童到第一次拥有了政治生命；四年级《我的梦想》铿锵有力，展现了少年儿童的朝气蓬勃，鼓励少先队员向着自己的梦想前行；一年级的小豆包们，奶声奶气地唱响《幸福成长在育翔》，稚嫩的歌声表达了他们对美好生活的向往；五年级同学《心怀感恩，健康成长》，为敬爱的老师献上一颗感恩之心和真挚的祝福；六年级为节目起名《这里是育翔》，带领孩子们回味了六年来在学校快乐生活和健康成长的过程，表达了对未来的美好憧憬。

这次活动与以往相比最大的变化是，各个年级都安排了台下的同学与台上同学的互动，使得高潮迭起，激动人心。最后一个是六年级的节目，他们在节目的最后安排了高唱校歌的环节，与学校校庆典礼方案的安排不谋而合。台上台下，全场高唱校歌，使艺术节和校庆达到最高潮。

这次活动我们收获的不仅仅是校庆典礼的成功，更多的是爱校情感的激发、内心的触动和精神的升华。由此引发的心动，一定会给育翔学子带来难忘的校园生活的美好记忆。

(三)重动手实践的科技节

每年秋季，市区都会组织很多学生科技比赛，内容非常丰富。我们结合市区活动，每年秋季举办学校的科技节，每三年会组织一次大型科技节。

育心教育理念下的科技节，我们研究的重点是：全员参与，注重动手实践。其目的是激发学生的科技兴趣，并在读科技书、完成科技作品、观赏科技成果的过程中，体会科技对人类的巨大作用，懂得分享，学会做人；在活动中促进和谐亲子关系、师生关系的建立，增进师生感情。同时，我们进行班级交流、年级科技活动成果展示，以此为契机加强班级建设，形成良好班级氛围，增强学生集体荣誉感和班级凝聚力。以下是我们科技节的精彩活动摘选。

精彩活动 1——遨游科技海洋，放飞科技梦想

“遨游科技海洋，放飞科技梦想”活动由科技组引领。他们以科技小课题为载体，由科技教师各自招募学生建组，进行实验与研究。科技组以科技小论坛、小论文、科技节“新闻直通车”广播等形式，向同学们展示科技小制作的过程，宣传、普及科技知识和各班科技新闻等。全员参与环节包括：

1. 读科技书，感悟交流。由科技组教师确定学生的必读科技书目，思教处审核后下发；学生认真阅读后，做好手抄报，这是巩固所学科技知识的过程；手抄报在班级文化墙中进行展示，大家相互阅读，获得更加丰富的科技知识。

2. 观看科技纪录片。科技组教师推荐，分别适合低、中、高年级学生学习。

3. 听专家科普讲座。学校联系了国家动物博物馆的策划总监、科普作家张劲硕博士和中国科学院的陈贺能教授，为学生们进行了科普讲座，极大地激发了学生的兴趣。

4. 与专家交流。请为“蛟龙号”载人深潜器声学系统做出巨大贡献的中科院声学所副研究员杨波和同学们进行了座谈。现场学生与杨波叔叔面对面座谈，其他学生观看直播，通过写纸条上传问题，由杨波叔叔当即给予一一解答，场面非常热烈(部分科技部成员，到航天城参观学习，并与中国首批航天员、“神舟七号”飞行任务中担任飞船指令长、第一位出舱活动的中国人翟志刚进行了交流)。

5. 动手制作。学生每人制作一个科技小作品(具有一定科技含量，能够利用废旧物品)。

6. 观成果，选优秀。学校为各年级提供了展台，科技组、各年级在礼堂进行科技节成果汇报展示，各年级学生按不同时间到礼堂参观。

科技作品由各班选优推荐。参观时可听制作者讲解科技原理，现场学生也可在制作者的指导下进行操作。学生们在展示现场可以领取不粘胶，随时记录自己参与活动的体会、收获和疑问，贴在学校提供的展板上。同时，以投票的形式选出自己最欣赏、让自己收获最大的优秀作品。

展示结束后，学校根据学生投票情况，对评选出的优秀作品的学生作者和指导教师进行表彰。

这精心策划的科技节，各个环节都体现着学生全体、主体参与，真正成为了学生喜爱的、获取知识、培养兴趣的节日。

精彩活动 2——插上科学的翅膀，育翔雏鹰齐飞翔

创客科技是一种活泼前卫的时尚科普形态。2015 年的春天，我们借助北京市学生科技促进会的力量，为学生们举办了一场盛大的科技节，让学生体验了一回。

这次科技节活动中操场上设立了 5 个活动板块，共 22 个项目，每个项目为一个展台，每个展台上都有工作人员、老师和家长志愿者指导同学们进行科学实验、开展科技小制作等新鲜有趣的科技创新体验活动。每个年级按照不同的时间到操场参与活动，几乎每个学生都参与了至少 15 个科技项目，丰富的具有较高科技含量的活动项目，让孩子们深深地沉醉其中。老师们感慨地说，从来没有见过这么多学生、这么积极参与的壮观场面。

让每一个孩子都动手参与、亲身体验的创客科技体验活动，使我们的心动科技活动在尝试和更进中，向前迈进了一大步，开拓了我们打造令学生心动的科技活动的思路，也激发了教师的研究积极性。

精彩活动 3——“育未来之才，翔科技之梦”

既然孩子们喜欢，那么我们就继续探索，不断更进，让科技嘉年华成为孩子们参与体验、获得成功快乐的平台。

2015 年下半年，一二年级在两个分校区策划、开展了“育未来之才，翔科技之梦”的科技嘉年华活动，使科技活动的研究向更加适合孩子特点的方向延伸。

伴随着气球腾空而起，孩子们的欢呼声响成一片。随后同学们立即投入愉快的科技体验中来，操场上随处可以看到孩子们欢快而好奇的身影。

一些小艺术家们拖着各色长尾巴，手持“3D 打印机”体验着 3D 作画的乐趣。

一只只蝴蝶在孩子们的手中“翩翩起舞”。

活动中心区域的化学实验室里，孩子们身穿白大褂，戴上防护眼镜，正在认真地倾听来自北京化工大学的研究生讲解如何利用化学知识获得灭火器所需材料。

……

这次活动中，我们目标明确地向着一年级“有规矩”、二年级“爱领巾”的教育目标努力。活动前我们对学生进行了充分的教育，与家长进行了沟通；活动中随时随地指导学生不挤不抢地有序活动，爱护实验用品，学会与同伴协作；活动后及时进行总结。此次活动虽然只有短短一天，却让孩子们兴奋不已，意犹未尽，也获得了家长们的认可，和孩子们一起热切期待着下次活动的到来！

在科技节的更进过程中，我们的精心策划，不仅让孩子们在自己动手、动脑的过程中收获了科学常识，真正体会到了科学的魅力以及科学带来的乐趣，同时通过学生的参与体验，在活动中促进养成教育，促进同伴关系的建立，教他们懂得分享，爱惜公物，学会感谢。特别是通过引入家长志愿者参加的机制，增进了家校了解，增强了家校互动，使家长力量成为学校开展各项教育活动的有力推手。

二、不断更进，创新发展

孩子们喜欢自己的校园节日，心动效应在校园节日中的作用凸显，因此，新的校园节日——读书节、英语节在更进文化中创新发展出来。

(一)促进多元感悟的读书节

我校人多地少班额大，面对这么多个性不同、活蹦乱跳的鲜活小生命，我们用什么方法使学生静下心来踏实学习，学习知识的同时学习做人的道理，成为具有文明素养的合格的“人”？于是，我们选择了读书。

读书是每个人进步的阶梯，读有益的书，学生会逐渐体会到其内涵，逐渐从“我想怎样就怎样”过渡到“我应该怎样”，逐步形成规则意识。因此，有效开展读书活动，并不断更进各个活动环节，是我们培养学生良好行为习惯、提升学生文明素养的有效途径。我们的读书节没有时限，贯穿全年，学年初启动，在全校师生中开展。读书与唱童谣结合，形成 以“读好书、唱童谣——争做文明少年”为主题的系列活动。

1. 不断更进的活动形式

学校读书节的开展采用了多元变化的形式，将读好书的理念渗透于不同的活动中，学生在参与活动中，潜移默化地提升了读书的兴趣。

每学期开学典礼，我们都以相关年级诵读童谣表演的形式，拉开读书节的序幕，全校师生分享读书的快乐。

每年教师节或三八妇女节，我们启动教师的读书活动。

每年 11 月，我们结合冬练，启动“跑进名作家的故乡”冬季长跑活动。

每天，学生可在各楼层开放书吧、班级小书吧阅读喜欢的书籍。

每个假期前，我们鼓励学生读书，老师们会向学生们推荐必读和选读的相关书目，使读书活动不脱离学生实际学习和生活，越来越受到学生的欢迎。

每学年，大队部对读书之星进行表彰，并将他们的读书手抄报张贴在学校“书海扬帆，育心飞翔”的宣传栏中。

每两年，我们全校举行一次大型读书节，进行义卖、诵读展示、课本剧表演等。

2. 不断更进的 LOGO 和吉祥物

为了不断激发学生的读书兴趣，我们向学生征集了学校读书活动的 LOGO 设计，从近千幅学生作品中，精选出了 20 幅，印制成选票，请作者通过电视直播，介绍了自己的设计意图，然后请全校同学投票，选出了学生心目中最喜爱、最能代表我校读书活动的 LOGO 设计。我们还请老师组织学生，以年级为单位，以同样的形式，设计评选出了年级读书吉祥物，受到学生们的喜爱。学校统一为年级重新制作了这些读书吉祥物，摆放在楼道里，时时激励着学生们用心读书。

3. 不断更进的《读书方案》和《学生读书情况记录表》

最初我们设计的《学生读书情况记录表》，只是各班记录学生读书的数量和名称。到目前为止，各年级的《读书活动实施方案》和《学生读书情况记录表》已经几经改进，督促学生体会图书背后的思想内容。每一次我们引导教师改进方案和表格，都是我们读书活动逐步深入开展的见证。通过方案和表格引导教师们结合教学内容推荐图书，课内外相结合；我们引导孩子们，他们选书从盲目选择到主题越来越清晰。上学期必读书目和选读书目的出现，使我们的读书活动又上了一个新的台阶，适应不同层次学生的需要，实效性更强。

4. 不断更进的评选方式

从读书活动开始，我们就进行了读书之星的评选。从每班 5 位读书之星，到从每班 5 位读书之星中评选年级读书之星，再到根据年级读书之星的评选结果，期末选出校级读书之星。校级读书之星会手捧奖状在校园电视台亮相；他们的读书手抄报，将张贴在学校的宣传栏中。表彰级别的提高，班级、年级、校级《读书之星评选方案》的不断改进，引导着学生们一步步提高读书活动标准，向着更高的目标前行。

5. 不断更进的图书置换方式

一直以来，各班都有图书角，我们要求每个月班级之间置换一次。为了进一步扩大学生图书阅读面，增强图书流动性，2013 年 5 月底，我们召开了“畅游读书节　助飞中国梦”主题大队会，组织全校学生开展了一次让全体师生印象深刻的图书置换活动。

我们对学生拿来置换的图书，从内容、新旧及一句话介绍等方面提出了具体的要求；我们利用校园电视台，教给学生如何文明置换图书，如何做好图书置换服务工作；我们还给读书之星颁发了图书置换券，可以用来直接兑换图书。操场上每个年级都有一个书摊，桌上摆的是学生们捐出的自己喜爱的、愿意与大家共同分享的图书，桌后护栏上是年级读书活动海报，每个摊位上都有认真负责的学生进行管理。我们还请各个年级根据本年级读书活动，编排了读书成果汇演节目。一年级家长介绍他们儿时读过的书，孩子们拍起手来念童谣；二年级孩子交流着从书中读到的孝敬父母的心得；三年级用各种形式串烧出《读书强少年，少年强中国——美丽中国梦》；四年级借着嘻唰唰嘻唰唰和熊大熊二，与《弟子规》实现了时空穿越；五年级表演的小兵张嘎、廉颇和蔺相如的节目，十分符合学生年龄特点；六年级的相声《五指争功》，寓教于欢笑之中；还有老师指导的朗诵组，师生同台演出颇具气势，老师和学生们一遍一遍看不够。

大队会上，每个年级学生先到礼堂看读书成果汇演节目，然后到操场各个年级的摊位上，换取自己喜欢的图书。自主阅读区域里，坐满了换到满意的图书、迫不及待想先睹为快的学生们。

我们把每一个活动都看作是培养学生良好行为习惯的养成教育契机。我们在大队会前对学生进行了充分的教育，其中就包括尊重他人，认真观看表演，热情为演员鼓掌，这就是帮助学生形成文明素养的最好机会，孩子们做到了。可以说，我们各年级读书成果展演，不仅让参加表演的孩子们受益，更让观赏表演的孩子们获得了多方面的收益。设计图书置换的环节，基本目标是增强图书的流动性，扩大学生的阅读面。这个环节很受学生欢迎，我们的目标达到了，可以说学生们物质层面的需求得到了满足。然而我们认为，学生们在精神层面的收获更为丰富：管理书摊的同学，在老师们的指导下，俨然成为了小老师、小管理员，不符合置换要求的图书，坚决按原则办事，不予置换，有的管理员还能为同学推荐更适合的图书。虽然劳累，虽然没看到节目，但他们获得了另一种提升。参加图书置换的同学井然有序，没有追跑、没有喧哗、没有纷争，有的是精心挑选时的专注，洽谈协商时的互动，自主阅读时的自律。这就是我们想要的结果，将来，当这些孩子们遇到类似的情境时，他们就知道该如何参与、协作、交流，知道如何处理问题、与人沟通，这就是孩子文明素养形成的过程。

“畅游读书节，助飞中国梦”主题大队会中的图书置换活动，受到了全体师生和家长的一致好评。大家纷纷表示，这样的活动，学生真喜爱、真受益，要经常开展这样的图书置换活动。之后，很多班级就定期开展自己的图书置换活动，并有更多的家长为学校捐赠图书，我们的读书活动真正取得了实效。

我们的读书活动，紧紧结合学生的日常学习和生活，精心设计每一个环节，以激发学生读书兴趣，触动学生心灵为目标。读书活动的更进过程，带给我们的绝不仅仅是一个系列活动开展的经验，而是学生行为的转变，自我约束、自我教育能力的提高。

(二)丰富多彩的英语节

为了营造浓厚的英语交际氛围，让学生感受英语，应用英语，我们通过举办各项丰富多彩的活动，激发学生学习英语的兴趣，培养学生的创新精神和实践能力，为学生提供展示才能的舞台，拓展学生视野，丰富校园文化生活，其中包括为学生打造的英语嘉年华活动。

2013 年下半学期，经过精心设计，我们举办了首届英语嘉年华活动，主题是“CICC”。在英语嘉年华活动启动仪式上，主持人向同学们介绍了“CICC”的含义：C is for creativity，这里的C代表创造力；I is for Imagination，这里的I是想象力；C is for Cooperation，这里的C代表合作；C is for Communication，这里的C代表交流。意在鼓励学生在我们的嘉年华活动中，充分发挥创造力，创造出属于自己的那份特色；发挥想象力，用语言把我们带入一个奇妙的世界；还可以用英语和自己的小伙伴聊一聊，在丰富多彩的学校生活中感受到英语的魅力，学会和小伙伴合作！通过系列活动，营造语言氛围，拓展学生视野，培养学生情趣，激发英语兴趣，展示语言能力，促进和谐发展。我们的活动宗旨是人人参与、经历过程、体验快乐、培养能力。

我们利用校园广播台播放英语歌曲、英语故事，介绍西方国家人文风情，鼓励学生尽可能用英语进行日常用语的表达。英语组要求各年级学生11月必读英文书一本，12月必读和选读英文书各一本，读后学生制作英文读书卡片，利用班会时间，先在班内朗读，再贴到英语角内。我们组织学生到礼堂观看英文电影，观看电影的同时，既提高了学生的英文水平，也让学生学会了观影礼仪，对学生进行了行为养成教育和训练。英语组每位教师按年级负责一项节目的筹备，有英文歌曲串串烧、文明校园英文情景剧、英文课本剧《神笔马良》、英文电影配音《极地特快》、英文舞台剧《灰姑娘》等。这些节目既是学生参与英语嘉年华的成果展示，也是元旦庆祝活动的节目。活动后，我们组织学生投票选出“我最喜爱的嘉年华节目”，并为获奖学生和教师颁发了奖状。

首届英语嘉年华活动受到了学生们的欢迎。2015年，我们举办了第二届英语嘉年华。本届英语嘉年华的主题是“英语大咖秀——人人参与，人人快乐，人人收获”，这既是我们的活动主题，也是我们的活动目的和意义。与我们以往的活动一样，英语嘉年华从读书开始，班级文化墙展示了孩子们的读书成果。开学后，全体英语组教师利用英语课对学生进行了动员，并指导部分学生制作节目样本视频。在英语老师的指导下，孩子们的节目类型十分丰富：故事秀、亲子秀、小小歌手秀、英语达人秀(演讲、笑话、脱口秀等)、短剧明星秀(课本剧、戏剧等)、配音高手秀等。11月16日我们进行了英语嘉年华启动仪式，并为学生播放了节目样本视频，为孩子们打开了筹备英语节目的思路。接下来，每个学生都积极地投入英语嘉年华的节目准备中，有的孩子一个人独立完成，有的几个孩子一起合作完成，还有的孩子和家长一起参与到节目中……学生和家长的积极性都非常高涨。活动开展的那一周，虽然天气寒冷，但是我们的教室内却一片热情似火。在班主任老师的精心组织下，各班学生或独立上台表演，或合作演出，或播放精心拍摄的视频，每一个展示都渗透着英语老师精心的指导、班主任老师细心的组织、孩子们积极的参与，每一个展示都获得班级学生的热情鼓励。孩子们在活动中切实激发了对英语学习和应用的兴趣，切实提高了英语水平，我们也切实达到了组织英语嘉年华活动的目的。楼道里，我们能听到小女孩哼唱英文歌曲，能看到几个孩子在一起表演英文小节目，能看到孩子们手捧英文书籍在阅读。我们认为，这才是真正能够让孩子们心动的活动。活动中，孩子们提高的不仅仅是英语兴趣和水平，更多的是在参与活动过程中表现出的迎接与克服困难和挑战的勇气，与同伴合作中人际交往能力的提升，亲子节目中家长和孩子的沟通与理解，观赏展示时的礼仪和鼓励……这才是我们人人参与、人人收获的心动德育活动的价值所在！

英语嘉年华活动为学生搭建了展示英语才华的舞台，充分展示了学生学习英语的成果，激发了学生学习英语的兴趣，增强了学生开口讲英语的能力，提高了学生学习英语的热情，进一步强化和发展了心动德育建设。

目前，学校的五大节日活动已经成为我们教育的品牌活动，成为学生们期盼的校园节日活动。在“心动德育”理念的指导下，五大节日大力开展独具特色、丰富多彩的实践活动，让学生在实践活动中得到锻炼与提高，在参与中获得体验，引发心动，以心动促行动，不断提升学生的文明素养。在这个过程中，学校德育部门通过精心的策划，为各年级和班级开展心动德育活动起到了良好的引领性作用。

第三节　培养目标，年级落实

我校学生的培养目标，就是我校的校训——诚实、善学、健美、和谐。诚实，是作为一个人的基本准则，是其他美德形成的基础；善学，是善于学习知识和学习获取知识的方法，更重要的是学会如何做人；健美，是拥有健康的体魄，良好的心理品质，开发积极的心理潜能；和谐，是促进学生整体素质的提高和个性的和谐发展，为人生幸福服务。学生培养目标的实现，需要学校各方共同努力。

校级心动德育活动的引领，使得学校各级干部、教师在育心理念下，重新审视自己的育人观；在育心理念下重新设计各自的育人活动；在育心理念下重新固化成功经验；在育心理念下不断创新更进。

接下来，在各个年级推进的心动德育，旨在使心动德育教育更加适合学生年龄和心理特点，调动年级教师的积极性和创造潜能，参与研究活动，使各年级的活动更加具有针对性。各年级教师经多次研究，确定了落实学校学生培养目标的年级教育目标：

一年级：有规矩，遵守基本公共规则，做到不让自己的言行影响他人。

二年级：爱领巾，将对红领巾的荣誉感和自豪感落实到日常行为中。

三年级：会学习，不仅学习知识，还有获取知识的方法，特别是学习做人。

四年级：知进取，主动设定有价值的目标，并坚持付出努力，实现目标。

五年级：懂感恩，感恩家人、老师、同伴、学校，并落实到实际行动中。

六年级：有责任，努力做一名合格毕业生，有益于家庭、学校和社会。

三年级班主任对“会学习”的教育目标是这样解读的：

说到学习，许多研究与事实表明，中小学生的大量心理问题都与学习心理问题有关。学生学习心理的发展甚至影响到他们的人际交往、自我认识等方方面面。而三年级的孩子，刚刚由低年级进入中年级，学习的内容增多、难度加大，往往使他们产生不适应的感觉，也正是这个阶段，是学习上的第一个分化期，如果孩子不能顺利度过这个阶段，就容易产生一系列的心理问题。例如，经过班主任的小调查，92%的学生都愿意与学习好的同学交往；真正让学生内心感到愉快、骄傲、自豪等积极情感的事件排名前三位的是考试100分、别人不会做的题自己做出来了、学习有进步或进步很快得到老师的表扬。由此可见，学习对于处在这个年龄阶段的孩子们的影响是非常大的。

可以看出，三年级的教育目标定为“会学习”，是符合这个年龄段学生心理发展规律的。

为了使大家对各年级教育目标心中有数，在教育教学中自觉落实，我们对各年级、各学科教师进行培训。由于大家达成了共识，老师们在课内课外首先以身作则，并精心设计能使学生充分参与、体验的教育教学活动，努力在自己的育人工作领域实现年级教育目标，为有效落实学生的培养目标做出努力。其中，二年级建队和六年级毕业教育率先开展，特别凸显了年级教育目标落实过程中的更进。

年级活动 1：二年级建队教育——“爱领巾”

少先队是中国少年儿童的群众组织，是少年儿童学习共产主义的学校。少先队的成立彰显了社会发展的进步，肩负了时代发展的期望。少先队入队仪式是每个学生人生中的重要节点，它象征着学生从此有了自己的责任、自己的义务、自己的目标，有了让自己积极向上奋斗的信心和决心。因此，入队仪式不仅仅是一种仪式，它还是教育的一种载体，更是展现我校心动德育的一个重要平台。

二年级学生建队工作包括由大队辅导员为孩子们上队课，进行队前教育，然后结合春季实践活动，到某公园，由高年级学生为孩子们戴上红领巾，建队工作完成。

2012 年之后的几年中，我们在精心策划、不断总结、及时反思中，不断更进了二年级学生建队工作。通过队前教育课程学习，帮助学生初步了解少先队的知识，明确入队的意义，提高他们争取入队的积极性和主动性，并且以入队为动力，帮助他们入队前在各方面打下较好的基础。以“成长、责任”为核心培养目标，围绕“心动、难忘”的活动原则开展，贯穿在队前教育、入队仪式、队后反思的始终。我们给活动提出要达到的要求：一是让学生感受到加入少先队、成为新队员的光荣感和使命感；二是尽可能让更多的学生参与其中；三是活动要有延续性，教育成果可持续发展。

2012 年 4 月清明节，我们带领全体二年级学生，并邀请了所有孩子的家长，来到李大钊公墓，举行了以“缅怀革命先烈　践行北京精神”为主题的建队仪式。仪式中，我们介绍了李大钊同志的生平，并向烈士献花，表达了对革命先辈的敬仰与赞美之情，让新队员接受了一次深刻的革命传统教育。当家长为孩子系上红领巾，拥抱孩子并送上鼓励的话语时，激动人心的场面令很多人落下感动的泪水。第一次邀请家长出席授巾获得了成功，给了我们很大的信心。但我们也在总结中进行了反思：李大钊公墓空间有限，我们要分两拨进行入队仪式；革命先烈距离学生实际生活较远，小学生理解有困难。

2012 年下半年，我们把建队工作从以往的二年级第二学期提前到第一学期。暑假前，我们布置给即将升入二年级的孩子们的暑假德育活动是：读一本有关少先队的书，做手抄报；看一场红色儿童电影；去一次红领巾公园；看一次天安门广场升旗仪式。开学后，大队辅导员对队前教育进行了系统的改进，使孩子们通过队前教育，充满了对红领巾的向往，写下了诚挚的入队申请书。2012 年 10 月建队日前夕，我们选择了红领巾公园作为孩子们人生第一次政治生命开始的场所。

在队会仪式上，我们充分利用红领巾公园的环境内涵，请二年级活动辅导员介绍"红领巾之歌"主题广场，由学生们来讲述在广场两侧矗立的八位小英雄的故事。当家长亲手为学生佩戴红领巾后，每班有两名新队员代表在队旗下表决心。孩子们介绍了红领巾广场上小英雄的故事，接受了家长授予的红领巾。同时，孩子们还把加入少先队后的第一个努力目标制作成精美的目标卡，一式四份：自己一份，家长一份，老师一份，献给小英雄一份，请老师、家长和小英雄共同见证自己的成长。

二年级的老师们在大队部的指导下，带领孩子们将建队教育贯穿到整个二年级：目标，实现一个，再制定一个，不断进步；让胸前的红领巾时时督促孩子的一言一行；培训小干部，召开联合中队会，为孩子们选举的中队委授牌。在总结中，我们反思：以目标卡的形式，督促孩子入队后不停滞，不断树立新的努力方向很好，但红领巾公园场地面积有限，周围环境较乱，学生容易受影响。因此，需要继续改进。于是，2013 年我们选择了在航空博物馆的英雄墙纪念广场举行建队仪式。

我校在新中国成立初期是作为空军子弟学校建校的。"学习蓝天英雄，放飞雏鹰梦想"的主题与我校校名的含义十分契合。广场上的哨兵和长明火，带给孩子们庄严的氛围。在介绍了 5 位蓝天英雄后，由家长——曾经的少先队队员，为新少先队队员佩戴红领巾，说一句对孩子祝福的话语并表达殷切的期望，给孩子一个热情的拥抱。队旗下，全体二年级学生佩戴红领巾，成为了光荣的少先队队员。每班两名新队员代表表决心，他们个个握紧拳头，决心坚定爱国信念，勤奋学习，迈好人生的第一步。家长代表的讲话，让新队员们倍感亲切和温暖。忆往昔，感今朝，展未来，家长们用亲身感受讲红领巾、讲童年的理想、讲自己的努力和对孩子们的期望，赢得了孩子们的阵阵掌声。又到了目标卡环节。这一次，我们不仅让孩子们为自己制定努力目标，还请家长将自己的期待制作成期望卡，与孩子的目标卡一起，贴在气球上。家长赠一句话期望，学生还一张卡承诺，共同放飞雏鹰梦想。伴随着孩子们的欢呼，五颜六色的气球带着孩子们的梦想飞向蓝天。在现场，大家被激动无比、热情绽放的孩子们感动了，老师和家长们脸上挂着泪花，分享着孩子们的进步与快乐，脸上露出欣喜的微笑。

活动后，在学校，二年级各班又增设了目标卡展示栏，已完成的目标、未完成的目标、新制定的目标，一目了然，时时督促孩子不断前行，将建队教育贯穿整个学期。活动结束后，我们又一次总结、反思：航空博物馆的英雄墙纪念广场将成为我校建队活动的固定场所；本次活动的美中不足之处，明年再更进！

2014 年，我们初步尝试了一年级第二学期建队。经过尝试，我们认为建队工作还是在二年级第一学期进行比较好，因为一年级要专心进行幼小衔接的“有规矩”教育。也是从 2014 年，我们正式提出了各个年级的教育目标。二年级的年级教育目标是“爱领巾”，从一年级结束后的暑期开始比较妥当。

2015 年 9 月，我们又一次举行了二年级入队仪式。在有了明确的二年级“爱领巾”教育目标的前提下，每位教师在落实各项工作时，心中的目标更明确，针对性更强，对学生的教育效果也更好。

特别需要说明的是，航空博物馆的英雄墙纪念广场最多只能容纳我们 12 个班的学生和家长，2014 年的建队仪式已使场地饱和，因此 2015 年二年级 16 个班的建队活动，我们分了两天进行，每天 8 个班的学生和家长参与。在全体师生和家长共同朝着“爱领巾”方向而努力的过程中，这两天的建队活动都圆满成功，实现了我们的活动目标，使学生在心动的基础上，感受到了作为一名少先队员的荣誉感和使命感，感受到了作为一名少先队员的骄傲和自豪。

经过近几年来的不断总结、反思，我们的少先队建队工作进行了一次又一次的更进，已经形成了二年级建队课程，在教委小教科进行了备案。本着心动德育所倡导的，以心动促行动，抓住“全童入队”的契机，以“体验教育”为途径，从学生的身心发展特点出发，将“全童入队”变成了“全童提高”的过程。

年级活动 2：六年级毕业教育——“有责任”

毕业，是学生走向新生活的过渡期。在这个阶段，让学生有机会通过一些途径释放离别情绪，告别昔日时光，树立对未来的信心非常关键。六年的小学生活对每个人来说都是非常难忘的，在小学里学生开始学会学习、学会交往、学会实践、学会做人。在毕业前夕，通过隆重而有意义的毕业活动来展示六年来的教育成果，让学生知道老师的辛苦，也表达了毕业生对母校和对老师的感谢之情。因此，我们也非常重视学生的毕业工作，并结合六年级学生教育目标——“有责任”，逐步将六年级毕业工作做成令六年级学生心动的毕业季活动，使毕业生们意识到自己作为学校最高年级学生所应尽的义务、所应有的责任和担当。

毕业季活动从六年级第一学期一开学就启动。新学年，大手拉小手，六年级大哥哥、大姐姐为新一年级小同学送上《新生手册》，鼓励他们顺利度过幼小衔接阶段；发书发本等学校各种义务公益劳动，六年级学生冲在前面，并在开始工作前，先由班主任进行为什么要积极参与公益活动的教育；多媒体教室的桌椅经常因为各种活动需要，进行不同位置的码放，这项工作全部由大队委带领六年级同学完成。课间、广播操、午餐、放学……学校对六年级学生的要求就是在各个方面做其他同学的榜样，六年级老师们的各项教育教学活动，也都围绕着培养学生责任意识和行为进行，取得了良好的效果。

毕业季活动的高潮是学生的毕业典礼。曾经的毕业典礼，都是在操场上进行，几段讲话和发言，一段合唱。近几年，在学校“心动德育”理念倡导下，六年级老师们从地点到内容，不断更进学生毕业典礼，以期实现毕业典礼对学生责任教育的效果最大化。

2013 年 6 月 17 日，育翔小学在小礼堂召开了六年级学生以“感恩母校，扬帆远航”为主题的毕业典礼，老师、学生、家长们一起经历了让人难忘而美好的时刻，共同见证了令人倍感光荣而神圣的时刻。通过毕业典礼，激发了学生对母校、对老师的感激之情，更重要的是在学生心中培植一种有责任的情感，让同学们在“知恩、感恩、报恩”中树立尊敬师长、热爱祖国、回报社会的崇高道德风尚，使每一个学生在心灵被震撼、被感动的同时明白自己已经长大，要满怀信心地迎接新的开始，带着远大的理想，带着老师的期望，扬帆起航。为此，老师们精心策划，细致准备。从典礼的具体内容到展示形式、会场的布置，再到各个环节的衔接乃至每一个细节，老师们集思广益，一次次不断地研究，反复地推敲，力争在设计上有所创新，有所突破，创设打动学生心灵的教育。

1. 最感动人心的一幕——阅读家长信函

现代人的生活节奏快，平时家长工作忙，又因孩子正处于青春期和逆反期，和孩子交流的机会很少，甚至很难沟通。为了让孩子能够理解、体会到家长对自己的关爱和期望，我们事先让每一个家长给孩子写一封信，用信封装好。毕业典礼上，班主任老师亲自发到每个孩子手中，学生当场阅读信函。当学生们在舒缓的音乐声中，激动地打开信函，认真地阅读起爸爸妈妈的信时，我们看到有的孩子情不自禁地掉下了眼泪，有的孩子感动得说不出话来。此情此景，让老师们眼眶也不禁湿润了，这感人的场景太打动人心了。这是家长与孩子心灵的沟通，情感的交融。可以说，这是孩子们即将迈入青少年时代收到的最珍贵的礼物，因为字里行间饱含了家长对孩子的爱。

参加毕业典礼的家长感慨地说：当孩子们亲自打开家长的特殊礼物（说它特殊是因为十二年来，我从没有给女儿写过信，也没有想到过要给她写信）——亲笔信时，作为旁观者，能清晰地看出孩子们感受到了信的重量。他们伸出的双手，一手托着来自父母的爱，一手托着来自老师的情。

虽然没有统一的口令，但那几分钟里，小礼堂异常安静，孩子们认真地读着爸妈的信，有的眼里噙着泪花，有的用手悄悄拭去眼角的泪水，有的索性任泪水流淌。

2. 最激动人心的一刻——颁发毕业证书

毕业证书是学校颁发给学生的最高荣誉证书，是学校对学生美好的祝福，是学生永久的珍藏。对于每一个学生来说，毕业证书不仅仅是一个阶段学业完成的证明，它见证了学生小学六年的学习，是对学生的学业成绩以及各个方面的一个肯定。在证书上的文字背后，包含着学生多少欢笑、多少汗水与泪水，记录着他们成长岁月中点点滴滴的珍贵记忆。在毕业典礼上，我们设计了校长亲自为每一位学生颁发毕业证书的环节，想通过这样的形式，不仅给学生留下美好的回忆，也让学生真切地感受到成长的喜悦。

颁发毕业证书将典礼推向了高潮。伴随着欢快的音乐声，学生们迈出矫健的步伐，依次登上主席台，从胡校长手中接过红彤彤的毕业证书。每个学生脸上洋溢着幸福的笑容，接受着校长的深切祝福：“×××同学，祝贺你小学毕业了，以后常来母校看看……”面对校长勉励的目光、亲切的笑容，学生们抑制不住激动之情，说：“我感到十分幸运。这是学校给我的最大鼓励。”“这是小学时代最辉煌的时刻！我太幸福了！”“谢谢老师们六年来对我们的教导和关心，我们一定会更加努力……”听着学生发自肺腑的话语，老师们深深地感到：孩子们长大了，即将走向新的学校，开始人生的新阶段，他们就像一只只小鹰要展翅翱翔，飞向更广阔的天地，而育翔就是他们腾飞的起点，是他们成长的摇篮。

毕业证书里蕴含着一所学校文化的沉淀和精神的传承；毕业证书里蕴含着学校对每一位毕业学生的美好祝愿。校长亲自给每一位毕业生颁发毕业证书，送上祝福，这是对每一位学生的高度尊重和美好祝福！这对孩子们来说是非常荣耀的，这样的情景只有高等学校才有。学生们拿起毕业证书，心头涌动的是感动和感激。与此同时，这一举动也在传递着我们育翔小学对每一个受教育者个体的赏识和尊重，这是对“育心教育”理念的最好诠释。

在典礼中，毕业班老师们也登上舞台，为学生们送上了美好的期许、真挚的祝福。循循善诱的声音，将人生哲理用质朴深情的语言播撒在孩子们的心田，点亮他们的前程。当每位老师向学生们说出自己那句不需要刻意准备，但又着实准备了许久的心里话时，孩子们更真切地感受到要与自己朝夕相处六年的老师道别了。那一双双饱含泪水的眼睛、那一声声发自心底对老师的呼喊、那一阵阵热烈的掌声，感动了全场。

3. 最打动人心的场面——我们可爱的学生

毕业典礼上，学生们在精心制作的留言板上贴满了他们真诚而热情的毕业感言，写出了他们对母校的美好祝愿，对老师的感激，对同学的情谊。从那一个个用钢笔或水彩笔写就的汉字里，我们阅读着那一颗颗纯洁、朴素、感恩的心，看到了孩子们纵情地放飞他们的语言天赋与灵气，在汉语的海浪中，孩子们虔诚地陶冶着心灵，在汉语的草地上追逐着未来的童谣。在这里，我们读到的不仅是博爱与给予，感激与收获，更读到了希望和明天。

全体毕业生手拉手合唱《放心去飞》，将毕业典礼推向另一个高潮。孩子们饱含深情的歌声回响在礼堂上空，久久不能散去，澎湃的心情、激动的欢呼、惜别的泪水、紧紧的拥抱……最后孩子们举起右拳，慷慨激昂地高呼育翔小学的校训：“诚实、善学、健美、和谐。”这是育翔的精神和文化，而这些已经犹如印记一般深深地刻在每个育翔孩子的心中，他们将带着这些印记开始新的生活，坚定踏实地走好他们人生的每一步。

4. 最情真意切的感言——可敬的家长

毕业典礼感染了所有的人。家长在毕业典礼后写下的感言，是参加活动后被感动的真情流露：

“对于孩子来说，参加这样的仪式时他们可能还理解不了老师的良苦用心，但是随着他们的成长，当回忆人生中每一个重要的环节时，他们会感受到学校和老师对他们的心意！”

“学校工作纷繁复杂，校领导和老师们肯花时间和精力为孩子们精心筹划一场毕业典礼，这是对孩子们生命价值的尊重，是对孩子们已经逝去的小学生活的礼赞，也是对孩子们即将启程的未来生活的美好祝福。”

“短暂而难忘的毕业典礼在学校的精心准备下结束了，看着班主任那不舍的笑脸，是啊，朝夕相处的老师和孩子就要分别了，这不仅仅是一次起点和终点的体验，更是一堂别开生面的毕业课。在这里，学生领悟了感恩，也意识到了自己所应承担的责任和义务。”

毕业典礼结束了，学生不仅知道了感恩，而且感悟到成长的魅力，并决心用行动回报父母、回报母校。不仅学生的心灵受到洗礼，家长、老师们的心灵也一直被感动着、震撼着。

在接下来的学年里，我们继续借助毕业季活动，对六年级学生进行责任教育。

2014 年 6 月，我们第一次将活动场地从校园转向社会大课堂——慕田峪长城，通过以“放飞梦想 再攀高峰”为主题的毕业典礼仪式和集体攀登长城等内容达到“心动德育”的活动目标。活动仪式中，学生通过歌曲串串烧的形式，回顾了小学生活的种种趣事，或让人惊喜，或让人尴尬，或让人沮丧，或让人悲喜交加……学生看着、听着熟悉的歌曲，回忆起以前的生活，真是百感交集。之后，当学生打开父母写给他们的信，读着这一句句感人肺腑的语言时，当老师们上台，用一句话表达出对孩子们的祝福时，他们不禁潸然泪下。这一刻，他们会想到父母、老师平时的教导；想到考试考出好成绩、比赛取得好成绩时老师和家长的鼓励；想到自己被教育或心中带气时的种种表现……最后，学生们用自己写的诗歌《育翔，我的母校》表达出自己的感恩之情、对未来的憧憬和对自身责任的思考。

2015 年 6 月，我们再次来到慕田峪长城，成功举办了“我们是共产主义接班人”毕业典礼仪式……

将毕业典礼仪式更进为毕业季活动，对孩子形成了责任、奉献、理想等系列教育，作用持久，孩子们在学习、参与、心动中感悟、成长。我们对学生进行责任教育，让学生从“知感恩”开始，以“有责任”结束。感恩是一种文明，是一种品德，更是一种责任。人有了感恩之心，人与人、人与自然、人与社会也会变得更加和谐，更加亲切。懂得感恩，才会懂得责任，才会懂得回报，才会懂得付出。在人的一生当中，最美好、最难忘的时光莫过于学生时代。尽管六年的小学生活只是人生的一个阶段，但却是孩子们人生成长的第一次收获。小学毕业对于学生来说，意味着他们从天真烂漫的童年迈入青春激情的少年，即将踏占新的征程，是一个崭新的开始，是人生旅途上第一个“里程碑”，是值得庆祝的，值得回味的，值得纪念的。毕业典礼是学生离校前的最后一次聚会，也是学校给学生上的最后一课，为了让学生对六年的小学生活有一个美好的回忆，我们为学生精心打造的毕业季活动和毕业典礼，将会成为育翔小学的一种传统，一种精神，一种文化，永远延续下去。

第四节　入心促行，班级常态

每个人的学生时代几乎都是在班集体中度过的，班级是学校教育的基本单元，是教师和学生开展学习活动的最基本的组织形式，班级管理在学校教育教学中有着举足轻重的作用。班级管理的科学性和实效性直接关系到集体内每个学生的身心发展状况，对学生起着重要作用。不论是落实校级活动还是年级培养目标，对学生实施育心教育的主战场，一定是各个班级。换句话说，以心育心，以心动促心动的育心教育，还是要通过班主任的作用，在日常一点一滴的班级生活中、在学生管理的细节中进行，从而使我们的教育入心促行。

一、习惯养成，从心出发

著名教育家叶圣陶先生说过：“教育是什么？往简单方面说，只需一句话，就是养成良好的习惯。”促进学生良好行为习惯的养成将使孩子们终身受益。一年级是养成习惯的关键期，为此，UDS项目组一直以来也都非常重视一年级的学生教育工作，在项目学校推进“平稳度过一年级”的主题研究活动。我们积极践行，并结合我们的育心教育理念，将一年级的行为习惯养成教育与学生心理发展相结合，立足于一年级孩子的心理特征，开展富有育心教育特色的行为习惯养成教育。

我们的殷园园老师是一年级开展习惯养成教育的典型代表。她多年从事一年级班主任工作，始终把培养各种好习惯作为班主任工作的重中之重。在工作中她以“文明的一天”活动的各个环节作为教育的切入点，以童谣的形式，帮助学生理解规范和要求。童谣朗朗上口、简单易记，是孩子们喜闻乐见的游戏语言。把最简单的一些要求编成童谣，孩子感兴趣了，自然会将童谣中的内容内化成自己的行为，践行在一日学校生活中。儿童从小养成了良好的行为习惯，将终身受益。老师们只有抓好这一环节，孩子们才能茁壮、健康成长。

儿歌给力，促一年级一日常规的养成

——殷园园

儿歌朗朗上口、简单易记，是孩子们喜闻乐见的游戏语言。在工作中，我以“文明的一天”活动的各个环节作为教育的切入点，以儿歌的形式，帮助学生理解规范和要求，促进在校一日生活的习惯养成。

（一）文明进校

我们给孩子编的儿歌是：

小苗苗来到校，
见到他人会问好。
老师早，同学好，
见到客人把路让。

文明进校养成主要培养孩子们做到六次问好（与家长告别，问值周老师、保安、值周生好，走进教室问老师、同学们好）。在第一次家长会中，我就告诉家长我们的培养目标和要求，通过第一次家长会我们达成共识：文明从早上第一句话开始，文明习惯的培养只有通过家长、学校共同努力，才能使孩子养成良好的礼貌习惯。久而久之，自然养成问好的习惯。“老师好”“同学们好”“你们好”的声音回荡在教室里。

（二）文明课堂

上课是学生一日学习的主要内容，如何让孩子们养成认真听讲的好习惯，构建文明课堂呢？为了培养孩子们做到上课发言积极举手，坐姿正确，没有小动作，回答问题声音洪亮；说完整话，老师或同学说话时不插话，学会倾听；评价他人的朗读和书写时先说优点，再提希望等文明课堂的好习惯，我编写《认认真真来听讲》的儿歌，使学生在轻松愉快中养成习惯：

上课铃声响，快步进课堂，悄悄静坐好，等着老师把课上。

坐姿要端正，听讲要专心，发言先举手，不做小动作，回答不乱抢，课堂纪律齐遵守。

最后要注意良好习惯形成后的巩固。这是一项重要环节，从心理学的角度看，学生对技能的形成会产生遗忘，因此反复抓、抓反复成为班主任的一项重要工作，我们在这一阶段，多以小组比赛、给家长打报喜电话、班级各种评比等方式来巩固学生的良好习惯。

（三）文明课间，培养学生课前认真准备、课下整理的习惯

一节课结束了，课间10分钟学生都要做哪些事情呢？主要是去卫生间、回班喝水、准备下一节课的学具，做自己的事情。为了让孩子们能在很短的时间内，又快又好地做好这三件事，我们编了《课间儿歌》：

课间要做三件事，

一来学具准备好；

二来排队上厕所，楼道靠右不逗留；

三来回班把水喝，铃声响起再坐好。

这些都是作为一名学生最基本的学习习惯，教师让孩子坚持一段时间后，孩子就会慢慢养成习惯。

课间必做的三件事做完后，还有时间可以跟同学做游戏。首先，老师告诉孩子课间什么行为是文明的，然后给孩子们提供一些课间游戏，例如，拍手唱童谣、下棋、看课外书、画画、同学小声说话、做值日等。下课了，如何让同学们做有意义的事情？我们编了以下儿歌：

铃！铃！铃！

下课时间到了，

我们要打开窗户，

让新鲜的空气进来，

注意不打闹，不推搡！

课间文明你做到了吗？

《快乐安全来休息》

课间活动有秩序，剧烈运动不可取。

楼内禁止追跑闹，上下楼梯靠右行。

（四）文明出操

培养孩子们做到：排队上操要快，静，齐，小干部整队，拉手排着整齐的队伍走到指定地点，和着音乐的节拍踏步。做操认真，不讲话，保证每天一小时体育锻炼的时间。保障时间的同时，良好的上操纪律也是孩子们能锻炼好身体的保障。对应的儿歌是《锻炼身体今日起》：

丁零零，下课了，我们来把操来做。

外出集会守纪律，排队做到快静齐，

列队行进手拉手，目视前方不讲话。

一切行动听指挥，学体操，按要求。

伸直胳膊踢直腿，锻炼身体今日起。

（五）文明饭桌

第一，我们制定了小饭桌文明公约，教师与学生共同确立，然后打印成文，张贴在班中文明角中。第二，抓好第一周小饭桌纪律，有一个好的开始，就是成功的一半。第三，每周、每月的小饭桌学生表现纳入每周、每月班级、个人的评比中。第四，利用网络学习国内外用餐礼仪，树立文明意识，明白文明用餐的具体含义，并能付诸行动。第五，开展文明用餐主题的班会。通过教师、学生的共同努力，我们的小饭桌纪律有序，并培养孩子们做到：12:00摆好桌布，先拿饭，然后去洗手，回班安静吃饭；饭后自己将饭盒摆回盒子中，横着两个、竖着两个摆放，减少配餐公司叔叔的劳动，做到心中有他人的教育渗透。12:30～12:50在自己的座位上做自己想做的事情，保持午休的安静（看书、画画、听故事、写字等）。我们编写了《安安静静来用餐》儿歌。

饭前排队去洗手，靠墙右行往回走。

排队拿饭互谦让，安静吃饭不讲话。

有序打汤莫烫手，饭盒整齐来摆放。

桌椅地面理干净，饭桌公约定做到。

（六）文明路队

《安安全全回家去》

文明路队，举牌让行，

排队安静，有序离校，

看见家长，告知老师，

一日文明，从我做起。

15:25 准时放学，培养孩子们做到：拿好路队牌，走中直门和大门的同学分别排队穿好外衣，系好扣子，背好书包，戴好黄帽，装好水瓶，由路队长整队。排队做到快、静、齐，路队过程中拉手不讲话。在指定地点放学，与老师道别，见到家长的同学告诉老师后可以离开，没见到的与老师一起等。实施的过程中，加以引导、纠正、示范，并对遵守公约的学生进行奖励，在第二天的晨检中总结前一天路队情况。功夫不负有心人，各班放学的路队与以前相比有了很大的改变，学生也都能自觉地按照公约的内容去做。

我还将评价引入进来。开学初我与孩子们共同制定了我们班的五级评比制度，包括个人，小组，班级，年级，校级(同时进行，互相激励)。说起来容易，做起来难。虽然有完整的一日常规及评比制度，但在操作的过程中，如何把握尺度，先培养哪个习惯后培养哪个习惯，某种习惯出现退步如何纠正等是无论哪个年级的老师都会遇到的问题。经过多年的实践，我们采用童谣、评比制度相结合的方式培养一年级的良好习惯。

经过一段时间的巩固、训练，文明礼仪习惯已初步养成。“文明进校、文明课间、文明课堂、文明出操、文明饭桌、文明路队”六个文明的意识深入每个孩子的心中，真正做到了将培养孩子良好习惯的童谣，贯穿在“过文明的一天”活动的各个环节中。

总之，养成教育的途径和方法是多角度、多渠道、多样化的，不止上述几种。我们相信，只要抓住孩子童年时代这个黄金时期，从生活的点滴抓起，围绕一个个小目标，不放过孩子身上每一处小毛病和不足，持之以恒，强化训练，就一定会收到事半功倍的成效。儿童从小养成了良好的行为习惯，将终身受益。老师们只有抓好这一环节，孩子们才能健康、茁壮成长。

习惯是一种行为定型，是条件反射长期积累和强化的结果，必须要经过长期、反复的训练才能形成。因此，不仅需要教师有方法，更需要教师有耐心，有毅力，持之以恒，坚持细节不放松，才能取得好的效果。然而，对于那些特殊的孩子而言，这种习惯的养成就尤其艰难。而我们的育翔老师为此付出了大量的心血和努力。

【案例分享 1】

发现孩子心中的那朵花——从“心”认识你

——纪瑞莲

小 D 是个长得白白净净、敦敦实实的 7 岁男孩，父母均为高级知识分子。他性格外向开朗，聪明机灵，能言善辩。别看他上课老喜欢拿着铅笔不停地玩儿，但是每次考试成绩都还不错。

这是一个我从教很多年都没有遇到过的孩子。从开学第一天的第一节课我进行入学教育开始，他就一直趴在椅子上，什么也不听。课下，我把他叫过来，和颜悦色地问他：“你为什么什么也不听呢?”他一本正经地说：“老师，我今天不是来上学的，是来玩儿的，明天我就要退学不来了。”听完他的话，我顿时吃了一惊，这是什么意思？这话说得我一头雾水。

很快，我发现这个孩子身上确实存有很多问题：“老师，我告诉你吧，我明天就退学了”是他每天说得最多的话，已成了口头语；他上课的时候从来不听讲；进班后做的第一件事情就是把自己所有的笔拿出来，然后不停地玩儿；下课的时候永远找不到他的影子；每次组长收作业，如果不是组长帮助他翻出来，他绝对不会自己把作业拿出来；“退学”的口头语使我很无奈，每天几乎都要把三分之二的精力放在他的身上，但收效甚微，或者说，根本没有任何作用。

将近两周的时间，我很痛苦，不管他吧，肯定不行；管吧，付出了太多却丝毫不见成效。没过多久，他的妈妈主动找到了我，向我讲述了孩子的情况。孩子的妈妈是一个中学的英语老师，自己十分要强，工作也很出色，但就是在对待孩子的问题上显得很无奈。据妈妈讲述，这是一个比较特殊的孩子，他从小就不听管教，爸爸妈妈的话往往要说上几遍，他才能似有似无地听见，而且他根本不去做。妈妈说是爷爷奶奶从小大包大揽惯了，养成了孩子懒惰的坏习惯，但据奶奶说，是妈妈从小就不怎么管孩子，崇尚让孩子自由发展。孩子父母的讲述让我觉得很矛盾，也不知道是谁说得对，但是孩子的现状就摆在这里，怎么办？还得从根源上想办法解决。

抽出时间，我仔细地分析了一下他说口头语背后的原因，结合孩子的种种表现，看出了孩子的性格：

他是一个特别有主见、有想法的孩子，会为自己的每一个不合理的行为找出种种充分的看似合理的解释，比如他说："老师，我今天不是来上学的，是来玩儿的，明天我就要退学不来了。"我分析，他的心里是在想：如果退学了，那就可以不受约束和管教了，就可以理所当然地玩儿了。

受父母遗传素质的影响，他很聪明，只要是自己想做的事情一眨眼的工夫就能做好。尽管他上课不好好听讲，但是每一次考试成绩都还不错，所以他觉得自己可以随便去任何一所学校上学。而面对新环境、新面孔时，他又表现出了种种的不安、紧张，他不知道怎样适应这个严肃有序的集体，因为他从没有受过这样的约束，所以他不断地给自己找理由狡辩。

他还是一个比较懒惰的孩子，不愿意动笔练习，认为自己会了就可以了，完全没有写的必要。注意力的分散严重影响了他的课堂学习，有时候你仔细观察他的眼睛，会感觉到他的眼睛里空无一物，很茫然地看着眼前的一切，似乎所有的事情都和他无关。其实他做错的时候是知道自己做得不对的，但是他总是试图用看似合理的理由来进行解释。

在深入分析小 D 的性格后，我认为应该与家长联手，校内、家庭教育配合，形成合力来解决问题：

1. 和家长加强联系，确定学校教育和家庭教育保持统一

在对小 D 后面的学习生活有了充分的思想准备后，我有意识地开始和他的父母进行有目的的交流和沟通。

我和他的爸爸进行了一次对话，首先将孩子在学校的种种表现向他的爸爸进行了比较详细的描述，告诉他孩子明显在行为习惯上落后于同龄的孩子，提醒家长好好地反思一下，自己在孩子从小的养育过程中是否没有做好，比如，在孩子应该形成这个能力的时候家长是不是没有培养？孩子想做一件事情的时候家长怕孩子做不好，就不让孩子做？做什么事情都由着孩子的性子？自由度太大？要求家长必须有足够的思想准备，既然孩子已经到了现在这个阶段，那么就要用加倍的时间帮助孩子把没有养成的习惯养好。希望家长能坚持，对孩子的教育极有可能付出了很多却收效甚微，作为家长不

能因为见不到成效就不去管，就放弃。孩子的爸爸也已经看到了孩子上学后的种种表现，从最开始的不以为然到后来的表情严肃，看来他也知道自己的孩子问题多多啊！他随即向我保证，一定和老师全力配合，争取改变孩子的现状，有所提高。

2. 在校严格要求，从基本的生活习惯和学习习惯入手

有了孩子爸爸和妈妈的支持，我开始了和他真正的“战斗”。我有着很充分的思想准备，这是一场持久战，不一定能打赢，但我得努力。

从最基本的收拾学具开始，我告诉他铅笔盒是铅笔的家，不能把它们丢在自己的家外哦。刚开始的他不以为然，照样我行我素。怎么办？我只能看见一次就提醒一次，并且让他自己装，一个月后，这个情况好转了。接着就开始“治疗”他的走神，光提醒肯定不行，再说上课也没有那么多的时间啊！我只能换个办法。我发现他很喜欢我发的小苹果，就用它来刺激他，表现好马上奖励，表现不好立刻批评，并告诉他在学校什么话能说、什么话不能说。课堂作业不完成或不记作业一定不能回家。同时和家长及时沟通孩子的在校情况，让家长从基本的习惯入手。三个月以后，我慢慢看到了他的转变，他变得没有原来那么胡搅蛮缠了，慢慢学会听我说话了，学会承认自己的错误了。一次写作业的时候，我对他说：“你写完作业就可以看课外书了，这是对你的奖励。”他竟然对我说：“老师你不用奖励我，写作业是我应该做的。”我突然觉得很感动——原来，每个孩子的心里其实都有一朵娇艳的鲜花。

这个孩子只是我教过的众多有个性的孩子的其中之一，面对现在越来越多的独生子女，我们经常感到很无助。家长在应该帮助孩子养成习惯的时候没有注意养成，使孩子在上学后面对事情顾此失彼，应接不暇，不知道自己该干什么。而教师面对的是 40 多个孩子，怎么能一一照顾得到呢？那么在进入学校的学习生活后，就需要教师必须耐下心来帮助学生，从方法到技巧，从关心到抚慰。我想，只要老师和家长配合，教师管理得法，就一定能帮助他们，使他们心中的那朵鲜花盛开。

二、特色班级开展研究

在校级心动德育活动的引领下，在特色年级德育活动的打造下，学校为

所有教师搭建交流和展示的平台，鼓励老师们积极开展特色的班级心动德育活动，并及时推广。

每个人的学生时代几乎都是在班集体中度过的。班级是学校教育的基本单元，是教师和学生开展学习活动最基本的组织形式，班级管理在学校教育教学中有着举足轻重的作用。班级管理的科学性和实效性直接关系到集体内每个学生的身心发展状况，对学生起着重要作用。

为此，我们的德育干部在指导各班主任带领班集体落实年级教育目标的过程中，提出了以“班级特色建设为途径”的思路。很多班主任进行了尝试，取得了良好的效果。

以独具特色的班级海洋教育为例：

我们有一位在心理教育方面有专长的班主任李雪岩，结合心理教育和年级教育目标，她确立了班级特色建设主题——海洋教育。

一提到“海洋”时，大家脑海中会想到生命、广阔、力量、包容、嬉戏、快乐、温柔、母亲，甚至是灾难……正因为这样，使得海洋具有了丰富的象征意义，而且海洋不仅存在于大自然中，更存在于我们每个人的内心中。这一点可以更好地体现心理教育的特色。

这就是这位班主任选择“海洋教育”这一主题的原因之一。原因之二与这位班主任个人成长的经历有关。她出生在青岛，12 岁跟随父母来到北京定居，现在大多数的亲人依旧在青岛生活，所以她对大海有着一种特殊的感情。而正是因为有了这份感情，所以正在进行的“海洋教育”文化建设对她更具有感染力和影响力。这也是我们所提倡的，班级特色建设要能与班主任的特长相结合，才能更好地促进其对班级的良好影响。

班级建设的主题有了，接下来，依据学生实际情况，班主任将教育目标确定为：

(1)通过对海洋知识的学习、整理与演讲，在丰富学生海洋知识的同时，激发学生热爱海洋、热爱自然、热爱生活的情感。

(2)以海洋教育为载体，鼓励学生运用多种方式主动学习，习得有效的学习方式，从多维度积极落实会学习的教育目标。

(3)使学生感受到海水的温柔与力量，懂得海纳百川的道理，使学生明白海洋不仅存在于大自然中，也存在于我们每个人的心中，鼓励学生努力成为一个坚强、勇敢、包容、具有大海般胸怀的人，增加集体的凝聚力。

教育目标确定后，李老师主要通过以下三个维度来实施。

第一个维度：讲——讲故事、谈收获

1. 读书并介绍——讲自然界的海洋故事

(1)结合学生读书活动，鼓励学生阅读与海洋相关的书籍，丰富学生的海洋知识。

(2)每天利用5分钟，由一位学生给其他同学讲一个在学习海洋知识中自己最喜欢的，或让自己收获最大的与海洋相关的故事。讲故事的人要提前准备好一个问题，讲完故事后，通过提问了解同学们听的效果如何，答对的同学还有小礼物。这样来，孩子们听得十分专注，无形中落实了年级教育目标"会学习"中"会听"的目标。

(3)总结收获(落实年级目标——学习海洋知识，丰富学习方式)。

2. 寻找并发现——讲心灵的海洋故事

(1)寻找具有大海般胸怀的人：观察自己身边的点点滴滴，从中你感受到了什么？哪些同学的行为或语言让你感受到其具有大海般的胸怀？

(2)把你的发现与感受记录下来，每天利用5分钟的时间，把自己的发现分享给大家。

(3)总结(落实年级目标——善于观察、积极发现、主动交流，这都是会学习的表现，也是很好的学习方式)。

第二个维度：做——"我心中的海洋"

1. 结合展板，画一画。

2. 结合科技节，做一做。

3. 自愿组合，亲自动手制作小作品，如新年联欢会的装饰物等(在这个过程中，增进同伴及家长间的了解，发现以前没有发现的特点，对于丰富学生的交往方式起到了很好的促进作用)。

第三个维度：评——建立班级评比制度

班级制度是班级特色建设的一个重要组成部分，结合学校小学生一日常规，班级开展了"风云人物"的评选。为了不断提高学生的自我管理能力，使家长们及时且准确地了解学生的学校生活，经班级共同讨论，决定采用"挣工资"(实际就是攒积分，即代币制)的形式，将学生一天在校的生活情况进行量化并及时记录，由多人共同负责加分或减分。这一评比，有效减少了老师的主观评价，老师和学生们共同参与评价，使得评比更客观、更真实，也使得教育评价更公开、更公正。“工资条”起到了联结学校与家庭的桥梁作用。我们不希望我们的学生是在老师和家长的“管理”下成长的，而是要点燃学生内心成长的需要，进行自我管理，而正是这张小小的“工资条”，激发了学生自我管理的热情与意识，从而实现自我约束、自我管理，实现积极的自我成长。当然，每个学生来自不同的家庭、有着不同的成长经历，这也就注定了每个学生是独立的个体，有着不同的个性特点，我们允许学生之间有差异。面对差异，我给予更多的是理解、包容和引导，每项内容只要孩子自觉做到即可加分，好与不好大多没有一个固定的标准，只要孩子努力比“昨天的自己”有进步就可以加分。这张“工资条”的引入，有效地落实了年级教育目标“会学习”中“学习自我管理”的目标。在评比中，分值高的同学和进步大的同学，都有机会成为“风云人物”。

在评比过程中，刚开始，我发现许多孩子“朋友多、快乐多”一项得分比较少，于是主动找孩子们了解情况。在沟通中发现，班内有相当一部分孩子习惯于别人的帮助与谦让，很少感受到被关爱的温暖与喜悦，他们认为“就应该这样”。为此，我在班级群中进行好电影推荐——《头脑特工队》，之后我用班会时间组织讨论，并在班里建立了“我们的友谊岛”，帮助学生有意识地感受朋友带来的温暖、快乐等情绪，增强感受力。当一个人感受力丰富了，情感也就随之丰富了，对人的情绪的发展起到了很好的促进作用。

一个学期结束后，我们给“风云人物”颁发奖状和奖品，奖品是孩子家长提前准备的，是一份孩子特别想要但家长一直没有满足的礼物，包装好不让孩子看到。班级家委会的成员们联系了天津的旅游部门，带领“风云人物”参观航母，了解我国海域面积等，感受祖国的强大，激发孩子们的民族自豪感。之后为了配合“海洋教育”的主题，我们选择在海边进行颁奖仪式，孩子们兴奋极了，纷纷表示要继续努力，还要争当“风云人物”！这些举措有效调动了孩子们的自主性，变“要我学”为“我要学”！

归纳李雪岩老师的班级特色建设，主要是从以下四个方面进行的：(1)学知识：学习与海洋相关的知识，了解海洋生物的名称、特点与生活习性。(2)学方法：在学习知识的过程中，丰富学生的学习方式，如向老师、父母、同学请教；查阅书籍、上网查找资料、动手操作、学会观察、做实验等。(3)学交往：在与父母和同伴交往的过程中，学习人际交往的方式，在人际交往中，培养学生拥有大海一般的胸怀。(4)学感受：感受温暖、感受善意、感受快乐、感受忧伤、感受不满、感受自己内心最真实的感受。

后来我们看到，李老师的班级特色建设工作取得了良好的效果。

(1)学生整体的学习水平有明显提高，喜欢积极动脑、主动表达，课堂气氛活跃。不仅如此，学习方式多样，面对学习中的困难多数学生不放弃，同学之间互相讲题，没有明显的两极分化。

(2)同学之间的矛盾明显减少，即使发生矛盾，多数学生能够用不伤害彼此的方式解决。

(3)同学之间友谊加深，交往面扩大，班级的“友谊岛”不仅感染着学生，同时也感染着家长，让家长也从中收获颇丰。

(4)特别需要帮助的学生在情绪问题上有明显提高，特别值得一提的是，面对个别同学的问题，全体同学都能够以理解并帮助的心态去对待，没有指责行为的发生。

成功的班级特色建设，促进了学生身心发展，给推进班主任团队的建设带来启示和可学习的经验：班主任在班级建设中，要建立良好的师生关系与和谐的同学关系，使班级气氛融洽；要建立强有力的班级领导核心，充分发挥班级组织的作用；要利用各种活动，增强学生的责任感和集体荣誉感；要率先垂范，为学生树立榜样。这样，就能形成奋发向上的班风，就能保证学生健康成长。

三、解决问题，改进班会

想让孩子“心动”，教师一定先“行动”，行动的前提条件就是教师的理念，只有教师的理念从根本上转变和提高了，才能带来教师在班级管理工作中的变化。

我们以三级德育活动的开展为依托，以校级德育活动为引领，在精心打造年级特色德育活动的同时，关注每位教师的成长，把每一次德育活动的开展都作为理念与实践完美结合的“教师培训”。在德育活动开展的过程中，教师不再仅仅是德育活动的执行者，而德育心动活动本身成为理念学习的实实在在的案例。

记得以前召开的班队会都是以表演为主，形式多样、内容丰富，但实效性并不强。一节班会的好与坏不在于形式有多新颖华丽，而在于这节班会能留在学生心里多久，疗效有多长。开展心动德育活动以来，我们提倡结合学生中出现的主要问题，利用主题班会，解决问题，树立榜样，取得班队会良好的教育效果。在这种思想指导下，五年级组的班主任们进行了研究和实践。

我们选择了一个比较活跃的班级，学生比较强势，好用武力解决问题、维护自己的利益。接班之初，大大小小的争吵事件让班主任应接不暇。班主任对学生进行了多次思想教育，虽有效果但不显著。针对这个现象，老师们分析原因：由于学生缺乏安全感又没有正确控制情绪的方法，所以他们情绪不受控、易怒。能不能利用一次班会，引导学生正确面对并管理自己“愤怒”的情绪，积极面对事情，调整对事情的看法，从而得到控制自己“愤怒”情绪的结果呢？于是，经过研究，我们策划召开了以“放下那个‘愤怒’的自己”为主题的班会。班会过程如下：

班会伊始，班主任引入了不久前班里真实发生的矛盾事件，请当事人说一说当时的想法，其他同学谈谈这件事给大家带来的不良影响。然后，请学生静下心想一想，引发这样结果的原因是什么。最终，追根溯源找到了原因，那就是孩子们无法控制“发怒”这种不良的情绪。由此，引出班会的题目“放下那个‘愤怒’的自己”。

班会的第二阶段，班主任设计了以小组为单位的多米诺骨牌游戏，学生用语文书、数学书做工具码放多米诺骨牌，在最短时间内倒牌成功的组获胜。在班会开始前，每一组班主任都安插了一名“卧底”学生，他们的工作就是在本次游戏中以各种不露痕迹的方法来阻碍本组的成功。游戏开始后，班级内一度出现了混乱的情况。有些组抱怨一些同学的方法不好，有的组总是在接近成功时突然失败，矛头直指每个组的“卧底”同学，甚至让班主任出乎意料的是，有的组抱怨教室的桌子角度不好，总是不成功。学生情绪相当急躁，甚至是愤怒。这时，班主任宣布游戏结束，学生们沮丧极了，迫不及待地向班主任抱怨种种的不满。

在学生平静后，班主任让大家静下心来想一想：刚才的游戏中，你遇到了什么事，你想了些什么？写在事先发好的白纸上，写好后大家交流。有的学生说：“我看到大家都在码放骨牌，而×××老是在大家将要成功的时候犯错，结果一直没有成功。”还有的学生愤怒地说：“我们组的桌子是倾斜的，太不好码放了，总是码一半就倒了，真讨厌。”大家交流后，班主任并没有急于发表看法，而是带着大家看了几张图片。这些图片都是关于“转换角度看问题”的图片，然后问学生：“你们发现了什么?”学生纷纷回答：“换一个角度看事情，事情可能就不一样了。”趁着这个时机，班主任又问学生：“那你们能不能试着换一个角度看刚才发生的事情，你还有那么生气吗?”学生静静地思考。不一会儿，学生开始发表看法：“他是不是太紧张了?”“哦，我看见他的衣服袖子特别长，总是在他想帮助大家的时候把书都碰倒了。”“我们要是利用桌子的坡摆一个U字形，是不是就和别人不一样了?”看到学生们纷纷跳进了“陷阱”，趁热打铁，我又引导大家做了一次相同的游戏。游戏时，班主任播放了一段舒缓的音乐。在第二次游戏中，“卧底”学生依然不露痕迹地阻碍成功，但当学生不再抱怨，而是想办法的时候，他们又默默地回到了一起努力的队伍。因此，第二次游戏以大家的相继成功结束。意料之中的是，这一次的游戏时间要远远短于第一次游戏，并且大家也不再慌乱。

游戏结束后，班主任又一次让学生静心写下所看所想。有的学生说：“这次，我们看清楚了，真的是他衣服袖子的问题。我们专门有一个人帮他扶着袖子，这样我们就成功了。”还有的孩子说：“我们的桌子虽然是有斜坡的，但是我们将书本摆成了U字形，这样就不容易倒了，最终我们成功了。”这时，班主任提出了最重要的问题：“两次游戏中，你的什么改变了，致使游戏的结果不一样了?”有的学生回答：“我发现，这两次游戏中我对×××同学的看法不一样了，我对待他的态度就不一样了，所以结果就不一样了。”班主任及时补充强调：“是啊，正像你们所说的，当你发现你对一件事的态度和评价不一样时，那么引发的结果一定不一样。我们在第一次游戏中感受到了‘愤怒’的情绪，而第二次游戏中却没有了‘愤怒’，结果反而是好的。请你们思考一个问题，我们应该如何在面对矛盾的时候转变我们的看法，控制我们的‘发怒’情绪呢？互相讨论一下。”学生开始讨论他们控制“愤怒”的方法。然后大家进行了全班的交流，最后班主任还给学生们推荐了几种控制情绪的方法，如数颜色法、自我暗示法、听音乐法等。这时，班主任让学生互相分享一下他们心中久久不能释怀的矛盾，现场帮助同学们化解。大家一起尝试换一个角度看问题，看看能不能对这件事有新的看法，产生好的结果。

最后，大家讲了讲这节班会课的收获。同时，老师布置了下一个阶段的工作，那就是在生活中，留心自己成功地控制住“愤怒”的那一次事件，以图文的形式展现出来，在下一次班会课上交流评比。这样，这节班会课的实效性更强了。

本次班会结构清晰，内容十分简单，但却起到了很大的作用。在班会结束后班主任还围绕此班会开展了很多活动，如比一比谁能更好地控制情绪、画一画我的情绪控制小妙招等。记得班会后不久的一天，班里出了名的冲小子小张下课后在老师的办公室门口徘徊，一边走一边小声嘀咕：“气死我了！气死我了！”看到这一幕，班主任很诧异地问他：“你这是干什么呢？”他的回答让班主任哭笑不得，他说：“老师，没事，我就是到这儿分散一下注意力，消消气。您走您的吧，不用管我。”往常班主任一定会问个究竟，但想到了那个班会，想到了不应该强化那件让他如此生气的事情，反而应该强化他这种转移注意力的方法，便拍了拍他的脑袋走了。有意思的是，后来他发脾气的次数也越来越少了。

这个班会的设计主题来源于学生的问题，基于解决问题的目的设计了这次班会的内容，采用了使情绪发泄、换位思考等符合心理学原则的方法，使得效果比较显著。后续的跟进活动也是必不可少的。这次班会的成功让老师们进一步认识到，在班级常态管理中，班会的主题不应该过大，抓住学生的一个典型问题来科学地、艺术地解决是刚刚好的。

现在，我们每周的班队会，是开展班级心动德育活动的好时机，班主任老师会结合班级日常学习生活中的事件、问题，或结合学校的教育主题，选择适合本班孩子特点的方式，精心设计策划活动方案。很多时候，还会邀请家长共同参与，让教育深入人心，产生持久作用。

“班级是我家，人人都爱它”主题班会，在培养学生热爱自己班集体、珍惜班级荣誉的班级责任感的同时，通过活动让同学们清晰地知道什么行为才是热爱班集体的，什么行为是损害班集体的，从而把热爱班集体的热忱和责任心转化为热爱班集体的具体行动，如热爱大家庭里的成员，同学之间要相互团结、互帮互助等，形成全体同学热爱班集体的良好氛围。

“我们是一家”主题班会，通过对班级生活案例的讨论，引导学生树立正确的是非观，学会如何正确与人交往，如何处理同学间的摩擦与问题；通过合作活动和文字交流增进同学间的感情，加深对彼此的理解与信任；增强班级的凝聚力，创建和谐、温馨、团结向上的班集体。

【主题班会策划案例 1】

用爱滋润心灵，友爱助力成长

——苏姗姗

“你我他，千万家，因缘相聚屋檐下……”唱着暖意浓浓的班歌，孩子们一天天长大了。在成长的道路上，他们经历着蜕变的艰辛，积累着生活的经验，获得了成功的喜悦。伴随他们成长每一刻的是来自老师、家长和伙伴的爱。小伙伴是孩子们班级生活中的重要他人，伙伴之间的影响发挥着巨大的作用。因此，在班级建设中，我常常留心观察孩子们彼此之间友爱流露的瞬间，汇集来自孩子们自己的正能量。

我召开了一次“爱住我家——伙伴助我成长”的主题班会，特意选取了班级生活中的几件典型事例，让孩子们去演绎、去思考、去审视自身或班级中的问题。

我们班的小贝自理能力较差，每到放学的时候，他就会对着满桌、满抽屉杂乱无章的物品愁眉不展，手忙脚乱地收拾着。耳边还充斥着老师的督促和同路队同学不耐烦的抱怨：“小贝，你快点！我们队伍就差你了！你能不能别让我们天天等你啊……”久而久之，小贝成了同学们眼中的“小邋遢”。为此，我单独和小贝谈话，与他的父母沟通，效果均不明显。问题到底出在哪里呢？通过一段时间的观察，我发现小贝其实很想改变在同学心目中的印象，有时甚至看到他中午不吃饭，先把书桌、抽屉、书包里里外外收拾一遍。结果饭没吃好，用不了一个课间，桌面又乱得不行。缺乏条理，整理无方是他的致命伤。我开始手把手单独教小贝如何取物、整理，在一次单独训练时，孩子跟妈妈的对话透露出他在家里没有接受过类似指导的情况。我不禁想到，这些刚入学的孩子中，有多少人是因为没有方法而做不好，却被我们当作了态度问题呢？

为此，我特意在班里做了一次不记名调查。结果显示，对于班里那些桌面永远干净整齐的同学、放学收拾动作快的同学、作业完成得又快又好的同学，不少孩子很奇怪他们是如何做到的，自己明明很努力了，为何还做不好。看来端正态度的同时，我们也要给孩子必要的“技术支持”。

班会上，我特意设计了“小贝的烦恼”情景剧，让小贝通过演绎自己平常慌乱无序的整理过程，诉说自己的烦恼，接着请其他同学为小贝支招。面对小伙伴的求助，善良的孩子们不再指责、嘲笑，而是争先恐后地出主意，帮小伙伴解决难题。畅所欲言间，孩子们不仅分享了自己收拾整理的好方法，还表示愿意帮小贝练习整理，这给了小贝很大的动力和信心。

为了满足更多学生方法上的需求，班会上我又播放了一段视频，展示了两位同学进行收书包比赛的过程和效果。视频中特意截取了几幅画面，突出标注出孩子们收拾书包常忽略的细节和值得借鉴的经验。孩子们亲眼目睹了整理书包的过程，强化了科学整理的方法，得到了充分的技术指导。当然，最后我不忘鼓舞士气，播放了一段全班进行整理书桌比赛的视频，孩子们看到全班同学都在热火朝天进行整理，受到了触动，纷纷表示每个课间都要这样做，争当“自理小能手”。

抛开老师刻板、枯燥的说教，让同学充当教材，让孩子影响孩子，创设一个温馨互助的氛围，孩子们的潜能被爱正向激发了。而事实上，小贝自那次单独指导后，已经有了变化，在小伙伴的监督帮助下，自理能力有了很大的提高。其他学生也运用班会上学到的技巧，优化着自己的整理方法。

班会上的另外一个情景剧也给每位同学留下了深刻的印象和思考的空间。该剧的原型是班中6岁的小宇。他聪明机警，有很强的好奇心，可凡事根据自己的心情事做，特别强调自我：集体活动时他会游离在队伍外面，和他讲话他不会看着你听你讲；课上会因为一点小事突然起立，大喊大叫。开学以后，他与同学间的矛盾愈加明显，遇到问题会把责任一股脑儿推到别人身上，哪怕是自己先有错，也会无理搅三分，强调是别人“影响”到了自己；有时甚至会大打出手，伤及无辜。只要自己情绪一上来，哪怕是刚刚帮助过自己的伙伴，他也会“以怨报德”。我曾想：这个孩子的反应为何如此强烈，难道他对别人的帮助没有一点感恩，认为是理所应当的吗？

我和小宇的爸爸妈妈做过多次沟通，但效果并不明显。反思原因，我发现聪明的小宇特别会避重就轻，而他的妈妈又很容易急躁，常听孩子的一面之词，不能客观地评判，甚至觉得同学在学校欺负他们家儿子。孩子的爸爸工作很忙，经常早出晚归或出差，只有周末和假期才和孩子有一定的交流，对于孩子出现的问题不够上心，面对孩子身上的“小毛病”比较放任自流。久而久之，孩子身上的问题一直没能得到解决，经常是“1+1=0”(我在学校教育一天，家长跟孩子交流一晚上后，我白天的努力就灰飞烟灭了)。孩子的不懂事加上家长的不配合一度让我心烦意乱，觉得每天的努力都是徒劳无功。我该如何温暖这颗“冰冷”的心?

我在思考中继续着对小宇的观察。我发现小宇其实很喜欢展示自己的优点，希望得到别人的关注。但他不会正确地和别人做朋友，加之身上的“王子病”让同学很不喜欢，所以往往事与愿违，另外犯了错误有老妈为自己撑腰，久而久之，小宇就更不在乎自己的行为对他人、对集体的不良影响了。找到了问题的原因，我决定从孩子、家长两方面入手，让他们首先明确自己的身边从不缺乏爱，进而反思自己身上的问题。

于是，我特意在班会设计中为其“量身定做”了情景剧“小组的故事”:

我在剧中没有刻意去强调孩子的问题，而是将老师、同学对小宇的包容和帮助演绎了出来，引起他人的思考。由于小宇本身记忆力强，还擅长唱歌，我便给了他一次展示的机会，本色出演。聪明的小宇嘴上不说，心里也明白演的就是自己。班会前的排练，我还特意邀请了小宇妈妈来观看。当我给排练的同学分发饮料时，一位男生还主动将自己得到的饮料先拿给小宇妈妈喝。孩子的善良打动了我们，这对家长也是一种无声的教育。每排练一次，孩子的心灵就被伙伴的爱沐浴一次。就这样，小宇妈妈看到了孩子班级生活的真实情况，意识到之前自己的看法有失偏颇，也认识到孩子自身存在的问题;而小宇自己也渐渐开始敞开心扉，真诚地和老师、同学沟通，诉说内心的想法，寻求帮助，而不再一味充满敌意地顶撞别人了。

通过这次较为成功的干预，我意识到，孩子不良行为的背后，一定有我们尚未发现的原因。这原因可能来自先天，可能源于家庭环境，也可能和他的某种需求有关。我们只有准确地找到问题的原因，才能从根本上解决问题。而解决的方式未必只有批评、惩罚或和家长的唇枪舌剑，打破心的隔阂事情或许更容易解决。用心换取信任，用爱温暖心灵，相信在这样的环境下，孩子也能一点点学会如何去爱别人。在一个月后美国客人来校参观那天，平时处处只想着自己的小宇竟然默默地拿起扫帚，为班级做起了值日。当我问其原因时，小宇很认真地说:“我就是希望美国人来到咱们班时看到教室干干净净的。”孩子的变化让我很是感动，也让我看到了以爱育爱的力量。

爱的种子要用爱来呵护其生长。而爱的氛围不仅靠老师、靠学校、靠家长，也靠孩子们彼此之间去施与和感受。班会中“助理小伙伴”的表彰不仅让奉献爱心的行为得到了肯定，也让接受爱而成长的孩子感受到了快乐。这一对对互助伙伴的故事激发了班级更多“爱”的能量，让爱的氛围在班级蔓延，让爱的种子在每个孩子的心中播撒、萌发。“爱”本身就是一种只可意会不可言传的情感，因而培养孩子的爱心，可观、可感的心动教育要胜过苍白无力的语言。只有让孩子们在参与体验中完成心灵的震颤与升华，才能取得长远的教育效果。

班主任老师发现班级中孩子们出现的问题，不是严厉制止，也没有一味说教，而是采取排演情景剧的方式，让孩子受到教育，主动改变。

班会后学生变化非常大，他们能有意识地运用班会中学到的技巧和正确方法处理问题。他们开始关注他人的优点，学会欣赏别人；很多学生开始自觉向身边的榜样学习，如认真写字、积极发言、大声回答问题等；学生在小组收作业、课间活动以及与人分享合作时都有一定的进步。还有很多学生扩大了自己的朋友圈，同学伙伴间关系更为融洽。

二年级的孩子，平均年龄只有八岁，都是家中的“宝贝”，他们每天都被“爱”包围着，没有机会，甚至忘记要向父母表达自己的“爱”。二年级(2)班召开了“寸草心——感谢有您”主题班会，他们一起用最真挚的方式向爸爸妈妈表达了那份儿女的“爱”，让整日为生活奔波的家长见证了孩子的成长，收获了为人父母的幸福和感动！也许孩子们的声音算不上甜美，制作的母亲节贺卡算不上精致，但那是家长们听到的最动人的音符，那是家长们收到的最珍贵的礼物……

【主题班会策划案例 2】

寸草心——感谢有您

——殷园园

一、活动目的

1. 阅读经典，体验感恩，让学生明白“感恩”的重要性和必要性。传阅《中华敬老故事》一书，了解伟人、名人的敬老故事。

2. 联系实际，让学生深刻体会到父母对自己的爱，引导学生关心父母、热爱父母、理解父母，培养学生从小有一颗感恩的心，践行北京精神的“厚德”，努力开展好心动德育活动，为学生留下一生的美好记忆。

3. 通过活动增强学生的合作意识，培养凝聚力强的班集体，为班级工作的进一步发展打下良好的基础。

4. 邀请全班家长参与，了解孩子接受的感恩教育，配合学校在家中培养孩子具有感恩的意识。

二、设计理念

为践行北京精神之“厚德”，本节班会本着以“学生为主体”的教育理念，关注每一个学生的情感体验，在一个个环节的准备中，深刻体会、理解父母的爱，畅谈并体会父母的爱。家长在参与中感受学校开展的心动德育活动，与孩子一起成长。

三、活动准备

1. 请家长代表孙赫阳爸爸绘制班会主题展板。明雅轩妈妈和殷老师负责照片PPT的制作。王怡群妈妈负责班会摄像、刻光盘。

2. 班会前对学生进行问卷调查，摸清对父母的了解程度，并对数据进行统计。录制校园电视台节目“这里是育翔”，以电视的视角记录孩子们对父母的了解。

3. 收集全体学生和家长的照片，以及成长经历中的一件感恩故事(全体同学以日记的形式回忆父母对自己的爱)。

4. 全体同学参与班会的全过程：家庭合影照片，学生写一件父母爱自己的事情，全体家长给孩子写一封信，发放调查问卷，制作感恩卡，全班献上父亲节、母亲节朗诵一首诗，练习歌曲。

5. 主持人的培训：王怡群、孙赫阳、杨礼、明雅轩。

6. 家长工作安排表：略

四、活动过程

1. 主持人出场宣布班会开始

2. 感恩从爸爸妈妈开始

主持人孙赫阳：同学们，有一首诗提出了儿女怎么报答春日般的慈母养育之恩的疑问，这首诗的名字叫《游子吟》，你们会背吗？(带领全班同学共同背诵《游子吟》这首诗)

殷老师：同学们，你们知道诗中的寸草是什么意思吗？(就是小草的意思)三春晖是什么意思？(春天的太阳，比喻父母的恩惠)

3. 校园电视台“这里是育翔”

主持人杨礼：同学们，爱爸爸妈妈可不能仅停留在口头上，为了让我们更多地了解自己的父母，班会前殷老师带领同学们设计了《感恩调查问卷》，让我们随着校园电视台“这里是育翔”节目一起看一看他们对调查问卷的掌握情况，对爸爸妈妈的了解程度吧！（播放视频）

4. 感恩贺卡和电子贺卡

主持人明雅轩：今年的母亲节是5月13日，我们全体同学为妈妈制作了感恩卡，将《感谢父母的爱》这首诗献给了辛苦的爸爸妈妈。哪位同学愿意和我们分享你送给妈妈的贺卡？上面写了什么内容？有请詹清月、阚雨萌。由于时间关系我们不能一一请同学介绍送给妈妈的礼物，但是我们的殷妈妈悄悄地将这些贺卡拍了照片，下面我们就一边欣赏同学们送给妈妈的母亲节、“三八”节礼物，一边听同学的介绍吧！

殷老师：一一欣赏了同学们制作的贺卡，聆听了两位同学的介绍，感受到二(2)班同学在“三八”节、母亲节、父母生日当天，会主动做一些力所能及的事情，一年有365天，希望同学们在每一天都用行动践行对父母的爱，这才是对北京精神“厚德”的最好体现，这才是真正用行动爱我们的爸爸妈妈。

5. 感恩小故事

主持人杨礼：下面有请钟秋仪、孙泽坤给我们带来“感恩小故事”。

6. 妈妈的英语单词解释

主持人王怡群：卫禹谋给我们这样介绍“mother”这个英语单词。

7. 演唱《我的好妈妈》

下面请欣赏表演《我的好妈妈》（学生和妈妈表演，表演者：毕子良、毛乙如等同学和他们的妈妈）。

8. 爸爸妈妈给孩子的一封信、家庭合影

请同学们接过这沉甸甸的礼物，请爸爸妈妈和同学们一起读信吧！

9. 妈妈读信

主持人杨礼：下面请孙赫阳的妈妈和明雅轩的爸爸给我们读一读您给孩子的信！

10. 感恩行动方案

* 为工作劳累了一天的父母倒一杯茶，揉揉肩，讲讲笑话，说一句温暖

的话；

*学会拥抱父母，对家人的付出要善于说“谢谢”；

*做错事，学会对父母说“对不起”；

*将在学校学到的歌曲唱给爸爸妈妈听，为他们赶走一天的疲劳；

*每天好好学习，回家认真完成作业，给父母一个好心情；

*多体谅、理解父母，不与父母顶嘴，多为父母着想；

*为父母分担一些家务和烦恼。学会节约，不浪费父母的劳动成果；

*自己的事情自己做，不会的事情学着做。

11. 学会感恩

般老师：同学们说得太好了，今天爸爸妈妈请假来参加我们的班会，你想说什么，可以用语言、动作表达对父母的感谢。

12. 诗歌朗诵

13. 欢迎我们的爸爸妈妈讲话

14. 班会结束

主持人王怡群：非常感谢殷老师讲话。相信在座的各位同学在参加了这次主题班会以后会用实际行动表达对爸爸妈妈以及我们身边每一位爱我们的人的感激之情。

主持人孙赫阳：是啊，如果说母爱是水，温柔而恬静，那父爱就是海洋，博大而又深沉。

主持人杨礼：如果说母爱是三月的阳光，给儿女带来缕缕春风，那父爱就是巍峨的高山，为儿女撑起一片晴空。

主持人明雅轩：感恩是一杯美酒，感恩是一曲颂歌。

合：让我们心怀感恩，学会感恩，用实际行动感恩身边的每一个人吧！

殷老师在班会后对班会进行了反思，她充分认识到了心动德育活动的意义和重要性，并且深度认同要把开展特色的主题班级活动，让每一个教育活动都以给孩子留下一生难忘的印象和美好的回忆作为最终的目标。

开学初在学校新学期工作解读会上，学校第一次向全体老师提出了“心动德育”这个理念。她理解“心动”就是通过成功的活动，达到触动了孩子的内心的教育目的。从布置活动之初，到参与活动的全过程，进而到活动圆满完成，学生亲身参与，其中的某个环节，或某几个环节，甚至整个过程都给孩子留下印象和记忆，并在随后的很长一段时间对孩子的学习和生活仍然有良性的促进和引导作用。

可以看出，从班会的设计开始，就渗透着心动德育的教育理念，关注到了每个学生的情感体验，在一个个环节的准备中，深刻体会、理解父母的爱，畅谈并感恩父母的爱。家长在参与中感受学校开展的心动德育活动，与孩子一起成长。

班会选题好，得到家长、老师的一致肯定。

周书剑家长周涛：参加这次班会活动，不仅是对孩子的教育，作为家长更是受到了一次心灵的再洗礼，感恩的再教育。我们在孩子面前是爸爸妈妈，是家长，要教育孩子感恩我们，但是我们在自己的爸爸妈妈面前还是孩子，在自己老师面前还是学生，还有那么多帮助过我们的人。我们是否还能记起父母养育自己的点点滴滴的往事？我们是否还能记起那已经白发苍苍的老师对自己的谆谆教导？我们是否还能记起那许许多多人生路上帮助过我们、给予我们滴水之恩的人？我们难道不更应该感恩父母，孝敬父母，在父母的有生之年竭尽孝道？难道不更应该再去看望自己的老师，汇报汇报自己的思想，聆听老师对人生的感言？难道不更应该对帮助过我们的人报答恩情？只有这样才能不让生命留有遗憾。

钟秋仪妈妈：班会结束后，我观察了我的孩子钟秋仪，她一直沉默着，很严肃的样子，和平常的活泼好动截然不同。我问她怎么了，她一直没有回答我。下午放学回到家，她吃饭一改往日的磨蹭；晚上，写作业、洗漱都自觉去做，不用我催促，仿佛一下子就懂事了。我想，在班会的准备过程中和今天的班会活动中，肯定有什么东西触动了她，她可能还不会用准确的言语表达出来，但是内心的改变促进了行动的变化。就像秋仪在日记中写的，“爸爸妈妈，有时候你们不用为我那么操心，因为我已经长大。”

这次班会开得非常成功，不仅在场的家长被深深感动了，同时也引起了班上所有孩子的共鸣，达到了“心动德育”工作的教育效果。在亲身经历整个班会从筹备到成功召开的全部过程后，孩子们真的长大了、变得懂事了，他们开始从心里理解父母给予的那份无私的爱。其实，不是我们的孩子不懂得关爱父母和家人，而是他们每天都被父母和家人的“爱”包围着，没有机会，甚至忘记去表达自己的“爱”。为人父母的我们，从没有奢求过从孩子身上得到任何回报，总是想着孩子们能够做好自己的事情，尽量少让家长费心就已经非常好了。但今天，我们看到了，孩子们在努力表达着他们对父母的那份纯真、质朴的爱！以后，我们要尽量多为孩子创造表达自己的机会，这样孩子才会更加理解父母。今天学会感恩父母，明天才会懂得回报社会！

心动德育活动就是专门针对学生们出现的问题，班主任老师结合自己班中孩子的特点，选择最适合他们的方式召开班会，相信这样的个性化班会的打造中一定能够涌现出越来越多的“园园妈妈”，一定能够最终实现我们育心教育的目标。

四、深入个体，走进心灵

有一个重要的心理学理论是萨提亚的“自我冰山模型”理论。它指一个人的“自我”就像一座冰山一样，我们能看到的只是表面很少的一部分，而更大一部分的内在藏在更深层次、不为人所见的地方，恰如水下的冰山。解开冰山的秘密，我们会看到生命中的渴望、期待、观点和感受，看到真正的自我。我们需要做的工作是透过自己和孩子的表面行为，去探索内在的冰山。

心动德育理念引领班主任用自己的真心、真爱去走进孩子的内心，用真心、真爱去营造一片晴空，使这些处于懵懂状态下的小树苗在春天的阳光与雨露中生根、发芽，抽吐出生命的新绿。承认学生间的差异，尊重每一个学生，发挥每一个孩子的优势，使学生在班级生活中快乐地成长，老师们也在爱心与智慧的奉献中收获着幸福。

【案例分享 2】

洒满爱的阳光——我的宽容与等待

——李　丹

教师是一种高尚的职业，它启迪人的思想，被大家誉为“人类灵魂的工程师”。要想成为一名好的教师，真正做到教书育人，就应该在老师和孩子之间架起一道沟通的桥梁，通往学生的内心。只有这样，教师才能真正做到了解孩子，理解孩子，开解孩子，帮助孩子逐步取得进步，健康成长。

相信任何一个教师都希望学生在自己的教育下成长成才。但是孩子也有差异性，每个老师又都会碰到一些令人“头疼”的学生。这些学生在学习、思想、行为等方面存在着一定的偏差，也就是我们常说的“问题学生”。他们往往被忽视、被冷落。其实，学生看起来最不值得爱的时候，恰恰是学生最需要爱的时候。殊不知，错过学生的一个教育机会，没准儿就错过学生的一辈子。爱是教育的前提，没有爱就没有教育。作为教师，只有热爱学生，特别是尊重、爱护、信任学生，使学生真正感到来自教师的温暖和呵护，教育才富有实效。

我遇到的这个问题学生名叫小成。小成是一个活泼好动的孩子，他很聪明，但是一上课就打不起精神，总也管不住自己的手，纪律经常出现问题，不是回头和同学说话，就是低头玩弄手里的文具，注意力很不集中。小成个性调皮，经常打扰周围认真听课的同学，他的行为不仅影响了课堂纪律，有时还严重影响了教学进度和任课老师的教学积极性。

那是一天中午，下小饭桌后，值班老师便来向我"告状"。"你们班的小成同学太不像话了！"我心中一惊，这个"调皮大王"，不知又做了什么"惊天动地"的事会把老师气成这样。我连忙问："出了什么事？"值班老师向我讲述了中午小饭桌时发生的事。原来，今天中午小成又不遵守纪律，在其他同学抓紧时间做作业和看书的时候，他无事可做，一会儿跟这个说话，一会儿拿那个的橡皮，把周围的同学影响得不能做事情。值班老师进行劝阻时小成还很不以为然，刚过一两分钟，转头又开始折腾起来。老师批评他，他嬉皮笑脸，全然没有听进去的意思。不仅这样，他还故意咳嗽打断老师说话，逗得全班同学哈哈大笑，严重影响了班级纪律。我听了这事后很生气，在向值班老师表示歉意的同时，真想立即到教室把这惹是生非的小子揪出来。

小成以前所犯的错误还历历在目：前些天，英语课上随便离开座位；课下在楼道里追跑打闹；课间操时不认真做操；乱拿别人东西……不过我感觉经过耐心细致的引导，他在处事态度方面大为好转，许多老师都说他有进步，难道刚有好转的迹象，他的那些问题就又要卷土重来了吗？但转念一想，冰冷的物体尚有惯性，何况活生生的人呢？学生犯错误，尤其是习惯性的错误，做老师的、做家长的，应该有发生反复的思想准备，绝不能够急于求成或丧失信心。不管别人怎么看，依我对小成的了解，他虽然固执、懒惰，但却也是一个热爱集体、有正义感、知错能改的孩子。他挺有眼力见儿，还非常热心，乐于助人。只要见哪位师生拿了沉重、烦琐的东西，肯定主动上前帮忙。小成也爱打抱不平，谁要是被欺负了，他知道了，肯定去管。他热爱班集体，经常为同学们带来生活中的日用品。更为可贵的是，我发现小成是一个善于发现别人优点的好孩子。他经常主动告诉我说："老师，今天我发现一件好人好事。"这么可爱的孩子，我相信他在事后应该有所醒悟。

想到这里，我刚要火冒三丈的心情也平复了许多。我想，对待这样的孩子还是要细心、耐心地去引导。严厉的批评也不是长久之计，起不了多大的作用。于是，课间操时，我先单独找小成聊天，向他了解中午时发生的事情。我问："今天中午时是怎么回事?"小成低着头，小声说："我让孙老师生气了。""为什么要惹老师生气呢?"我弯下腰来看着孩子问道。小成说："我就是觉得好玩，没管住自己。"看着小成一直低着头，我知道，孩子其实心里知道错了。我拍拍孩子的肩膀，说："其实咱们小成是个懂事的好孩子。一定是因为中午的事觉得不好意思了，才不敢抬头看老师，对吗？那你能告诉李老师，今天这事你哪儿做错了吗?"也许是话说到了孩子心里，小成眼圈有点泛红地说："我不应该故意咳嗽，不让老师说话，还违反纪律。"见孩子已然知错，我进一步引导孩子："你看，咱们小成多明白。那我相信，接下来，你也应该知道怎样去处理这件事。你说说看。"小成说："主动去向孙老师承认错误。"我听后，欣慰地点点头："好，李老师看你的实际行动。但是老师也想提醒你，知错就改就是好孩子，可不能总是犯同样的错误啊!"小成听后，惭愧地点点头。

第二天，值班老师告诉我，小成不仅真诚地向她道歉，还很认真地写了一份检查。原来，孩子回家后把这件事情告诉了家长，家长帮助孩子一同改正错误。孙老师很感谢我所做的工作。我说，其实我什么也没有做，我只是做到了等待和宽容，我有的只是对学生的信心和耐心。在后来的班会上，我也没有严厉地批评小成，而将此事加以放大，在全班同学面前表扬他知错就改的好品质，并说老师认为他在学习上的潜力很大，相信他也会在学习上令人刮目相看。那一刻，我看到了小成眼中闪亮的东西，那是被人信任后激动的泪花。

在接下来的日子里，小成虽然很有进步，但是由于自控能力差，也还是会出现这样那样的纪律、学习问题。但是我深知，改正错误并不是一朝一夕的事。任何一个孩子都渴望被信任、被表扬。但是由于性格和能力的差异，有些孩子总会出现这样那样的错误。班级不可能不出问题，孩子也不会不犯错误。作为老师，要正确对待孩子在成长过程中出现的反复性的问题，绝不能操之过急，也不能总是严加呵斥。这样也许可有一时之用，但却解决不了根本性的问题。

其实，只要给像小成这样的“问题”学生多一点的爱，多一点关注，多一点沟通，让他们的“闪光点”发光，使他感到老师时刻在关注他，老师是爱他的，不吝惜我们老师的赞扬之词，有问题及时处理，有了进步更要及时表扬，“问题”孩子也会成为惹人喜爱的“乖孩子”。

我相信这样一句话：给孩子一个微笑，他会给你一个明媚的春天。它时刻提醒我，要爱学生，因为只有在爱的阳光下成长起来的孩子才是健康的。当我满怀爱心去对待学生时，我已在爱中获得了爱，那爱甜甜的，沁人心脾，回味无穷。

爱孩子，就要对孩子有入心的了解、耐心的教育、宽容的等待，我们的老师也在成长；尊重、关爱每一个孩子，在把爱给予特殊学生的同时，也不忘关心那些优秀的孩子，显然，在育心教育理念的引领下，心动德育的实践让我们教师的育人艺术得到提升。

常态化的日常班级心动德育活动，培养了学生热爱自己班集体，珍惜班级荣誉的班级责任感，同学之间相互团结、互帮互助。同时，让学生更清晰地知道什么行为才是热爱班集体的，什么行为是损害班集体的，形成全体同学热爱班集体的良好氛围，从而把热爱班集体的热忱和责任心转为热爱班集体的具体行动，规范自己的言行，形成良好的行为习惯和文明素养。

总之，心动德育的研究、实践让我们感悟到：深入理解和体味理念与实践同样重要。从学生实际出发，牢牢把握心动德育的精神内涵，就要熟悉学生的身心发展特点，遵循其心理发展规律，因势利导，将“心动”贯穿于教育的一言一行、一举一动上，才能实现真正的育心教育。

继“心动德育”之后，育心理念下的“心智课堂”的实践与研究开始了。课堂是育心的主场，也是育翔一直以来的优势所在。以点带面，推进心智课堂，让育心的理念体现在课堂，并开花、结果，绽放光彩……

7 第七章　心智课堂，研究前行

“心智课堂”是实现“育心”教育特色的重要平台。继我们对“心智课堂”的理论基础进行研究后，在2011年的新学期，我们将学校发展的重心转入“心智课堂”的实践探索，以引发教师教学观念的转变，激发学生自主学习的动机，推进学校特色建设。

“心智课堂”的推进比我们预想的要困难很多，这使得我们的管理首先面临考验。当我们客观地面对问题、放慢节奏、采取科学的办法研究应对时，微“更进”中的心智课堂慢慢呈现，我们在充满信心中期待着——又向理想中的目标靠近了。

第一节　改变自己，其实很难

多年来，我校的教学工作一直走在全区的前列，不仅在各类检查、评比中获得广泛好评，在每年全区统一的质量监控中也是名列前茅。应该说，在工作中，老师们已经传承了一种相对稳定的教学风格，具有了一套较为行之有效的、保证学生获得知识和技能的教学方法，而这种风格、方法的核心就是老师在课堂教学中的深入讲解、严格训练。

这当然是我们的优势，但在推进“心智课堂”建设的过程中，我们却感觉到，这似乎也成了不利因素。因为我们已有的方法和经验已经帮助学生获得了那么好的成绩，已经帮助老师们获得了那么多的肯定，这些方法和经验是如此深入人心，以至于当需要我们在一定程度上放下它们，而在教学中采用新的策略和方法的时候，老师们普遍感到了疑惑、不安，甚至抵触，大家都在担心，当我们把着眼点放在营造课堂氛围的愉悦、和谐上，当我们把大部分教学时间都放在让学生进行参与、体验时，当我们的老师要成为课堂上的“配角”时，我们的教学质量还能保证吗？我们的优势又在哪里？

也正是因老师们普遍存在着这样的情绪，虽然校长、教学干部以及我们聘请的专家依次在全校范围内对大家进行了数次培训，但老师们大都处于等一等、看一看的状态。多数老师不敢改变、不愿改变，还有部分老师认同我们倡导的理念，但又不知如何在教学中进行落实、如何进行具体操作。“心智课堂”的推进遇到了很大困难，甚至可以说是陷入了僵局。

在这种情况下，我们对“心智课堂”的推进进行了深入的思考。

我们自问：为什么一定要推进“心智课堂”的建设？为什么一定要做出改变？从大处说，我们的社会生活正发生着翻天覆地的变化，人的可持续发展比任何时候都更受到关注、更显得重要，所以我们培养的学生一定是身体健康、人格健全、充满活力、具有自我发展能力的未来人，这样才能适应社会、适应生活，这是我们的责任；从小处说，日益开放的世界为每个人的发展提供了无限的可能性，成功与成才的标准变得多元而丰富，家长的注意力不再只集中于成绩的好坏，而是更关注孩子身心的健康愉悦、综合能力的提高，这是我们必须面对的。

那么，我们基于这样的原因进行改变的究竟是什么呢？仔细想想，其实我们的培养目标并没有变，“教书育人”不是本来就包含着身体的锻炼、情感的陶冶、良好习惯的养成、多方面能力的培养、意志品质的磨炼等许多方面吗？我们所要改变的其实是达到培养目标的过程和方法——具体来说，让我们的课堂多一些宽容、多一些欣赏、多一些愉悦、多一些和谐、多一些自主，在这样的氛围之下，使学生在品尝成长乐趣的过程中获得成长。

让我们的课堂多一些什么，也必然就会少一些什么——少一些说教、少一些严厉、少一些强制……可是，多年以来，这是我们很多人都已经习惯了的方式，在这“多”与“少”的变换之间，还要达到更好的教育效果，所以老师们会感到不适、会感到压力。

我们认识到，在现阶段，老师们存在着以上困惑和担心是非常正常的，这也从一个侧面说明，我们的老师有很强的责任心，把保证教学质量看作第一要务。因此，对于老师们的心态，我们要理解，对于“心智课堂”推进中的现状，我们必须要承认和接受，既然自上而下的理念宣讲效果有限，既然“齐步走”“一刀切”不可能实现，我们就要做出改变，调整工作思路。

经过一系列的思考、研究，我们明确了“自下而上”的“心智课堂”建设的整体推进思路：

1. 老师们不愿、不敢进行改变，主要是担心教学质量下滑，考试成绩受到影响，因此我们必须要通过实例让大家看到，“心智课堂”的建设不仅不会影响教学质量，还会使学生的能力得以提升，成绩得以提高；

2. 年龄大一些的老师凭借已有的方法和经验取得了很多成绩，因此对于“改变”顾虑较多；与之相反，年轻老师“拥有”的少，顾虑也少，因此改变起来更容易。所以，我们的推进工作要从年轻教师开始，用他们的改变去影响和督促其他人；

3. 学科带头人、骨干老师在学校有较强的影响力，其他老师在观望，看看他们做了没有，怎么做的，做得怎么样。因此，我们要让这部分老师走在“心智课堂”建设的前列，起到示范和引领的作用。

就这样，“心智课堂”推进工作首先从“点”上进行突破，开始了以点带面的探索。

第二节　以点带面，先期探索

“以点带面”的策略虽然确定下来，但是选择什么样的点，从哪里进行突破呢？经过研究，我们首先请六年级语文组、英语组这两个教研组围绕各自专题开展了“心智课堂”研究，进行先期探索。

六年级语文教研组、英语学科教研组是学校人数较多的两个教研组，而且老师们普遍具有比较强的教学、教研能力。于是，我们确定这两个教研组分别以“课上动笔”和“互动学习”为专题开展“心智课堂”研究。通过他们开展一些阶段性的实践与研究之后，让两个教研组在全校进行展示、汇报。他们在课堂教学中，要力求引导学生积极参与课堂学习，让学生在参与体验中感受到学习的快乐。在听课的过程中，要让很多老师从课堂上的变化感受到“心智课堂”给师生双方带来的有益变化，由此产生愿意尝试、敢于尝试、乐于尝试的愿望。

一、“动笔”起步，语文带动

心智课堂的核心是“在学生参与体验中激发主动学习的愿望”。六年级语文组的老师们经过反复研究，确定了“在学生动笔中，学习作者表达独特感受的方法”的研究专题，引导学生在阅读文章过程中，通过动笔练习体会作者的感受，在理解文章的同时，获得自身独特的感悟。老师们选择了“多人多课行为更进”式教研（即围绕同一个专题，由组内多位老师分别执教不同的课例），从而汇集集体智慧，提高研究质量，提高专业素养，提高教学效益。在此过程中，他们经历了三个发展阶段。

第一阶段：走进文本，学知识，习方法，学会与文字对话。

现今的小学语文教材文质兼美，内涵丰富，既是指导学生阅读学习的好文本，更是拓展学生写字、写作的好载体。而教师引领学生掌握圈点批画的方法是熟悉教材，读懂、读透文章，进而学会阅读和写作的行之有效的方法，因此，我们将研究的第一阶段定位在引导学生学会“圈点批画”这一基本的动笔能力训练上。

在研究的第一阶段，张焘老师上了《山中访友》一课。课上张老师比较关注的是学生动笔内容的选择、形式的变换、时间的安排、动笔的效果等几方面，同时也极力关注学生们课上的参与和动笔表现。

在执教《山中访友》第一课时，学生们预习初读了课文，学习了生字新词，并按照作者的写作顺序找到作者所拜访的朋友。同学们在初读时就发现文章运用了许多优美的句子，初步感受到了景物之美。课堂上，张老师引领学生找到自己喜欢的语句，说出喜欢的理由，并把自己喜欢的句子摘录下来，同时鼓励学生结合课文内容设计插图。学生对理解之前就摘录的学习方式感到新奇，他们谈“喜欢”的理由也是五花八门。这种“喜欢”是最朴素的，是第一印象的喜欢。按照张老师的要求，同学们静静地构思，按照自己的理解设计着插图，用彩笔在本上画下来。不一会儿，一拱石桥，一湾溪流，一朵云霞，一座远山，生于学生的笔端。这节课后，老师们发现学生很喜欢这种图文并茂的学习方式，表现得很积极、很投入。

在第二课时讲授“老桥”一段，学生已经学会抓住作者所运用的比喻、拟人的修辞手法写老桥：一个“站”字，感受到了老桥的忠贞；一个“弓”字，体会到了老桥的沧桑；一个“俯身”，感觉到了老桥的默默无闻；一个“凝望”，看出了老桥的不求回报，老桥“德高望重”的公仆形象矗立在眼前。学生抓住了写法，从而又抓住了关键的词语，抓住了难以理解的句子，最终感受到作者心中的情感，与作者产生了共鸣。

其间，老师认真倾听学生的发言，有错误的读音及时纠正，并让学生把正确的读音标注在书上。学生的发言积极、热烈，他们有感而发、畅所欲言，课堂上呈现出生生互动、思维碰撞的场面：你说的对我有启发，我说的有助于你的理解，老师的点拨使我茅塞顿开，或许别的同学的质疑使我又产生了新的思考。

这时，张老师教给学生补批的方法，就是在自己前期理解画批的基础之上，再进行补充批注，并切实指导学生补批了“无私奉献”“不求回报”“无怨无悔”这三个四字词语，使学生更好地理解了老桥的精神、品质、灵魂、性格。这三个词语就是从学生的发言中得来的，有的是学生理解中生成的词，有的是老师听了学生的发言，概括、提升的词，学生能按照老师提出的要求，正确、美观地写下来。

课堂研究后，老师们感到：思考是语文阅读的灵魂，做记号、写批注就是思考过程的再现，是不断理解、不断加深认识的思考过程，是分析归纳、综合能力得以提高的过程。因此，教师要引导学生在阅读课文时，把自己的独特感受用笔在文本中注上，成为阅读中一种“另类”表达。为此，教师要有意识地指导学生画出难以理解的地方，写出自己的困惑点，在学习时，学生带着问题听课，从而关注重点词语，破解难句，教学中的难点自然也就突破了。

在语文课堂上，教师要为学生创设参与体验的条件，可指导学生对重点词句、段落、课题进行批画，至于圈什么、画什么，让学生自主决定，尊重和倡导学生的个性化学习。学生既可以批画自己明白的，也可以画自己不懂的。在学生汇报交流中，学生们既可以表达同感，也可以发表不同的见解。

另外，教师也要教给学生补批的方法。老师深入浅出的讲解，同学发言的精彩之处，都可以引导学生补充在批注旁边，使学生认识到补批是学习过程中随时补充的重要环节，补批有助于他们深入地理解，使前期的画批更全面、更完善，这些都是很好的学习方法。教师还可以随堂进行语基小抽测、好词佳句的摘抄、名言警句的摘录等，引导学生在参与体验的过程中产生兴趣、自主选择，使学生真正意义上地“参与学习”，有时可用、有物可写、有法可循、有情可依。

总之，通过第一阶段的研究，老师们认识到，学生不是接受知识的容器，教师要在自己的课堂上为学生创造参与体验的条件，引导学生在参与体验的过程中产生兴趣、自主选择，变“要我学”为“我要学”，这样才能形成和提高探究能力和阅读能力。

第二阶段：走近作者，激情感，引共鸣，学会与作者对话。

小学语文课文中蕴含着丰富的人文情感，浓浓的意、款款的情、深深的理……这人文情感就蕴含在语言文字中。《语文新课程标准》(以下简称《新课标》)也明确提出：“阅读是作者、作品、读者这三个环节之间的一个互动过程，其中作品是媒介，是联系作者和读者之间的一个桥梁。作者以文字符号为形体表达自己的思想感情，读者则往往从已有的经验出发，通过对文本的解读触摸作者的灵魂，与其发生思想共振、情感共鸣。”所谓“情动于衷而发于笔”，表现了学生对文本的个性理解。因此，在研究的第二阶段，老师们把研究重点放在如何引导学生学会走近作者、关注情感、引发共鸣，学会与作者进行对话的目标上，将“动笔”的探索引申到“小练笔”阶段。

六年级组的老师们在十月份又继续进行了《怀念母亲》一课的研究。这是一篇情感真挚深沉、语言朴实细腻的文章，记述的是国学大师季羡林先生对母亲的情感。作为读者，总是能在一遍遍的阅读中被感动，并总是会有新的启迪，更深的感悟。

王玲老师在本节课中，引导学生重点体会作者那耐人寻味的情感——作者在字里行间传递着因为不能赡养母亲而终身地悔恨，因为对母亲真挚的爱而绵延不断地思念。他在思念中悔恨自己没能让母亲过上好日子，在悔恨中又寄托了深深的怀念。这样的情感是厚重的，是深沉的，也是区别于别的作家对母亲怀念时的情感状态的。经过组里老师反复研究后，王玲老师在这堂课上以课堂小练笔的形式促进学生更加深入地理解课文，体会季羡林的内心世界，加深理解第四自然段的悔恨之情，悟出这样的情感源于季羡林对母亲的爱。

课堂教学中，王玲老师首先设置了一个情境，引导学生展开想象，想象季羡林脑中出现的画面，想象他内心要对母亲说的话。这个课中练笔有两个目的：一是引导学生深入理解课文，感悟情感；二是通过写话的再创造，学习通过关键词句表情达意的方法。这就需要学生在头脑中浮现出具体而生动的情境，充分调动他自身的生活体验，融入他自己对母亲的情感，在对文本的补白拓展中去实践、去体验、去想象、去探究、去表达……在文本、学生、教师的交流对话中，实现以情生情的心潮相逐，以思引思的丝丝联结，从而水到渠成地让学生在补白拓展中感悟文本内在的情感，丰富和完善学生的精神境界，实现"语言"和"精神"的同构共生，"训练"和"感悟"的比翼双飞。

然而，学生如果没有积极的参与、高度集中的学习状态，是不会写出那么生动感人，甚至令人淌下热泪的文字的。所以，老师在课堂教学中努力营造情感氛围，用动情的语言，用创设的情境，用自己投入的教学来感染学生，使学生受到触动，获得感动，在心动教育中实现真、善、美的成长体验。

这堂课获得了很大的成功——学生受到了情感熏陶，懂得了母爱的可贵，更激发了用自己的笔表达对母亲真挚之爱的热情。

经过这次研究课以后，老师们对"心智课堂"的理解越来越深入了：语文教学就是要最大限度地调动学生的阅读体验和情感来悟文字、练文字，在语言的品读赏析中，在练笔的实践创作中，逐步提高自主阅读的能力，同时受到人格、道德等的熏陶和培养。学生的真情表达，就是作者的心灵与自己的心灵碰撞融合的过程，就是从作者的内心获得自身情感的熏陶和智慧的提升的过程。这样的学习体验过程，是自主阅读能力提高的过程，更是心智课堂所追求的目标。

有了一次次课堂实践研究的收获，老师们努力面向全体学生，从学生体验出发，从"动笔"学语文开始，让每一个学生都能在语文课堂上享受到快乐、愉悦和成功。

十一月份，刘靖怡老师又教授了《伯牙绝弦》一课。《伯牙绝弦》是学生们在小学阶段第二次接触文言文的学习。文章短小精悍，但是字字珠玑、内涵丰富，耐咀嚼、耐回味。《新课标》强调：语文教学要注意体现学科特点，体现年段特点。如何在本课教学中从文言文的角度把握文章特点，使学生乐于参与、有效参与呢？

在研究备课时，老师们务实地考虑到学生对于文言文中重点字的掌握是关键也是难点。于是在第二课时课始阶段安排了动笔小练习的尝试，以考查学生对于第一课时关键字意思的掌握。这一环节看似极其常态化，但是它的确是从学情和课情出发的考量。既对第一课时的学习进行了检查巩固，也为后面的学习奠定了基础。而且这是文言文教学中非常必要的手段，符合此类文章教学的特点。同时课堂上关注全体学生的参与，进行小组内评价和修改，并对学生易错的“擅长”和“善于”进行区分，以求化难为易，提高学生的古文阅读能力。

但《伯牙绝弦》这篇文言文“惜字如金”，字字“寄情寄景”，对于刚刚接触古代文言文的小学生来说，的确太难了。如何使学生阅读文本时不被文言文的生涩难住，还能感受到中华文化中“古文”的韵味和精妙呢？于是，刘老师设计由“峨峨”入手，品味词语意思，感受叠字的运用效果，进而通过朗读展开想象，体会意境。之后，学生根据“善哉，峨峨兮若江河”一句“学文法，试表达”，引领学生增加一些文言文的阅读体验，感受这篇课文特有的语言现象。

在第一阶段的研究后，老师们已经充分认识到：语文学科教材中所蕴含的人文情感就在语言文字之中，想让学生从书面符号中获取和转换信息，单凭教师的分析讲解是达不到最佳效果的。只有教师在语文课堂上，以自己饱满、深厚的情感引领学生阅读、理解、感悟、体验，进行有效的训练，才能够在激发孩子们内心情感的基础上，使他们与作者、编者、教者不断地交流、对接、碰撞，真正参与其中，体验和享受这种专注、和谐、宽松、愉悦的语文课堂氛围，学到知识、提高能力。

有了这样的认识，在教学《伯牙绝弦》一课时，刘老师没有早早进入撰写教案阶段，而是在不断地寻找资料、阅读文本，包括关于时代的，关于人物的，讲解正史的，杜撰传说的……努力使自己融入文本，感悟人物，体味情感。她希望能够以自己饱满、深厚的情感引领学生阅读、理解、感悟、体验。希望在自己的带领下，学生能进行一次真正有效的阅读，让孩子们直面文本、潜心会文，借助自身的生活经验和语言积淀去解读、去体验、去感悟、去揣摩。因此，课堂上安排的对于“核心概念——知音情”的体会，刘老师没有简单停留在肤浅的表层，而是依托语言资料引领学生层层深入地感知“知音”的真正内涵，体会课文表达的情感，将学生的理解和情感一点点“拉”向深入，以此激活孩子们的内心情感。从音乐到心灵，从有声到无声，使他们真正对于“何为知音”有了真切深入的理解。之后，刘老师顺学而导：“如果你是子期，弥留之际，想对伯牙说什么呢？如果你是伯牙，站在子期墓前又一次鼓琴，你会对子期说些什么呢?”学生选择其一，展开想象进行表达的训练。这样的动笔十分及时，学生有物可写、有法可循、有情可依，使学生实现了对于文中“核心概念”的理解和内化，同时受到了思想、文化的熏陶。

在整个学习的过程中，刘老师引领大家走进春秋时代，走近伯牙、子期身边，引导学生入境，仿佛亲闻二人心声的交流，亲闻回旋的袅袅琴音。在刘老师创设的情境下，学生唤起了对“何为知音”“知音生死相随”的情感体验，同时，老师要求学生写下自己的心得。这时，学生所书写的是自己最想表达的心声，每段文字都是滚烫的、鲜活的，所抒发的也都是自己最真挚的情感，这份情感是真挚的、催人泪下的。这时，课堂实现了学生在动笔中与作者、编者面对面、心贴心地对话。

刘靖怡老师讲授的《伯牙绝弦》这节课，又是一次成功体现“心智课堂”理念的课。在课上刘老师努力为学生创设参与体验的条件，通过读书、质疑、倾听、思考、交流、动笔、想象，力争让学生真正走近、再走近……在丰富的文字内涵里、在广阔的人文背景下、在澎湃的情感激荡中，变“要我学”为“我要学，我乐学”，使学生体验到作者丰富的内心世界，同时也丰富了自己的内心世界。

第三阶段：走进社会，拓视野，重体验，学会与社会对话。

学生是有待发展的未成年人，同时也是社会中人，是社会未来的公民。学校的教育使命是促进学生完成社会化的发展。今天的社会如一面多棱镜，反射出不同的视角，折射出不同的光彩。语文教师的重要使命就是要引领学生通过走进文本来了解社会，在一部部文学作品中，观芸芸众生，看平凡小事，品人生百态，逐步形成积极的人生态度和正确的价值观，进而为其今后走入社会奠定基础。

经过前两个阶段的行动研究后，老师们继续跟进，确立了第三阶段的研究内容和目标，通过“动笔”以及多种参与体验，引导学生在语文课堂上通过文本、通过动笔，走进社会，拓宽视野，学会与社会对话。

之后，六年级语文教研组依托“多人多课更进”的形式，围绕“在学生动笔中，学习作者表达独特感受的方法”这个共同专题进行深入研究。虽然老师们讲授的知识不同，但在专题的某一点或某几点上进行了横向联系，使整个教研活动形成了系列，不仅达到了整体提高的目的，而且最终形成了对学校“心智课堂”建设较为成熟的认识和理解。老师们对“心智课堂”又有了新的认识和感悟，即“需要”是学生“参与体验”的前提，而学生最终产生的“自我需求”则是研究的目标。进行“心智课堂”建设的研究就是要“以爱育爱，以智启智”。老师们在行为更进的研究中，在“心智课堂”的探索中不断成长、进步、前行……

可以说，六年级语文教研组关于“动笔”的研究，向“心智课堂”迈出了一小步，但也是非常关键的一步，它让全校教师看到了课堂的变化，也感受到“心智课堂”带给孩子们的成长。

二、紧扣“互动”，英语共研

英语学科的学习，最重要的是要让学生对于英语学习产生兴趣，让学生在语言交流过程中产生愉悦感，体会到交流的成功感和与他人合作的幸福感。而建立对英语的学习兴趣，对于一年级孩子来说更为重要，它不仅仅能为学生顺利进行英语学习建立基础，还能使学生在参与活动的过程中建立自信，形成良好的学习习惯。

基于这样的认识，一年级的英语老师们确立了“以互动激发学生英语学习兴趣”的课题研究，力图借助多种形式的互动活动，激发学生学习英语的兴趣，渗透英语思维的培养。

（一）开展系列教师培训

利用假期时间，英语组老师们针对学科英语的理念、学科英语的课程体系、学科英语的教学流程、学科英语的活动形式以及多媒体信息技术等方面进行了系统的学习。

之后，老师们针对不同的课型，进行了没有学生的“微格”课展示，一个人做老师，其他人作为学生配合老师上课。这样的微格展示生动有趣，老师们参与的积极性也非常高。看似很简单的互动模式，其实真正操作起来还是有一定难度的。几轮“微格”课培训之后，老师们的进步越来越大，还课堂给学生的主体意识也越来越强了。

开学后，老师们面对一年级所有学生做了有关英语技能及学习策略等方面的抽样前测，并针对前测结果进行了研究分析。在分析的基础上，老师们调整和修改了教学计划，最终确定了一年级学科英语的实施方案：全组教师都参与到一年级课题实施中，3 名有经验的学科英语的教师做授课教师，其他教师做 co-teacher(助教)。助教教师不仅要协助主教教师进行课堂管理，还要丰富课堂教学形式。也就是说，课堂上不仅仅有学生和多媒体课件的互动，还有两个老师之间的互动展示。助教还可以通过最直观的课堂观察学习课堂管理、课堂评价、教学流程等教学方法及策略，进一步提升自己的教学理念。

(二)开展学生互动参与体验实践

研究方案确立以后，老师们开始着手课堂实践。老师们首先进行了语音教学部分的探索，他们设计了很多可以互动参与的活动：

在语音的教授环节，学生不是通过教师的教授而获取知识，而是通过肢体语言学习字母，通过课件中小歌谣的演示体会字母的发音，并通过重复小歌谣练习字母发音。

在语音的操练环节，学生也不是通过机械的训练而学习，而是通过与多媒体互动游戏的方式操练。

老师们还设计了字母的表演环节：在学习字母的过程中，教师鼓励学生通过肢体语言表演出该字母，并鼓励两人或者四人一个小组创编新的表演方式。最有意思的是，老师们鼓励学生回家和家长配合表演字母，并将照片发到班级邮箱中和大家共享。这个活动激发了一年级小朋友的参与热情，初步培养了学生的展示能力。学生在小组合作中结识了新的朋友，学会了合作和分享；家长在和孩子活动的过程中，体会到了亲子的快乐；照片被大家分享的时候，小朋友们体会到了成功的喜悦，学会了分享和欣赏其他小朋友的作品，初步感受到要欣赏每一个“不同之处”，欣赏他人！

在语音故事的学习中，学生可以参与的活动就更加丰富了，不仅有多媒体互动的参与体验活动，而且随着学生语言的不断丰富，还开始增加了与同学之间小组合作交流的机会，创设了小组合作表演的交流活动。课件中开始逐步呈现出真实情境，学生在情境下表演，体会语言的真实运用。课下开始完成故事的演讲演示，录制成 DV，上传邮箱，在班级分享。

老师们还利用各种节日，尝试开展一些文化渗透的活动，进一步激发学生的学习兴趣。例如，10 月有西方的万圣节，老师们播放了万圣节的视频介绍，并教授了简单的万圣节歌曲，还在各班邮箱中上传了大量的万圣节的相关资源，并鼓励学生和家长一起完成南瓜灯的制作，并拍成照片，上传班级邮箱。在学校营造的氛围下，学生们参与积极性非常高。不仅如此，家长们也被调动起来了，一些一年级的家长还自发组织了一场万圣节的 party，学生们穿着各式各样的“服装”，兴高采烈地去志愿者的家中喊着“Trick or treat”……校外资源也被充分调动了起来，共同营造语言运用的氛围。

(三)学生在互动学习中快乐成长

经过一个学期的学科英语教学实践，一年级学生顺利完成了 Language Arts 主要内容和部分教学课程的学习。从学生的课堂行为表现、家庭作业以及期末的考核成绩来看，学生已经能够达到教学的基本目标，取得了一定的学习效果。在一学期的教学实践中，学生们不仅学习了新标准教材中规定的内容，还学习了 13 个字母的音形结合，能够正确认读字母，正确辨识字母的音和形；90%以上的学生能够进行整句输出，较为正确地运用关键句表述，并能够进行独立拼读 CVC 单词(即符合辅元辅发音规则的单词)，能够说出单词中发音的来源。最难能可贵的是，90%以上的学生能够进行独立阅读，并进行图文结合的形式理解。学生的语言综合运用能力得到了大幅度的提高。

此外，学生还学习了 14 篇阅读小故事，阅读故事的内容主要是语音的 Phonics Reading。为了培养学生的演讲演示能力，逐步树立学生的学习自信心，老师采取了录制阅读小文章视频的方式，全年级学生一个学期共提交视频数量约为 700 个。在视频的评比过程中可以看出，90%以上的学生能够读出文章的句子，能够较好地体现出独立拼读、独立阅读的学习效果，约有 10%的学生在读书的过程中需要老师和家长的引领和指导。这对于英语初学者来说是非常不容易的。

尽管一年级的学生有近一半没有学过英语，但是在全体老师的共同努力之下，老师们通过 Question & Answer 的形式，在故事课上引导学生进行图片的观察、描述和理解，因此学生对于图片描述的信息能够达到很好理解的程度。当老师说出某个句子时，学生可以正确找到对应的图片，针对观察和理解图片类的互动问题，如“What's this?”“What's that?”“What are they doing?”“Where are they?”“How many…”“Is it…”等，学生能够较好地理解，并且根据图片的信息做出正确回答。同时难得的是，部分学生能够就“Why”的问题进行思维方面的理解性的回答，尽管他们的词汇量很有限，但是他们养成了尝试用语言表达自己思想的习惯。这种习惯和意识正是老师们进行外语教学的目的所在。语言就是一种交流工具，语言的目的是传递思想，表达感情。学生在全英语的授课环境中，自然而然地培养出用英语表达自己想法的思维模式，最终不仅促进了学生语言的发展，也使得英语课程变单一的语言知识的教授为传递信息、获取信息、交流信息的交流平台。

学生刚刚离开幼儿园进入小学，规则意识仍处于逐渐建立和形成的阶段，因此在课堂互动中，学生在讲台上一般都表现出比较茫然和不知所措，大部分的情况下只是在重复老师的话。通过一个学期的课堂实践活动，通过每个老师各具特色的游戏互动活动，在老师的不断引领和指导下，约 80%的学生上台回答问题的时候能够主动有意识地站直、面向观众，声音洪亮地回答问题。在录制的英语视频中，学生们一次次的变化也是非常明显的：80%以上的学生能够面对镜头，面带微笑，自信地展示自己；有 40%的学生还能够和录制的家长或者老师进行互动性的问答活动。总之，通过一个学期的英语教学，学生不仅收获了英语知识，提高了语言表达能力，同时也提高了遵守规则的意识，提高了敢于表达自己、会表达自己的能力。在此过程中我们初步渗透了演讲演示能力，帮助学生建立起自信心，为学生形成良好健康的心理素质奠定了坚实的基础。

除了一些基本英语知识的获得、英语技能的提高，这些做法也大大激发了学生学习英语的兴趣，获得了学生和家长对于我校英语教学的认可。

在学生完成的作业纸上，家长留下了这样的话语：

“填写认真，粘贴细致，独立完成，喜欢英语。”

“Zack 说得很流畅，还讲了课堂上把 cat 当成 tiger 的事，说明老师课堂上讲的话他都听懂了，希望他继续加油！”

“孩子在学校完成了作业，回来说英语课非常有意思！好好学吧，加油！”

在英语作业纸上，为了提高孩子的自我调控能力，需要孩子画出自己做作业的开始时间和结束时间，并且用清楚的图标画出自己是独立完成还是在家长的帮助之下完成作业的。简单的做法在无形中培养了孩子自我管理的意识，得到了家长的大力认可：

“做英语作业还顺便学习了制表，一举两得！”

“老师好，今天的作业 Cici 独立完成，Cici 有进步与您的努力分不开，感谢您！”

在听完家长开放日的英语课后，家长在问卷调查上留下了这样的话：

“我感觉学习内容很活、很有趣，能满足孩子的好奇心。兴趣是最好的老师，孩子们很幸运，能够在刚开始学习英语时就碰上这样的好老师！”

看着学生在英语课上一张张可爱的笑脸，看着学生们下课拉着老师、舍不得让老师离开的场景，听着学生们说着“我喜欢英语课”的热情话语，老师们感到一个学期的努力没有白费。随着课题研究的不断深入，看着孩子们的不断进步，一些家长的担心——怕孩子听不懂、跟不上的顾虑也打消了。而这一切均源于老师们对“心智课堂”的探索，源于通过对互动的探索。学生建立起了对英语学科的兴趣。

(四)教师在研究中获得提升

在课题研究的过程中，老师们不断地反思学生喜欢英语课的原因——除了课程内容方面更加人文化、符合孩子的认知特点之外，老师在课堂上起到的作用也是非常关键的。在这样的英语课上，老师尊重和相信每个学生，给予学生充分的思考时间和操练时间，给予学生鼓励的话语和信任的目光。

随着一年级英语课题实验的逐步推进，老师们教育理念的改变就越来越明显，并且还将一年级的教学特色带到了其他年级的教学中。例如，二年级的张璐老师将演讲演示部分的要求带入了二年级的英语教学中。学生在表演前，要先站好，说：“Speak loudly！ Stand straight！ Keep smiling.”英语课给了学生更多的表演空间，并且在表演课本剧的过程中，老师还引导观看课本剧的学生进行多方面的评价，如声音是否洪亮，语音是否准确，表演是否明白等。教师在简单的课文表演中不仅关注了语言知识的学习，更关注了学生多方面能力的提高，学生在潜移默化中得到了能力的培养。

又如四年级的李莹老师，在研究的过程中发现了“鼓励”的作用，在四年级的英语课上也开始增加激励性语言的使用，并收到了很好的效果。

再如，老师们普遍制作了“英语课堂常规牌”，利用每节课一两分钟的时间，专门教授课堂常规用语，如：“Keep silent！ Eyes on me！ No Chinese！”学生学会之后，当出现纪律问题时，教师不是生硬地提醒某位学生坐好，而是以复习的方式说“class rule No. 2”，学生就一起说出相应的课堂常规用语，那么违反课堂常规的孩子就自然地坐好了。

随着课题的开展，组内老师研究的氛围越来越浓厚了，组内逐步形成了互帮、互学、互研的良好氛围，而正是这种氛围又进一步促进了教师对心智课堂的探索。一年级英语学科的“互动教学”研究，不仅让一年级英语组老师们感受到了心智课堂的魅力，更重要的是促进了教师理念的改变，并随之带来了整个英语教学课堂的改变。经过了一个学期的学科英语的教学研究，学生的兴趣被一步步激发，英语课堂逐步成为学生主动获取知识、获得能力、促进发展的乐学课堂。

以上两个教研组在研究中力求创设以学生的学习和发展为本的智慧课堂，使学生在参与体验中获得心智的发展。研究也促进了其他青年教师的专业发展，美术学科的贾晨申老师、数学学科的李丹老师都是青年教师中的佼佼者，她们在“心智课堂”的建设中积极实践，突出了学生的自主探究、参与体验。我们请她们在全校进行课堂教学展示，使老师们看到如何将学生的乐学与教学的实效性巧妙地结合起来。

一系列的展示与交流活动获得了良好的效果，使老师们对“心智课堂”有了直观的感受，消除了畏难、抵触的情绪。尤为可喜的是，这些在“心智课堂”建设中走在前列的老师们所教班级的学生成绩仍然保持在一个较高水平，甚至有了进一步的提升。成绩最为突出的是六年级语文教研组，在全区的统一监控中，全区四千余名学生中只有七名满分，而我校两百余名同学中就有三名，产生了小小的“轰动”效应。这也使很多老师打消了担心教学质量下滑的顾虑，投入到了“心智课堂”建设的队伍中。

第三节 全面更进，示范引领

确实如我们所预期的那样，“以点带面”的研究方式拉近了老师们与“心智课堂”的距离，促使他们开始与“心智课堂”有了更多的“亲密接触”。我们也顺势依托“行为更进”校本教研形式，借助骨干展示、学科例会等时机，组织老师们进行教学研究实践，使“心智课堂”的理念一点一滴地浸润到老师们的心中。

一、“更进研究”，全面探索

在“心智课堂”建设的过程中，“行为更进”式校本研修策略依然是我们以教研组为单位进行研究的主要形式。

这种“更进”的教学研究方式旨在“更”的过程中带动教师的思考，改进教与学的方式，优化教学的行为。每个教研组围绕本组子专题进行的这一次次的“更进”过程，是学生学习方式的优化过程，更是老师们不断思考、不断转变教学观念、落实“心智课堂”理念的过程。

无论是“一人多更”还是“多人多更”的形式，我们的“更进”强调的都是教研团队的相互引领，整体提高，最大限度地整合资源，达到同一教研组之间、不同教研组之间、不同学科之间的相互沟通，挖掘各科教师的潜能，以营造良好的教研氛围为手段，达到以研促教、以研促思、互相学习、共同进步的目的，也正因为如此，“行为更进”式校本研修形式有力地推动了“心智课堂”在全学科、全体老师中的落实。

在六年级语文、一年级英语以及美术组以点带面的引领下，各个学科都开始对心智课堂进行了以行为更进为依托的全面校本教研探索。

(一)探索“动手操作”研究的数学组

数学教研组围绕着“通过训练学生动手操作，培养学生自主学习能力”这一专题，以二年级《找规律》一课为内容，采取“一人多更”的模式进行研究，努力达“到营造愉悦的课堂氛围，在使学生认识循环排列规律的同时，在动手操作的过程中，积极动脑、动手、动口，享受自主探索的快乐和成功感，提高自主学习能力”的目的。

《找规律》是二年级下册教材中的教学难点，与一年级下册的教材相比，《找规律》最大的变化就是图形的排列呈现形状和颜色的循环变化。对于循环排列这一规律，大部分学生还是比较陌生的。特别是用语言来表述这一规律，对于学生来说更是比较困难。因此，在这节课的教学中，老师们采用现代信息技术手段，用动画演示，将每一种图形的每一次移动过程都清晰地呈现出来，帮助学生建立模型，从而突破难点，为后面的学习奠定基础。

此外，这节课还注重让学生通过动手操作，如给地毯涂颜色等活动，帮助学生巩固所学知识，应用所学规律解决生活实际问题，让学生亲身经历“学数学，用数学”的过程，感受数学与实际生活的密切联系，同时体验学习所带来的成功感，激发学生的积极性，促进学生主动学习。

这节课活动性和探究性比较强，同时内容与实际生活联系紧密。为了更好地激发学生的学习兴趣，使学生积极主动地投入新课的学习当中，执教的李丹老师创设了“六一”儿童节带同学们参观羊村的情境。

第一次“更进”之后，老师们肯定了以下优点：

* 教学内容层次清晰；
* 练习设计有梯度；
* 以喜羊羊的教学情境引入，激发学生学习兴趣。

同时，也指出了以下不足：

* 学生不会用自己的语言准确描述规律，对于图形、方向等描述不准确，机械模仿、重复老师的语言；
* 情境设置未能贯穿始终，学生学习兴趣不高；
* 动手操作给地毯涂色环节，花费时间长，以至于后面的练习没时间讲完。

针对第一次“更进”中出现的问题，在进行了认真思考的基础上，老师们将教学设计做了如下修改：

* 更换教学情境，引入同学们喜爱但并不常被使用的卡通形象，给学生新鲜感，注意将情境贯穿始终，形成完整的故事情节，吸引学生的注意力，激发学生的学习兴趣；
* 从学生的日常生活经验中挑选出应用循环排列规律的具体事例，通过“排队玩游戏”的环节让学生更加形象地感知规律；
* 动手给地毯涂色环节改成了贴彩色小纸片的形式，在节省时间的同时使小组合作的作用发挥得更加充分。

在第二次“更进”的教学改进中，老师们的建议收到了效果：

* 以学生们喜爱的卡通形象“图图”引入，情境创设贯穿始终，学生积极性高；
* 利用排队演示循环排列规律，更加形象生动，贴近学生生活实际；
* 情境创设以故事形式呈现，吸引学生注意力，激发学生学习积极性。

但是，老师们又发现了新的不足：

* 在排队表演环节，学生感受充分，但语言表达仍不确切；
* 在探究循环排列规律的环节，教师的课件演示滞后，有些浪费时间；
* 人物对话形式以文字形式呈现，不够生动；
* “图图”新家内景图片有些陈旧，不新颖。

为了更好地激发学生的学习兴趣，创设和谐愉悦的课堂氛围，让孩子的心智在课堂上得以充分的发展，老师们在“三更”前又重新设计了教学情境：在新课引入环节设计了“图图”搬新家的情节，配以美丽的图片，让学生真切地感受到新家的环境之美，给学生以美的享受，使学生仿佛置身于真实情境中，进而自然地引导学生仔细观察绿地上的花朵，并找出花朵的规律，也就是“三朵黄花、三朵红花重复出现”，帮助学生回顾一年级所学知识，为学习新课做好铺垫。

将文字形式的对话，改成录音形式，使效果更加生动，更具有吸引力。

在小结排队环节时，配上幻灯片的演示就可以使排队的过程更加清晰地呈现出来，让学生真正体会到“循环”的含义。

在学生动手涂色环节，加入背景音乐。

第三次的“更进”改进效果明显：

* 用幻灯片演示排队过程后，呈现的效果更加清晰。在此也突出了循环排列时，物体种类、颜色、大小等不变的特点，学生对循环排列规律的理解更加深刻；

* 在给每个人物都配音后，整个故事情节显得更加生动、逼真，学生充满了兴趣，学习积极性高；

* “图图”新家的图片修改后，屋内的陈设整齐并富有美感，给学生以审美享受，引发其探索欲望；

* 学生在优美的音乐中快乐地学习，感受轻松愉悦的课堂氛围，体会“心智课堂”带来的愉悦感受。

在经过多次修改教学设计和试讲之后，最终，执教的李丹老师比较顺利地完成了最后的更进展示课，教研组的老师们也对“心智课堂”有了进一步的思考、感悟。

在本课中，老师抓住了学生喜欢卡通人物“图图”这一心理特点，创设了图图和小伙伴们一起排队投篮球的情境，生动、有趣味性，并且与学生的实际生活经验息息相关，一下子激活了学生的思维，效果很好。这让老师们认识到，情境的创设从学生的生活经验和已有知识出发，易于激发学生的学习兴趣。

从观察图图和小朋友们排队开始，再到后来的观察图图新家的墙纸图案，教师注重引导学生从不同的角度去观察，充分发散了学生的思维。教师给学生充足的动手操作的时间，先是自主思考，体会探究；后是组内合作、共同操作探究，教师不仅让学生充分交流，而且引导学生规范数学语言。教师的主导与组织、引导作用得到生动体现，学生自主探究的愿望与能力得到了提高。这让老师们认识到，将探究发现与动手操作合理结合，有利于促进学生自主学习。

在这节课中，美丽的鲜花、漂亮的房间、优美的钢琴曲……为学生营造了轻松愉悦的氛围。欣赏美、感受美的同时陶冶了学生的情操，引发了学生用所学循环排列规律，创造美的强烈欲望。学生在动手操作中学到数学知识，在玩中体验了数学的价值，通过观察、猜测、验证、讨论交流、动手操作的全过程，一步步走近“循环排列”。学生在玩的过程中，学到数学知识；在积极的动脑思考中，促进了思维能力的提高，完全处于积极主动地学数学的状态。这让老师们体会到，“心智课堂”是要让学生做学习的主人，要让学生带着对知识的渴望积极地投身于学习的活动当中，不仅要让学生在智力上得到发展，同时也要使学生的身心得到愉悦。

本次数学组更进课的教学，让学生在“玩中学”“做中学”，使学生在动手操作、动脑思考的过程中学到了知识，促进了思维能力的提高，同时又使学生充分感受到数学的价值，对学习数学产生了浓厚的兴趣，感受到学习给自己带来的乐趣。另外，持续两个多星期的更进课研讨，也使数学组的老师们进一步明确了如何创设“心智课堂”，明确了今后的努力方向。

(二)体会“因材施教”的体育组

体育教育组的“因材施教”课堂研究是由主管科任学科的勾彦芳主任的一次随堂听课引发的。

在一次随堂听课中，一个现象引起了勾彦芳主任的关注与思考。

李老师上的是一节跳箱课，学生要完成跳上成跪撑并跳下的动作。这是学生喜欢的技巧课，学生学习的积极性很高，但是教学内容难度大，学生完成动作情况参差不齐。在老师的讲解示范引领下，有些学生身轻如燕，迅速掌握了动作要领，越跳越起劲儿。但是，有的学生一跑到跳箱前就停下，不敢尝试着跳上跳箱，有的学生即使完成了跳上成跪撑的动作，也是战战兢兢没有勇气从上面跳下来。这些孩子面露难色、神情紧张，李老师更是忙前忙后，扶了这个搀那个，累得满头汗水。

韩老师上的是一节足球课，课上教师引导学生学习了脚内侧传球的方法。临下课前老师设计了“过网球”的游戏，用掷界外球的方法将球抛到对方场地内，结束后场地球少的一方获胜。游戏开始了，只见有的孩子看到自己的球远远地落在对方场地里，高兴得手舞足蹈，但是有些身体素质较弱的孩子连续几次都抛不过网，几番尝试后垂头丧气地蹲在地上不抛了。

看到这样的情景，我想起了《论语》中的一个小故事。一次，子路和冉有向孔子请教：“一个人想办一件事，能否马上动手？”孔子回答子路说：“你父兄健在，怎能不先问问他们呢？”而对冉有则说：“应该马上去做！”学生公西华觉得奇怪，就问为何一个问题有两种回答。孔子说：“冉有遇事犹豫不决，就鼓励他果断；而子路好胜急躁，则要他多方考虑，避免草率。”这个故事让我想到了“因材施教”。由于我们老师没有考虑到学生的个体差异，无形中加重了教师及学生的负担，如此这般，学生无法在宽松愉悦的氛围中，在自己的能力范围之内轻松地完成学习任务，获得学习成就感。教师自然也难以在课堂上分享教学相长的愉悦，体验到成功的快乐，随着时间的流逝，漠然与倦怠就会接踵而来。这就背离了学校心智课堂的理念。

想到此，我及时与体育教研组组长谷老师及我们的体育顾问孙老师进行沟通交流，想针对老师们课堂教学中共同存在的问题，组织一次教研活动，既解决老师们教学中的实际问题，又可以在研究的过程中，引发教师教育观念的转变，努力创建和谐愉悦的学习氛围，激发学生自主学习的动机，推进体育学科心智课堂建设。

（勾彦芳　《教学管理反思》）

于是，在勾彦芳主任的推动下，体育组开始了四个环节的教研探索：

第一环节为课堂教学反思，请两位上课的教师进行课堂教学的反思。然后组内老师进行研讨、分析，针对这两节课教学目标的制定、教学过程的实施中是否落实了心智课堂的理念进行了探讨。

第二环节为理论学习，教研组成员分头进行相关理论学习，查找资料。

第三环节为再次研讨，提出自己的想法及合理的建议。讨论中老师们纷纷谈道：

——心智课堂就是能拉近学生与教材的距离，把课上到学生心里的课堂。在体育教学过程中，教师要尽可能地设置一些情境或组织一些竞赛活动，同伴合作，克服困难，达成目标。这一短暂的过程其实就是一个开启学生心智的过程，是师生共同拥有、共同努力、共同享受的成功的过程。

——体育教学是一个思维活动与体力活动相结合的过程，它通过多种多样的身体练习，使学生掌握运动技能，从而完成教学任务。然而学生的身体素质存在着明显的差异，如果没有考虑到学生身体素质的个体差异，没有按照学生身体素质的个体差异设计教学内容，势必造成部分学生“吃不饱”、部分学生“吃不消”的现象，从而达不到教学的目标。

——教学目标的制定不能一个标准，要根据不同层次的学生分层制定目标，设置不同程度的障碍，提高或降低动作难度，使各层次的学生通过一定的努力都能完成任务，获得成功的体验。如“过网球”游戏，可以设置不同高度的网子，跳箱可以为素质较差的学生降低高度。

——教师备课要备教材，更主要的是备学生。既要有让每个学生都有学好技能的信心，又要考虑学生先天性素质存在差异，后天受到的影响也不同，这种差别的结果必然反映为学生在学习兴趣和动机、学习风格和能力、学习方法和习惯等方面的个体差异。因此我们要做到分层次、分能力地个别差异教学。要明确自己所教的学生哪些是学困生，哪些是中等生，哪些是优等生，分别安排什么样的练习内容，设置什么样的学习目标才能满足他们的需求，提前考虑周到。教师必须注重练习过程，让学生在活动中，发展身心、培养兴趣，分享成功带来的喜悦。

通过老师们的发言可以看到，老师们新的教学观念在逐步确立起来。

第四环节为实践研究，二次呈现。由两位老师根据大家的研讨修改教学设计，再次授课，将大家的研究成果在课堂上呈现。李老师在跳箱教学中，在个别有困难的学生训练时把跳箱换成了体操垫；韩老师在课上引导部分身体素质较弱的学生自己调整与网绳间的距离。

两位老师在此次课后反思中感悟道：我们在教学内容的选择和教学方法的运用方面，必须结合学生的身心特点，不断创新，对教材难度处理要把握好，对大多数学生要让他们经过努力可以达到目标，也就是我们常说的“跳起来就能够得着”。对个别学生应适当降低难度，降低对他们的要求，消除学生的恐惧感、挫败感，使他们也可以像其他学生一样体验到成功的喜悦。

其实此次教研活动萌芽于一次普通的随堂听课。活动虽已结束，但老师们的研究却一直在继续。“实践—研讨—学习—再研讨—再实践”的过程，让每个老师都是一个参与者，通过学习讨论都有了自己的思考，然后再进行课堂教学实践。这样大家也感受到一节课不是一位老师的课，而成了大家的课，有对比，有期待，也就多了一些反思、调整、再实践、再反思、再调整，形成良好的循环。这样的交流才是有效的。

一次主题教研活动让我们收获颇多，既有对教学深入研究之后的收获，也有对教研活动如何有效开展的感悟。“心智课堂”的研究，让老师们意识到了自己教学中的不足，开始在教育教学中尝试新的方法。自此，新的教育理念被迅速推广到教学第一线，使我们的教育教学生机勃勃，充满活力。

(三)探索“积极评价”的英语组

在对一年级英语开展“以互动促进学生英语兴趣提升”的研究之后，英语组的老师们又开始针对学生两极分化明显，部分学生不敢说、不爱说的情况，开展了以“课堂评价”为切入点，引导老师在“如何激励学生参与课堂活动”方面进行了思考和实践。其中，围绕“英语记分牌使用”的更进研究成为突出的亮点。

“英语记分牌”使用的目的是激发学生的全员参与，从而营造和谐氛围。开始在课堂上使用的功能主要进行常规的小组评价，以在黑板上画小星来进行课堂的评比。但是这样一来，有些孩子觉得并不公平，因为在课上可能爱举手的孩子会被叫多次。于是，老师们就又想到了一个办法：尝试用计次卡——让学生们每个人准备5个小卡片，分别在卡片上写好1～5的阿拉伯数字。每次课上，孩子们就将小卡片扣在桌子上，每回答一个问题就翻开一个，直到回答过5个问题、翻开5个小奖票就可以得到一个小贴画作为本节课回答问题多的奖励。

在计次卡运用的几节课中，老师们发现课堂上孩子们积极举手发言的多了，参与度和参与面也扩大了，而且大多数学生可以“坐住了”，这使得我们感到颇为高兴，毕竟学生们能够更积极主动地将注意力集中到课堂上来，同时也提高了课堂的时效性。孩子们能够及时地表达自己的想法，能够积极回答问题，课堂气氛顿时活跃了不少，可以明显感觉到他们很喜欢上英语课。

然而就在为学生们的表现颇感欣慰的时候，老师们又发现了新的问题：每个班都有学生在玩儿计次卡。这让老师们不得不再想办法，进行改进，以便改变学生们玩儿计次卡的状况。

就这样老师们又进行了第二次尝试，让孩子们将姓名卡进行更改：孩子们每个人回家准备一个台历，在每一页台历的背面贴上自己的名字，共贴5页，并且在名字的旁边写好数字。每页写一个，从1写到5。这样在课上，每次回答完问题学生可以翻开一次，教师就可以清晰地看到学生回答问题的次数，也就能更好地把控课堂，同时也不会出现一人多次的情况了。学生们上课回答问题的人数明显又增多了，并且计次卡也激起了他们争得荣誉的积极性，培养了孩子们的自信心。

改进后的计次卡在课堂上的应用是非常有效的。因为孩子们已经开始全体总动员地参与到课堂中了，个别内向胆小的孩子也能够从中得到训练，开始敢于说话了。小组评价中偶尔的“不公平”也渐渐减少了，甚至没有了，课堂气氛更和谐了，这着实让老师们欣喜了很久。

但是在尝试了几次之后，授课教师发现计次卡还是存有着问题。在课上，学生发言后虽然翻开了计次卡，教师可以很清楚地看到学生回答问题的情况，但是面对他们自己那面的台历还是各式各样的花色，他们自己并不能很清晰地知道自己回答问题的次数，不能及时起到自我暗示和鼓励的作用。

于是，组里的老师再次商量研讨，把计次卡每页分成两部分，在三分之二的部分写上姓名，在三分之一的部分剪开后让学生在正反面均写清次数。这样翻开的时候师生就都可以很清晰地知道回答问题的次数，也方便教师评价。对于比较内向胆小的孩子，可以由5次换一个小贴花变为3次，因为对于他们来说回答5次可能相对困难，而且每个班的学生人数都很多，回答5次确实不太容易。

这次针对“英语计分牌”的更进教研看似结束了，但是它引发了老师们对于教学评价的重视，在分享经验和理论学习的过程中，老师们的教育观念得到了提升，而采取的多元化的评价手段也成了我们推进“心智课堂”的重要途径。

总之，围绕“心智课堂”建设，依托“行为更进”校本研修策略，我们开展了一系列与教学实际紧密结合的教研活动，使老师们感受到参与教研的过程是解决教学实际问题的过程，是提高自己专业能力的过程。老师们参与研讨、投身于“心智课堂”建设的积极性更高，研究欲望更加强烈了。

二、骨干展示，示范引领

在“心智课堂”的研究与实践中，老师们虽然对心智课堂逐步加深了理解，行为更进式的校本教研也开展得如火如荼，但是，教师们还是存有许多困惑、问题。如何进一步引领教师？骨干教师自然进入我们的视野，发挥骨干教师的示范引领作用，将“心智课堂”建设引向深入。

王雪莹、李颖、李莉老师都是区级、校级的教学骨干，我们请她们做“心智课堂”引领示范课，并聘请专家对她们的课堂教学情况进行分析点评，使老师们知其精彩，也知其为何精彩，从中有所悟、有所得。

(一)快乐游戏，快乐习作

作为一名中年级的语文老师，李颖老师在自己的课堂中不断探索，努力让学生在课堂上感受到快乐，对语文学习产生兴趣。针对刚刚从低年级升入中年级的三年级学生普遍存在的习作有困难的情况，她大胆尝试，上了一节游戏式的习作指导课《斗牛》。

游戏，本身就易于被学生接受，是学生们喜闻乐见的活动方式。在大的教学方向确定后，李颖老师对教学进行了精心设计。

游戏不能“傻玩儿”

在这节指导课上，我设计了两次游戏，但是两次游戏的目的是不同的：第一次游戏目的是激发学生观察与习作的兴趣，初步指导观察，让学生知道从什么角度进行观察；第二次游戏目的是指导学生重点观察人物动作，将游戏过程写具体。可以说，教案体现了我的设计初衷——体现坡度。

在课上，学生时时发出阵阵欢笑声：做游戏的学生全神贯注，生怕出现一丝纰漏，被对方抢占先机；看游戏的学生瞪大眼睛、聚精会神，不愿意错过每一个细节。有的学生不停地进行“现场指导”，有的同学为朋友的疏漏感到“痛心疾首”，还有的学生被游戏同学滑稽的动作逗得哈哈大笑……在这样轻松、快乐的氛围中，孩子们甚至忘记了自己是在上习作课，他们完全被感染了。出乎我意料的是，在进行交流时，学生说得头头是道，不仅情节概括得准确，用词也非常严谨。

为了让学生完全不受习作的束缚，我以“将自己快乐的感受与家长进行分享”为由，让学生写下游戏的过程。嘿！小家伙们听到我的“号令”后奋笔疾书，一会儿就洋洋洒洒写了一大篇作文。我是看在眼中，喜上心头——这不正是我所期待的吗！这不正是“心智课堂”所倡导的吗！

课外积累巧运用，取长补短见成效

批阅三年级学生的习作，我经常会感到他们词汇量匮乏，文章不够生动。其实，学生不是不想写生动，而是不知道怎样写生动。作为老师，为学生扫清障碍、铺平道路是我们义不容辞的责任。

平时，我非常鼓励学生进行课外阅读。结合学校开展的多项读书活动，我不仅为学生做好了动员与指导，更主要的是我在学生阅读后为他们提供了很多展示与交流的机会，让他们在畅所欲言的同时感受到他人语言的精妙，在受到感染的同时产生自己创作的欲望。

在指导《斗牛》时，我为了丰富学生的语言，同时降低习作的难度，通过幻灯片为他们提供了很多俗语、四字词语等。另外，我随机将学生用得好的动词进行板书，供大家进行借鉴。事实证明，我的做法学生很喜欢，在课堂上，大家用词准确、巧妙，给文章增色的同时再一次被我国博大精深的语言文化所深深感染与折服。

一节课虽然结束了，但是对“心智课堂”的探索远没有结束。在今后的语文教学，特别是习作教学中，我会不断研究与探索，让学生在“心智课堂”中不断进步，不断充实，让语文学习成为他们最大的乐趣！

（李颖　习作指导课《斗牛》课后反思）

这次尝试应该说是非常成功的，在课后交流的环节，不止一位老师谈到，这节课带给自己的最大启发在于：无论是习作教学还是其他课型的教学，都应该找到学生的兴趣点，努力创设愉悦的课堂氛围，让学生在笑声中习得方法。其实，这也正是我们的心智课堂所倡导的理念啊！

（二）让轴对称图形变得有趣起来

在一节关于对称轴的数学课上，很多学生发现，图形至少旋转多少度能与原图形重合的度数好像每次都和360度除以边数的结果相同，于是下课就来问老师：“这中间会不会有规律，会不会和边数、对称轴条数有关？”学生表现出的问题意识让李莉老师眼前一亮——如果研究的问题是孩子们自己提出来的，也就有了研究的动力。既然学生有这样的需求，不妨专门用一节课的时间讨论，这样处理不仅对学生的能力是一次很好的锻炼，更重要的是保护和激发了孩子们的好奇心、求知欲。

我觉得教师应该考虑是教会学生知识，还是教会学生思考。在设计课时，我想既然是学生提出的问题，那我干脆就把课堂交给学生，让他们自己去探究。

在这节课中我鼓励学生大胆猜测，让学生猜旋转的度数可能和什么有关。学生有刚才动手操作的基础，一般猜测和边数、对称轴数量有关系。这说明学生在动手操作中真是仔细观察了，有一定的数感。在此基础上我又出示了要求：小组合作看懂两个表格，集体讨论如何填表；把刚才的六种图形名称及相应数据填在表中，并进行研究。

当填到表格中"你发现了什么"这一项时，学生们遇到了困难，有的没有发现规律，所以陷入了僵局；有的小组采取了先做第二个表的方法。第二个表填写比较顺利，很多学生都发现了360度除以对称轴数量这一规律，这时再回过头来思考第一个表，有些学生就把六个图形进行了分类——正多边形和非正多边形，从而找到了360度除以边数这一规律。这一过程中可以看出学生在思考、讨论、交流，当遇到困难时深入分析，互相启发，必要时请老师帮助。

最后的判断、填空、选择三道练习使规律得到了应用，整个过程中猜测—填表验证—总结规律—实际应用，环节清楚，目的明确。学生的自主探究能力得到了提高。

心智课堂应是积极、主动、愉悦、和谐的。在整节课中，学生的活动有很多。有复习反馈，有两人小组的动手操作，有上实物投影前展示，有四人小组填表讨论、发现规律，有汇报交流，有练习反思。他们体验到了从困惑到豁然开朗，感受到了成功的喜悦，经历了整个研究的过程后，有极大的成就感、满足感，心情愉悦。尤其在做最后一题，出现一个心形时，他们再也抑制不住喜悦的心情，高兴地叫出了声。

整节课虽然节奏很快、很充实，但学生丝毫没有疲惫的感觉，相反感叹时间过得真快，意犹未尽，下课还围着老师说自己又有了新发现。在一节课中能够有五分之三的时间都是学生的活动，使这个课堂是学生的课堂，是学生思考的课堂，是学生自主探究的课堂，充分感受到学生是学习的主人。

（李莉　数学课《有趣的对称轴》课后反思）

要在心智课堂上发展学生的智慧，教师首先要有智慧。讲什么，如何讲，采用什么方法讲……这体现了教师的智慧。善于抓住一切机会，发现和培养学生的自主探究意识和能力，这样的课堂就是我们要打造的心智课堂。李莉老师的课堂就是这样的课堂。

（三）动心、动脑、动手，“生”动心智课堂

学生们认真地听，认真地模仿老师，老师做什么，他们也跟着做什么，这样的课虽然学生也是学有所获，但在心智课堂建设的背景之下，老师们开始更多地思考：该怎样创设条件，给学生更多的空间去动心感悟、动脑思索、动手尝试，使学生自发地学习，自主地思考，真正成为课堂的主人呢？美术学科王雪莹老师教授的骨干展示课为大家做出了示范。

考虑到二年级学生年龄比较小，达到巧妙选用小花猫姿态，创编有趣故事情节，表现生动画面的教学目标有一定难度，王老师尝试着设计、制作PPT课件，借助这一辅助手段激发学生兴趣和能动性，上出一节既快乐又有具实效的美术课。

调动多感官体验，激趣、乐试、敢表现

小花猫睡觉时的姿态多种多样，如何引导学生发现并记忆呢？我在设计和制作课件时减掉了动作复杂、不易模仿的图片，只留下五张图片，并变逐张播放的形式为在同一张幻灯片上陆续出现图片的形式。与以往上课的情况相比，能够主动模仿小花猫动作的学生多了，有的将桌子当道具，趴在桌上，垂下手臂和腿；有的扭着身体将手搭在椅背上，头歪在手臂上；还有的蹲在地上倚住椅子，头向下垂……看着学生模仿出多种多样的姿态，我与他们一起开心地笑着，加深着对小花猫动态的认识。接下来，学生们用笔快速记录下来的小花猫动态果然带给我惊喜，在他们的画面上小花猫的睡姿各不相同，生动有趣。

这件事再一次印证了，PPT课件中资源丰富固然好，但只有教师根据学生年龄特征和心理特点进行恰当地选择，才能效果佳。

设计动画巧展示，激趣、拓思、添姿彩

PPT课件中的动画演示功能运用恰当，能起到事半功倍的作用。在《小花猫在睡觉》一课中，为了启发学生构思不同的故事情节，拓宽学生的思路，我设计了一只猫睡觉并配合不同环境的动画。

当学生看到老师像变魔术似的替换小花猫睡觉的环境后，觉得很有趣，并且忍不住猜测：老师课件中的小花猫还会在哪儿睡觉？在床上？书架上？洗手池？树桩上？汽车顶上？……就这样，学生的思维之门被这个小小的动画打开了。

有了丰富的创意和构思，如何才能表现得更有特色，彰显学生的个性呢？我尝试引导学生感受三种不同的构图，一是较为普通的画面构图；二是突出小花猫形象，将它作为主体表现的画面；三是小花猫睡着后其他小动物出来活动，小花猫作为衬托的构图。以往静态的图片对比虽然直观，却没有趣味性。所以，我选用自定义中"放大/缩小"效果，通过点击按钮，小花猫形象改变大小，学生觉得很新奇、有趣，所以在作业表现时一改往日一只大猫占据主要画面的现象。

（王雪莹　美术课《小花猫在睡觉》课后反思）

听完《小花猫在睡觉》一课后，很多老师为学生们呈现的一幅幅充满个性和创意的画面而兴奋。他们在教学感悟中写道：

"在构建心智课堂方面投入更多精力去开发、去尝试，为学生动心、动脑、动手创设条件，我们都可以营造出越来越美好的课堂，这也成为越来越多的老师的共识。"

借助骨干教师的示范引领以及课后的专家点评，老师们对如何将"心智课堂"的理念落实到自己的课堂教学中有了感性的认识，进而开始反思和改进自己的教学行为。就这样，老师们离"心智课堂"又走近了一些。

第四节　依托活动，全面提升

经过了"以点带面"的前期探索、"行为更进、全面推进"以及骨干教师的示范引领之后，"心智课堂"理念与日常教学方式已经逐渐为老师们所接受、所熟知。为了进一步提升老师们的认识、理解，我们借助校、区各级教学活动的契机，为不同年级组、不同学科的老师创设实践、研讨的平台，力求全面提升老师们对“心智课堂”理念的理解、认识，使之真正走进每一位老师的内心，与日常的教学实践紧密结合。

一、深化传统，出台新标

两年一次的“鸿翔杯”是我们学校的传统教学活动。我们抓住这一契机，组织全体老师通过教案撰写、教学比赛、网上研讨等环节，围绕“心智课堂”建设进行更为全面、深入的思考、实践与研究，真正使每一位老师走进心智课堂、亲近心智课堂、建设新心智课堂。在历时两个多月的第七届“鸿翔杯”中，围绕着“心智课堂建设”这一主题，不仅有40岁以下的青年教师走上讲台参赛，还有已经进入不惑之年的骨干教师执教引领课，而几位刚刚入职、尚在见习期的老师也展示了自己的风采；我们不仅围绕“心智课堂建设”这一主题进行了教案撰写、课堂教学展示，还进行了网上研讨、教研组研讨、学科专题总结等一系列活动。全员参与其中、内容层层深入、实践与思考结合，是第七届“鸿翔杯”教学展示活动的鲜明特点。

在“心智课堂”建设的推进过程中，我们逐渐体会到，要想让老师们真正在自己的课堂教学中体现和落实心智课堂的理念，就必须要有相应的“心智课堂”评价标准。评价标准的条目越清楚、指向性越明确，就越有利于老师们在课堂实践中“按章做事”，把宏观的理念变为具体的教学行为，这样，“心智课堂”的建设才能落在实处。因此，在“鸿翔杯”活动中，我们的研讨不仅涉及展示课的教学情况，还组织老师们对照教导处制定的《心智课堂教学评价表》，在听课、议课的过程中对其做出了细化、修改、完善。在这个过程中，老师们对“心智课堂”的内涵有了更为深入的理解，对于如何落实“心智课堂”也有了更加具体、有操作性的指标。

《“心智课堂”教学评价表》的研究与诞生

长期以来，我们和绝大多数学校一样，在进行课堂教学评价的时候，使用的都是区教研室下发的《课堂教学评价表》(虽然各学科的《课堂教学评价表》在具体条目、表述上略有不同，但整体结构、框架都是一样的)。因此，在设计《“心智课堂”教学评价表》时，我们首先想到的就是在这份原有评价表的基础上进行修改。经过教导处干部的研究，我们决定尽量保持原有评价表的完整性，只是在此基础上增加“‘心智课堂’文化”这一栏，其中共包含四项指标，涉及对学生的关注程度、课堂氛围情况、学生参与活动情况等方面（见表 1）。

我们把设计好的评价表交给校长并征求意见，准备修改之后再下发给老师们，正式投入使用。校长仔细看过之后并没有提出具体的修改建议，但她的一番话却给了我很大的启发：我们设计的《“心智课堂”教学评价表》不可能“一步到位”，一定会经历一个不断修改、不断完善的过程，这是非常正常的。你一定要想一想，如何让老师们参与到这个修改和完善的过程中来，因为老师们的思考、讨论、研究，实际上就是在进一步深化对“心智课堂”理念的理解。听了校长的话，我有了一种豁然开朗的感觉——是啊，让全体老师参与修改和完善《“心智课堂”教学评价表》的做法，正与我们在“心智课堂”建设过程中所秉承的“自下而上”的推进思路相契合。正如俗语所说的，“众人拾柴火焰高”，我们应该相信，集众多老师们的智慧，《“心智课堂”教学评价表》的修改效果一定比仅仅依靠教导处的几位主管领导之力要更好；更重要的是，这一参与、体验的过程，正是一个引导全体教师围绕“心智课堂”理念进行进一步的深入思考、全员培训的过程——通过这一过程，我们所获得的绝不仅仅是一张《“心智课堂”教学评价表》啊！

明确思路之后，围绕《“心智课堂”教学评价表》的修改和完善，我们采取了以下的做法：

首先，在“鸿翔杯”教学展示活动的开幕式上，我们给每位教师下发了教导处设计的《“心智课堂”教学评价表》（1 稿）（见表 1），由我进行简要解说，同时明确了在本次“鸿翔杯”教学展示活动中，老师们要对其进行试用，对照此表备课、上课、观课、议课，以更好地研究“心智课堂”理念的落实情况；同时，各教研组还要围绕如何对其进行修改和完善开展专题讨论，并向教导处反馈有关的意见和建议。

在接下来的听课、研讨过程中，教导处的几位干部注意深入教研组，及时听取和收集老师们针对《“心智课堂”教学评价表》（1 稿）提出的修改和完善的意见与建议，对老师们上交的讨论记录进行了认真阅读。

随后，我们请一年级语文教研组、四年级数学教研组围绕"'心智课堂'理念在'鸿翔杯'展示课中的体现和落实"这一专题，进行了常态教研活动的开放，其中的一个环节就是对《"心智课堂"教学评价表》(1稿)的讨论与修改。特别可喜的是，在其他教研组现场即兴发言的环节，几位老师不约而同地谈到了在试用《教学"心智课堂"评价表》(1稿)过程中的感受、思考，对如何改进《"心智课堂"教学评价表》(1稿)提出了意见与建议。

最后，在综合大家意见的基础上，由我执笔，对《"心智课堂"教学评价表》进行了比较大的修改，利用"鸿翔杯"闭幕、总结的契机，向全体老师推出了新版《"心智课堂"教学评价表》(2稿)(见表2)，并再次进行了简明扼要的解读，明确了在今后的一个时期，新版《"心智课堂"教学评价表》(2稿)将成为我们不断落实"心智课堂文化"，促进师生共同发展的有力"武器"。

与第1稿相比，新版的评价表主要有两点变化：

一是"心智课堂文化"不再是独立的一项，而是融入和体现在教学目标、教学内容、教学过程、教师基本功、教学效果等各项之中，也就是说，心智课堂文化是贯穿在我们整个教与学的活动之中的，是无处不在的；二是评价要点中一些较为空泛的表述变得更加具体、明确，便于老师们理解、落实、观察、检测。这两个变化正是在广泛试用、征求老师们的意见与建议的基础上形成的。我想，能够提出这样的修改建议，说明老师们进行了认真的思考，因此对"心智课堂"的内涵认识得更清楚了，对如何在课堂上体现和落实"心智课堂"理念更加心中有数了。

看着新版的《"心智课堂"教学评价表》(2稿)，回顾着它的研究与形成的过程，我不禁陷入了思考。有的时候，事情的结果固然重要，但其实过程也同样重要，甚至是更为重要。不是下发《"心智课堂"教学评价表》让老师们使用，而是请大家在试用的过程中提出修改与完善的意见和建议，理念之差，反映的是"自上而下"和"自下而上"两种截然不同的思路。在现有的情况下，后者显然更有利于我们"心智课堂"的推进，因为参与其中才能更加深入地思考，真正地理解才能更好地践行。

表 7-1 育翔小学“心智课堂”教学评价表(1稿)

<table>
<tr><td colspan="2">授课教师</td><td></td><td colspan="2">学科</td><td colspan="2"></td><td>日期</td><td></td></tr>
<tr><td colspan="2">年级</td><td></td><td colspan="2">教学内容</td><td colspan="4"></td></tr>
<tr><td rowspan="3">序号</td><td rowspan="3">评价项目</td><td rowspan="3" colspan="2">评价要点</td><td colspan="4">符合程度</td><td rowspan="3">累计成绩</td></tr>
<tr><td colspan="3">基本符合</td><td rowspan="2">基本不符合</td></tr>
<tr><td>A</td><td>B</td><td>C</td></tr>
<tr><td rowspan="2">1</td><td rowspan="2">教学目标</td><td colspan="2">符合《课标》要求和学生的实际程度</td><td rowspan="2">14</td><td rowspan="2">12</td><td rowspan="2">10</td><td rowspan="2">9</td><td rowspan="2"></td></tr>
<tr><td colspan="2">明确、具体、表达准确、可操作的程度</td></tr>
<tr><td rowspan="3">2</td><td rowspan="3">教学内容</td><td colspan="2">教学内容的理解，重点难点的把握</td><td rowspan="3">20</td><td rowspan="3">17</td><td rowspan="3">14</td><td rowspan="3">11</td><td rowspan="3"></td></tr>
<tr><td colspan="2">教学内容的选择、处理与呈现方式</td></tr>
<tr><td colspan="2">学科思想、方法的渗透</td></tr>
<tr><td rowspan="4">3</td><td rowspan="4">教学过程</td><td colspan="2">教学结构的设计</td><td rowspan="4">24</td><td rowspan="4">20</td><td rowspan="4">17</td><td rowspan="4">11</td><td rowspan="4"></td></tr>
<tr><td colspan="2">教学方法与手段的选择</td></tr>
<tr><td colspan="2">学习指导的范围和有效程度</td></tr>
<tr><td colspan="2">教学过程调控的有效程度</td></tr>
<tr><td rowspan="4">4</td><td rowspan="4">“心智课堂”文化</td><td colspan="2">对全体学生的关注</td><td rowspan="4">20</td><td rowspan="4">17</td><td rowspan="4">14</td><td rowspan="4">11</td><td rowspan="4"></td></tr>
<tr><td colspan="2">课堂气氛的和谐、愉悦、融洽程度</td></tr>
<tr><td colspan="2">学生参与活动的积极、主动程度</td></tr>
<tr><td colspan="2">学生参与活动的广度、深度</td></tr>
<tr><td rowspan="3">5</td><td rowspan="3">教师基本功</td><td colspan="2">教态与语言</td><td rowspan="3">10</td><td rowspan="3">9</td><td rowspan="3">7</td><td rowspan="3">6</td><td rowspan="3"></td></tr>
<tr><td colspan="2">板书、多媒体运用、示范等</td></tr>
<tr><td colspan="2">应变能力</td></tr>
<tr><td rowspan="2">6</td><td rowspan="2">教学效果</td><td colspan="2">教学目标的完成</td><td rowspan="2">12</td><td rowspan="2">10</td><td rowspan="2">8</td><td rowspan="2">6</td><td rowspan="2"></td></tr>
<tr><td colspan="2">师生的精神状态</td></tr>
<tr><td colspan="2">教学特色</td><td colspan="2"></td><td colspan="3">加分 1～5</td><td colspan="2"></td></tr>
<tr><td colspan="2">评价等级</td><td colspan="7"></td></tr>
<tr><td colspan="2">评语</td><td colspan="7"></td></tr>
</table>

表 7-2　育翔小学“心智课堂”教学评价表(2 稿)

授课教师			学科			日期	
年级			教学内容				
序号	评价项目	评价要点	符合程度				累计成绩
			基本符合			基本不符合	
			A	B	C		
1	教学目标	符合《课标》和教材要求及学生实际 明确、具体、表达准确，具有可操作性	14	12	10	9	
2	教学内容	教学内容的理解，重点难点的把握准确 教学内容的选择、处理与呈现方式符合教材和学生实际 体现学科思想、方法的渗透	20	17	14	11	
3	教学过程（教师）	教学结构的设计符合教材特点和学生身心特点、认知规律 教学方法与手段的选择利于学生在自主、探究中开展学习活动 尊重学生差异，对不同层次学生的要求有一定弹性，指导有针对性和实效性 具有应变能力，能够根据学情对教学进行调控，利用课堂生成的资源	24	20	17	11	
4	教学过程（学生）	课堂气氛和谐、愉悦、融洽 学生有学习兴趣，能够积极、主动参与学习活动 参与学习活动的人数多，覆盖面广泛	15	13	10	7	
5	教师基本功	教态自然亲切，语言规范得体 具备良好的板书、多媒体运用、示范等专业能力 能够对学生课堂学习情况进行恰当的评价，具有鼓励性和启发性	15	13	10	7	
6	教学效果	有效完成教学目标 不同层次的学生在兴趣、知识、能力等方面得到培养和提升	12	10	8	6	
教学特色						合计分	
特色加分　1～5 分				总成绩(合计＋特色)			
评语							

(生烁　教学管理反思)

《“心智课堂”教学评价表》研究与形成的过程，是干部们优化管理方式，改进管理思路的过程，更是引导老师们深化对“心智课堂”内涵理解的过程。《“心智课堂”教学评价表》的使用，使教师们对于心智课堂的实施操作有了更为明确、具体的行为引导。《“心智课堂”教学评价表》成为助推心智课堂建设的有力抓手。

二、备战新赛，推进发展

正在我们对“心智课堂”努力实践研究之时，恰逢两年一届的西城区“西城杯”教学比赛活动拉开帷幕。此次活动倡导的“乐学”理念，正和我们“心智课堂”的理念相互吻合。于是，我们以此为契机，指导参赛教师通过教学设计、课堂实践、课后反思等环节诠释自己对“心智课堂”理念的理解，使更多的老师在备课、听课、总结、交流、研究、反思中不断了解“心智课堂”的特点，感受“心智课堂”的魅力，继而引发教学观念、教学行为的转变，更好地投入到建设“心智课堂”中。在此过程中，涌现出了一大批积极探索“心智课堂”的优秀教师和优秀教学活动。

在探索中领悟“心智课堂”的魅力

我校“心智课堂”的理念是“以心育心，让学生在课堂上快乐学习，开启知识的心门，做有心的学习者，做课堂的主人”。明确这样的教学理念后，我在备课、试讲时更加得心应手，对“西城杯”主题的理解也更加丰富了。

首先要考虑的就是学生的发展。无论是“心智课堂”还是“西城杯”乐学主题，关注的都是学生的发展。那么，既然关注学生发展，就要找准每一节课上学生的增长点，因此，学情分析就显得格外重要。

五年级第一学期正是学生由中段向高段发展的过渡期，这一阶段的学生清楚自己将面对的学习挑战，从心理上愿意接受新事物、学习新知识、掌握新方法，面对有点难度的学习过程会跃跃欲试。那么，这节课的增长点在哪里呢？是学会朗读，理解含义深刻的句子，还是学习仿写外貌描写？这些都曾是我的思考。然而，当我再一次认真学习了《课标》，仔细阅读了中高段对于阅读教学的要求后，我找到了这15分钟微格教学中学生的增长点——培养学生质疑能力。

《课标》中要求学生在3～4年段学会质疑，能对课文中不理解的地方提出疑问。升入高年级的学生就不应仅仅对内容进行质疑，应该渐渐学习关注文章表达上的特点并进行质疑，同时在质疑解疑过程中揣摩表达的效果，进而学会运用表达。如叶圣陶所说：教师教会了学生质疑问难，就是教会了学生最好的读书方法，将使他们一生受用无穷。

再看课文中这一部分的文字描写，作者并没有直接写父亲挖了三十八小时，救出了自己的儿子，而是运用了一些描写时间的词语，写到父亲挖了8小时，12小时，24小时……为什么要这样写时间？这样写有什么好处？这正是学习这一段要探究的问题。以往这个问题都是由老师提出，学生在老师的指挥下再到文字描写中寻找证据、回答问题。而如今我的教学设计是由学生提出这个问题，再由学生自己组成探究小组，协作解决问题。学生能提出这个问题吗？学生在现有的理解程度上能够把这个问题理解透彻吗？这是不是有点难？然而，当“难”这个字眼出现在我脑海时，我不禁想到了“西城杯”主题及“心智课堂”。

“心智课堂”追求的是什么呢？是学生学习的主动参与，积极探究，和谐愉悦。如果学生能在朗读中能有所感悟，那么在理解的基础上应该能够提出这样的问题。几次试讲之后，事实证明这个教学设想是可操作的，而且教学效果很明显。那么，再看外貌描写，学生能不能想到这里为什么要写一段这样的外貌呢？这个问题学生能提出来吗？相对于时间词语，这确实更难被学生关注。可是，学生已经五年级了，他们已经养成一个好习惯，就是预习课文时会关注到课后练习，那么关注到课后练习的孩子就可以提出这个问题。关注到这个问题的孩子们就可以结合成学习小组，用他们自己的学习经验来探究这个问题的答案。两个问题摆在学生面前，用什么样的学习经验解答什么问题，不是老师说了算，而是学生依据自己的学习倾向，依据自己的能力去选择的。这样的课堂，是在培养学生的主体性。在这个过程中，学生自己帮助自己，自己发现问题，自己探究解疑。这个过程就是学生学习知识和提高能力的过程。

在准备参赛的过程中，我的理念在一天天地转变。我发现，变的不是《地震中的父与子》这一篇课文的教学，而是我整个教学的思想在发生着神奇的变化。现在，我在课前备课时，总是会问问自己，这节课的起点是什么？通过这节课学生增长的是什么？如何让学生在突破难点时能够主动探究？有时，我甚至还会问自己在这节课的教学中增长的是什么能力。这真是一个快乐的过程。

在这个参赛过程中，我也渐渐由最初的焦虑变得越来越平静，这仿佛不再是一场单纯的知识比赛，而是个人教学理念升华的过程。回首这个过程，突然发现自己对于“心智课堂”的领悟也在一点点丰富。我更加了解“心智课堂”、感受到“心智课堂”。学生喜欢什么样的课堂，那么这个课堂就将是老师的追求。

挥手告别“西城杯”，慎行慎思中领悟心智真谛，这个过程是幸福的。

（刘爱馨　《地震中的父与子》课后反思）

在“西城杯”备赛的过程中，不仅刘爱馨老师有了将“西城杯”主题与“心智课堂”理念进行有机结合的意识，其实我们学校的许多老师都有了这样的意识，并自觉地在自己的课堂实践中去用心触摸“心智课堂”。

用心去触摸“心智课堂”

近两年，我们学校提出建设“心智课堂”，而本次“西城杯”的评优活动主题是“构建乐学课堂”。把这两个主题放在一起，我们不难看出，其实它们是相通的。“西城杯”的主题，为我们明确现在的教学研究越来越关注学生，教师要了解学生、关注学情，研究真问题。提出“构建乐学课堂”，就是要在课堂上尊重学生的心理感受，关注学生学习的状态，要教会学生“学”，促进学生“学”，把教学重心从“教”转到“学”上来。

“促进学生发展”是提高课堂教学实效性的具体体现和课程实施的最终目标，包括关注学生阶段性发展，注重学生整体性发展和努力提高学生的学科综合素养。具体看这三点间的关系，首先要了解学情和学科的核心就是要在课堂上设计与之相匹配的教学方式，让学生愉快地学起来。学生学得愉快了，学得有方法了，会学了，自然就会发展了。所以前者是基础，后者是目的，中间的“乐学课堂”是桥梁。“乐学”的课堂应该是充满情趣、充满生气、充满智慧的课堂，它将滋养学生的心田，开启学生的心智之门，指引学生迎来一次又一次成功。而这“乐学”的课堂不正是我们学校一直所说的“心智课堂”吗？

于是，我很有信心地进行了第一次试讲。但是，没有实际的操练，永远只是“纸上谈兵”。我的课整整上满了 50 分钟才结束，而且尽管我采用了视频引入“五书”的演变，借助在 PPT 上演示辅助线来引导学生学习等方式，但课堂气氛依然很沉闷，依然是我说了一堆又一堆的话，像是在唱“独角戏”，而学生却是“死水微澜”，老师的不停讲解使得学生练写的时间很少，我预想的学生清楚分析字形的情景一点也没有出现。试讲结束，我满脸涨得通红，心里躁得不行。试讲屡屡呈现的问题证明，在我的课堂上，学生没有找到释放快乐的地方。

胡校长和生校长听完课后没有责备我，而是非常智慧地找到学生询问：“这节课上哪些环节是你喜欢的？”学生们直抒胸臆：“我们喜欢小组讨论的环节，通过小组讨论我们可以相互得到启发。”“我们喜欢拿起毛笔写字。”“我们还喜欢欣赏大书法家的字帖，感受他们书法的魅力。”校长把学生的这些话归纳了一下告诉我。此时的我恍然大悟。是啊，我努力地去设想学生怎样“乐学”，那仅仅是我的设想，我单纯地认为课上向学生渗透其未知的书法文化知识、给学生注入新信息，利用自学指导，引导学生从字形结构和笔画特点等方面来分析一个字并找到规律就是带领学生自主学习。其实这样的课堂是一种程式化的课堂，依然是教师在牵着学生“走路”，学生与教师间、学生与学生间没有生动的互动，更没有积极主动的有兴致的体验。没有关注学生、没有学生真情实感的课堂就不是真课堂，研究的也不是真问题，学生是不可能喜欢上的。作为一名授课教师，我并没有真正走进学生的心里。只有让学生发自内心喜欢、感兴趣的课堂才是快乐的课堂，也才是真实的课堂。

通过这次试讲，我从思想上对“乐学”这一理念有了进一步的认识，就是教师对与整节课的设计一定要从学生的“心”和学生的“情”出发，无论我们有多么好的预设也一定要关注学生的想法和学生的学习状况，也就是我们常常说的“学情”。以往我对学情的分析总是站在教师的角度来分析，而且经常是分析学生已有的认知、已有的知识技能，以及新授内容与已有的认知、知识技能之间的一些潜在的联系，而很少关注学生的情感需求和情感体验。现在我明白了，要想让学生喜欢学习、快乐地学习，教师一定要清楚学生的想法，了解学生对哪些学习方式最感兴趣，对哪些学习内容有着像“海绵吸水”一样的渴望。知道了这些，才算是真正了解了学生，然后再不断思考，把教师认为好的设想通过学生喜欢的方式呈现出来，通过自己的智慧来设计巧妙的环节，引导学生在体验中获取知识，这样才是教学研究，才是研究“真”问题。

提升了认识之后，我把第一份教案中指导学生分析“‘三点水旁’和‘写好三点水旁’的字”那部分内容完全推翻了，设计了学生喜欢的实践、探究、讨论、总结等学习方式。在第二次试讲的课堂上，我从学生的兴趣出发，通过让学生独立观察、试写，引导学生自主发现“三点水旁”的笔画特点与位置关系，又进一步引导学生观察、讨论与试写中发现自己在写字时遇到的书写困难，并在跟进的教师范写过程中指导学生更为准确地理解了“点点提”三个笔画的位置关系及与其他部分和谐搭配的书写方法。

这堂课上，学生的状态非常积极，学生在体验、思考、讨论、总结、再体验的过程中，表现出了很浓的学习热情。但是尽管学生学得很高兴，而且满足了他们多写多练的要求，可是写了这么多遍字，我怎么也找不到令人满意的学生作品来展示。这样的课堂上学生光是学得很高兴，可是学无所得。没有提高的课堂又怎么能成为“乐学”的课堂呢？我遇到了新的困惑。

再次评课中，胡校长和生校长，对我课堂上改后的成果一一给予肯定，更一语中的地为我指出了问题，也正是我一直困惑的问题，就是我在指导学生自主实践练写“三点水”和“海”字这些环节之后，总是亲自指出或是让学生来发现展示的同学写得有哪些毛病，所以学生始终都是在找问题、挑毛病，挑完毛病还是写不好，导致了在学生的认知中负面信息较多。

听完之后，我觉得自己真是被点醒了。是啊，这不正反映出我的观念还没有改变吗？我们的学生真正会写毛笔字的很少，在外面学的毕竟是少数，他们写出来的字肯定不会写出来就是完美的，写不好是必然。但是要让学生有兴趣、有提高，作为教师一定要不断地鼓励学生，哪怕一个笔画，或是一个小小的点写得不错也应该肯定呀！而我却表扬鼓励得少，没有正确的榜样，没有正能量，学生怎么进步呢？第二次试讲又让我对上好一节课有了诸多感受。我在第三次试讲中注意了教师评价环节的操作，无论是评价学生写的偏旁还是学生写的字，我都是夸学生哪个笔画漂亮或是哪个字的结构搭配和谐，每次的评价都很有针对性，给予学生正确的信息、正确的书写指导，写得优秀的地方就及时圈画并给小五角星进行鼓励。学生不仅学得愉悦，而且写得一次比一次有进步。字写得好了，写字的热情自然更高了，下课时我可以挑选出不少幅优秀的作业。

通过这次试讲，我对“乐学课堂”的认识更加深入了，我切身体会到积极的评价在一节课上将起到推波助澜的效果，教师积极的评价更会鼓励学生在书写中勇于迎难而上，坚定学生写字的信心和能力。

经过几次实践，我将15分钟的微格教学内容定在引导学生分析“三点水旁”的笔画形态特点与位置关系上，并指导学生写好“三点水旁”的字这一内容上。在这节片段课的授课过程中，我的学生始终保持着对学习过程的新鲜感，保持着对写字的浓厚热情。在课堂上他们饶有兴致地体验着分层次、分梯度的书写练习，在自我感受、生生互动、师生互动等环节后对写好“海”字及带有“三点水旁”的字有了更为深刻的理解，在写字方面取得了明显的进步。这种学习方式尊重了学生的心理感受，关注了学生的学习状态，使学生喜欢学习，学得轻松愉悦。在这节课上，设计的每一个环节，都是以鼓励学生主动学习、善于学习为目的，学生在课堂上可以自由地“深呼吸”，将个人理解充分释放，同时关注到教师积极的评价与总结。一切是从学生中来又回到学生中去，实现了课堂是学生学与教师教的和谐交融。学生不仅领悟写字方法，获得写字技能的提高，而且充分享受写字的乐趣，获得美的熏陶。

“西城杯”的赛课活动逼着我去思考，催促着我去抓紧理解，所以我特别感谢它。它使我对“乐学课堂”的理念越来越清晰，对“乐学课堂”的理解越来越深刻，对“乐学课堂”带来的幸福感意犹未尽……“乐学”的课堂是学生发自内心喜欢的课堂，因为可以学得轻松愉悦，富有情趣；“乐学”的课堂是激起学生主动学习愿望的课堂，哪怕遇到重重困难，也会百折不挠，迎难而上去争取成功，拥有自信；“乐学”的课堂是高效学习的课堂，学生会学得巧，学得高兴，最终实现教与学的双赢。我想“乐学课堂”就是开启学生心智之门的“课堂”，就是我们的“心智课堂”！

（张雅媛　《三点水，两点水》教学反思）

在不断备课、试讲、磨课的过程中，老师们渐渐领悟了“心智课堂”的教学理念。这让我们的课堂变得更加灵动、更加包容，使得我们的学生学得越来越开心、做得越来越好。

“悦”学越好

记得第一次试讲是在一片沉闷中结束的。按照设计流程，课文的学习很顺利。之后我准备组织学生进行拼图阅读的练习，即学生小组合作阅读感恩节的介绍，阅读结束后，学生将自己读到的内容以汇报的形式分享给组内其他组员，从而深入了解感恩节。在讲清活动要求后，学生便开始了阅读。此时此刻，我也暗暗开始激动，因为拼图阅读是本节课的亮点，我正期盼着看到孩子们激烈的讨论和滔滔不绝的汇报。但是，沉闷的课堂气氛和学生紧皱的眉头彻底打破了本节课的节奏。不论读什么，学生都是一个表情，那就是眉头紧锁！不论分享什么，学生都是一种方法，那就是照读原文！当读到感恩节传统活动时，课堂的一角居然还传来了阵阵笑声。我循声望去，一个男孩已经笑得难以自持了。更可怕的是，这个男孩足足笑了半分钟！此刻，我激动的心情早已灰飞烟灭，剩下的只有无奈的滋味……整堂课学生的状态很低迷，学习效果便可想而知。我想，这节课一定给他们留下了一段痛苦的经历。课后我询问那个男孩爆笑的原因，他说："在读到感恩节的赦免火鸡时，我联想到了一只火鸡在躲避追杀，然后就忍不住笑了。"天哪！如此简单的理由！这是自得其乐还是自寻开心？虽然这次试讲失败了，但是根据课堂观察，我发现学生之所以在学习中挣扎，不是因为他们没有学到知识和技能，而是因为我没有遵循学生的学习规律，使得学生不能采用适合自己的学习方法去获取知识，从而导致学生学得痛苦，我也教得纠结。看到学生眉头紧锁并且不敢举手发言的样子，我感同身受地体会到了他们的不安与无助，同时这也告诉了我学生们没有按照我们的预设掌握本节课的知识和技能。在此之后，我不断地审视自己的课堂，不断地质疑我的教学方法，不断地评估各种指导学生、吸纳学生、引起学生反响和应对学生挑战的方法。也正是在这一系列的反思过程中，我对"心智课堂"有了清晰的认识：在我看来，"心智课堂"的目的在于试图吸纳所有学生，包括残疾学生，共同融入课堂中，全员参加到学习生活中去，让教师鼓励每个学生作为参与主体融入课堂活动中。

在明确了"心智课堂"的目的后，我便有了更加清晰、目的性更强的备课目标，同时也更加关注学生在课堂学习过程中的感受。在修改后的教学设计中，我们以学生为教学主体，给学生足够的机会去解决问题，去探索、试验和尝试。例如，我们保留了学生自主阅读、补充资料的环节，但是对活动形式做了调整，即学生可以选取自己感兴趣的内容进行学习(如庆祝活动、传统食物、节日来历等)，阅读后还要将提炼过的信息绘制成思维导图并在小组中进行分享，从而在交流中体验学习的乐趣。在积极倡导和发扬主动学习精神的课堂上，学生们常常会活跃在教室的各个角落，他们积极分享观点，运用广泛的学习材料，热情参与有关问题的讨论。在这节课上，我们一共运用了四种训练活动，帮助学生体验课堂活动并主动接收知识。通过改进教学设计和活动形式，第二次试讲收获了很大的进步。首先，课堂氛围是愉悦的，每个学生都沉浸在节日的气氛中；其次，学生的学习积极性被充分调动了起来，无论是自主阅读、组内分享还是班级汇报，学生都能主动地将自己的想法和他人交流，由此，语言的运用就在这一来一往中实现了。在我看来，“心智课堂”的本质是让学生可以在课堂上体验丰富的活动，而不是仅仅被动地听取教师的讲解。

有了多种形式的课堂活动，学生自然学得愉悦，学习效果也有了显著的提升，教学目标也得以顺利实现。但是，我们又反思，难道“心智课堂”就仅仅止步于“乐学课堂”或是高效教学吗？我想，答案是否定的。在我看来，“心智课堂”的最终目的是促进人的全面发展。由此，我们又在之前的教学设计中加入了更多的合作学习，即两人小组活动和四人小组活动，引导学生与搭档或小组成员进行互动式学习，目的在于对每一个个体成员的能力和贡献给予充分的肯定。细细品味合作学习，其特色就在于小组成员既有共同分享胜利果实的权利也有共同承担责任的义务，因为合作学习要求学习者之间以相互讨论的方式来改变课堂的状态，使学生真正成为主体。例如，在课文学习结束之后，我给学生设置了一个问题，即“你对这篇课文还有其他问题吗”，之后学生以两人小组讨论的形式共同商讨，各抒己见，最后提出了许多有针对性的问题。通过合作学习，我们是想鼓励学生对课文文本提出质疑，就教师所呈现的学习重点问题提出自己的观点。这种学习方式给学生提供了组织、梳理、详细阐述和践行所学知识的机会，告诉学生倾听别人观点、提出反对观点与说出“正确答案”同样重要。此外，在倡导合作学习的课堂上，学生是学习活动的主动参与者，而不是知识的被动接受者。我们运用合作学习的目的也在于以学生为中心，提倡一种多元文化的、民主的、动态的教学法，同时也创造了一种安全的、宽容的、积极主动的学习氛围。通过课堂实践，我们有理由相信，学习应该采取合作的方式进行，学生和教师要共同致力于建立一种和谐的教与学的关系。

此外，学生在学习英语的过程中不应当死记硬背，而是在参与集体活动、进行对话交流和与他人共同解决问题的过程中不断地构建自己的知识体系。当学生在学习过程中有更多的机会去表达、倾听、分享、互动、反思和参与时，学生便能够学到并掌握更多的知识。依据我自己的亲身体验，主动合作的学习使得师生越来越享受课堂。当学生习惯了参与小组成员活动，整个课堂的氛围也会随之改变。学生们相互交流的声音越来越大，同学之间也会不自觉地产生互动，每个学生都有献计献策和学习的机会。我想，“心智课堂”就应该是让课堂充满欢声笑语，让学生“悦”学越好吧！

（杨朔　教学反思）

在西城区第十一届“西城杯”的教学比赛活动中，我校的六位参赛教师取得了四个一等奖、两个二等奖的好成绩。我们欣喜于优异的成绩，更欣喜于“心智课堂”的理念已经一点一滴地浸润到老师们的心中：“心智课堂”是开启智慧、陶冶心智的课堂，是让每一个孩子的自主性充分表现，潜能得以发挥，在课堂学习中获得并学会尊重与爱的愉悦的和谐课堂。

在思考与实践中，我们“心智课堂”的研究从萌芽到起步，从星星之火到深入人心，取得了令人欣慰的进展。老师们努力着、探索着，在课堂上引导学生喜爱学习、善于学习，激发学生自主学习的动机，使学生从课堂中感受愉悦、和谐，获得成长、获得发展。

当然，“心智课堂”的建设过程不可能是一帆风顺的，可以说是“路漫漫其修远兮”，理想的课堂状态如同《诗经》中那位在水一方的佳人，美好但距离较远，对其的追求也是“溯洄从之，道阻且长”。但是，我们会一如既往地不断“更进”——为了我们心中共同的教育理想；我们会通过不懈的努力，把研究与实践推向深入，最终离我们的理想越来越近。

在不断研究的过程中，育心教育理念逐步深入教师心中，促进了教师教育教学理念的不断提升，并开始逐渐体现在教师的每个教学设计中，体现在每一次教育活动中，最终促进了学校的整体发展。在育心理念的熏陶下，和谐团队凝聚智慧，学校绽放出艳丽的花朵，形成一道道亮丽的风景。

第八章　育心硕果，枝满校园

经过了五年的不断探索、研究与实践，“育心教育”在我校逐渐生根、发芽，并孕育出了累累硕果。

第一节　育心团队，共同成长

在推进“育心教育”、建设育心型团队的过程中，面对时代的要求，面对成长中的鲜活生命，教师不断进取、不断学习，在继承中发展，在传承中探索，充分体现了育翔小学“不为最好，只为更好”的更进文化，形成了育心团队特有的团队文化。

一、爱心满满，无私奉献

每天早晨，迎着第一缕朝霞，育翔小学的三个校址之一——阳光部的两位科任老师就准时站在校门外。不论是冬天寒风凛冽，还是夏天烈日炎炎，他们都会微笑着迎接每一位学生的到来。看到有的刚入学的小豆包不舍得离开家长，他们就走上前去，边搂住孩子边鼓励他要坚强、独立，有喜欢他的老师和小朋友在学校等着他的到来。看到有的家长帮助孩子背这拿那，在孩子进校后还依依不舍，或踮起脚尖观望或举着手机不停地拍照，他们就走过去耐心地安抚、劝阻。看到刚入学的孩子蹦跳着往校园走来，他们就不断提醒要轻声慢步靠右行。看到孩子能够见到老师有礼貌地主动问好，他们就弯腰发给他一张顶呱呱奖票，并夸奖道："真是有礼貌的好孩子。"就这样，阳光校区的18位科任老师担负起了这个校区所有的早晨值周工作，一学期下来，每人要值四周的班。

2015年，为了更好地丰富学生的课余生活，学校开展了与中国音乐学院合作开设乐器课程的研究项目，在一年级增设了课外班。为了保证孩子的学习，一年级的5位科任老师周一、周五要轮流值课后班，16位班主任要在周二、周三、周四分别到咂鼓和古筝的集训班和兴趣班进行全程听课，组织学生。

这就是我们团队。老师们面对着自己额外的付出，毫无怨言，默默地奉献着、坚持着，努力做好学校安排给自己的各项工作，彰显着育翔人的无私奉献精神，体现着满满的正能量。

何为"正能量"？英国心理学家理查德·怀斯曼对"正能量"一词的定义是：一切予人向上和希望，促使人不断追求，让生活变得圆满幸福的动力和感情。事实上，正能量就是一种积极向上的意念，就是一种朝气蓬勃的生活态度。

我们的体育组无疑是其中的优秀代表。

他们工作环境艰苦，经常在高温下一站一下午，在寒风中一站一整天。除了日常的上课，他们每周还要进行训练，牺牲很多休息时间带比赛，但是组内的老师从没有抱怨过，都是相互理解，相互帮助，相互鼓励，精诚团结，无私付出，这就是我们的团队。

教师的正能量也会带动学生的成长，他们以自身的行动告诉学生要将比赛当作一次提高的过程，无论输赢，决不灰心气馁。现在，学生们的训练热情越来越高，每每看到学生训练、比赛时兴奋的样子，我们的体育老师们就觉得一切辛苦都是值得的。

这就是我们的育心团队，在奉献的同时，他们照亮了别人，也彰显了自己。

二、彼此关爱，协作共研

有一个这样的故事：海豚在觅食时都会以小组为单位四处搜寻，当它们发现鱼群时，不会因为饥饿而直接冲上前去，而是召唤同伴。其他海豚听到召唤纷纷聚拢于此，直到有50只海豚之多。接着奇迹发生了，50只海豚形成一个包围圈，把鱼群困在里面。这时，一只海豚先冲进包围圈进餐，吃饱后便快速离开，游到包围圈的最外层，再让它的同伴进去觅食。就这样循环交替，直到最后一只海豚觅食结束。生活在团队中的每一只海豚都是幸福的，育翔人也同样是幸福的，因为团队的力量会给予每个人最强大的支持。还是以我们的体育组为例：

不管哪位老师要进行评优课选拔，他都不会孤军奋战，从他接受公开教学任务到完成教学任务，组内的老师始终陪伴着。

韩老师在参加西城区德外片研究课时，上课的内容选为《足球行进间运球》，但他发现学生球感差，基础薄弱，有些退缩。组长孙老师带领全体教师鼓励他："不用怕，这样也好，一则学生可以通过你的教学掌握一门新的体育技能，二则全组老师可以跟你一起练，大家一起学习足球教法。"大家为他出谋划策，改进游戏搭配，把整个教学过程重新调整，教学环节一步一步清晰。美术组的老师也来帮助进行板书的设计。在很多老师的支持下，韩老师的课得到了教研员与听课教师的一致好评。当我们庆祝他的成功时，他说："我是幸福的，因为我生活在一个智慧、友爱的大家庭里！"

是的，我们育翔的每一个教研组都是一个友爱的大家庭，形成了自己独特的组文化。像家，彼此关心，互相帮助；共研，围绕教育目标，精心设计、深入钻研；共育，为了孩子，不分彼此，相互切磋、探讨……

2013年，北京市数字学校名师课堂的录制工作拉开了序幕，英语组一共承担了10节课的录制工作。

一夜之间，英语组面临着前所未有的挑战：区教研员引领备课，几乎每周都要听试讲，市教研又要求创新、体现特色，教师语言还要达到"零"差错，可以说录课任务空前艰巨。英语组教师从最开始的恐惧、害怕、不安，到最后顺利完成任务，团队力量再次发挥了不可小觑的作用。为了解决难题，组里为每位授课教师配备了后援团，让烦琐、精细的工作变得有条不紊。四位授课教师负责备课，后援团的教师就协助做课件、教具；授课教师进入教室录像，后援团的教师就在楼道巡视，确保不出现任何噪声。在全员协作的努力下，录课变得非常顺利，录完一节40分钟的课平均用时不到一小时，这与所有人的付出都是密不可分的。

英语组到今年已经发展到14位教师了，每位成员的加入都为组里注入了新鲜的血液，让集体增强了活力。这种活力既来源于老教师的倾心指导与无私付出，来源于年轻人朝气蓬勃的努力和团队的凝聚力，也来源于温馨浓厚的教研氛围，来自以学校事为重、和谐互助、共渡难关的团队文化。

我们的育心团队就是在一次次的任务活动中，不断历练，彰显智慧，相互信赖。

2014年，学校第一次提出结合实践活动，在中国抗日战争纪念馆完成四十分钟的少先队活动课。六年级全组教师齐上阵，精诚合作，各负其责，围绕教育目标、少先队队课要求，从教学设计到内容准备，再到事务性工作，都进行了细致安排。短短几天时间，六年级教师完成了小英雄故事讲述、结合语文课文的诗朗诵；《五星红旗迎风飘扬》歌曲的学唱，以及全年级学生小红旗道具的制作等。

2014年10月29日，六年级全体师生在中国抗日战争纪念馆上少先队队课。活动辅导员带领大家重温了入队誓言，在一首少先队的诗朗诵《中华少年》中，队员们抒发了自己参加活动的激动心情。最后，队员们高唱了《五星红旗迎风飘扬》，歌声在抗日战争纪念馆上空回荡，队员手中的红旗迎风飘扬。歌声结束，掌声响起，爱国之情，油然而生！活动精彩、难忘、感人，吸引很多游客驻足观看。

三、不断创新，自我更新

创新就是尊重规律，开展科学研究。要不断自我更新，持续的更新必然带来教学行为的改变和更新。而这种改变和更新一定是从学生的实际情况出发的，即尊重规律——尊重学生发展的规律，尊重学生认知的规律，尊重科学研究的规律。

2014年，语文组开始尝试阅读校本课程的研发，研发课程的基础是充分的调研与前测。

他们先在各年级开展了抽样前测和访谈，进行细致、全面的调研，力求找准研究点。然后开始分析数据，力求通过科学的方法进行研究。在课程的实施过程中，语文组的老师们收集了实验班学生做过的每一份阅读练习，从中抽样做数据统计，并进行同一学生、同班学生阅读题失分率的统计和对比。可喜的是，在大数据收集和分析的帮助下，经过了近一年的实验与尝试，实验班的阅读能力有了显著的提升。通过数据的收集和整理，我们还能准确地发现学生的问题，从而有针对性地指导教师进行教学反思，指出新学期的改进方向。

2014 年第一学期，英语组开始进行有关阅读的课程实验，除了要完成规定教材的讲授，还要加入阅读课型，目的是进一步提高学生的学习兴趣，提升学生的阅读能力，扩展知识面。

他们打破国家课程独一的授课模式，重新分配每节课的时间，调整授课内容，目前的研究模式为(30＋10)/(25＋15)的课程模式。30＋10，即教师用 30 分钟的时间进行规定教材的讲授，用 10 分钟进行阅读课的讲授。25＋15，即 25 分钟为新标准课程内容，15 分钟为阅读课程。这样既能保证课本的教学内容，即国家课程的有效实施，又能因地适宜地推进校本课程，为学生的英语学习搭建了更高的平台。

打破常规，挤出校本课程的实施时间，还要保证国家课程的实施效果，认真研读课本，哪些内容需要删减、哪些内容需要整合，都需要集体的智慧。组里的老师们都积极参与研讨，献计献策，经过了一年多的研究，我们已经开始逐步向各个年级推广实施，并开始尝试制订校本课程的实施计划。

在专家孙老师的引领下，英语组 2014 年制定了《育翔小学 1～6 年级英语教学目标》。这份“私人定制”的教学目标从学生的实际出发，基于学生的真实水平和课堂表现，个性化地服务于育翔小学的每一位学生。当然，这其中也融入了每一位英语教师的心血：他们先是横向研讨每个年级的学情，制定每个年级的教学目标；再纵向梳理所有年级的教学目标，核查年级间的教学目标是否有梯度、成体系，不合理的目标会进行第二次甚至是第三次调整。就在“制定—调整—实践—再调整—再实践”的过程中，英语组的老师们体验着团队带来的力量。

为了满足学生需求，构建“乐学课堂”，苏姗姗老师不断创新教学策略。

为了激发低年级学生的学习兴趣，我创设生动连贯的故事情境吸引学生展开学习。但课后拓展的口语表达环节，并未达到我预期的效果。经过摸索和研究，在深入学习课改新理念后，我终于找到了教学改进的方向。我想到了当今流行的微信朋友圈，它也是很多学生感到好奇、产生兴趣的新事物。如果能将这其中学生生活的鲜活素材展现出来，代替教材中和学生生活有距离的生活场景，一定更能激发学生的兴趣，吸引他们细心聆听，促使他们活跃思维，将视角转向自己的生活。我结合学情，确定了以培养学生口语表达为教学难点，分层指导促提升的教学方法。课上各小组推选的“口语表达小能手”手持金话筒，登上“超级演说家”的讲台，面向全班同学展示。台上的“小演说家”在鼓舞中更加自信，台下的学生听得认真，回馈以连连的掌声。学习的快乐绽放在每个孩子的脸上，荡漾在每位学生的心头。口语表达不再像最初那样蜻蜓点水，每个学生都专注投入，兴趣盎然，在积极主动地参与体验后都切实得到了能力的提升。通过多次教学设计的修改，我深深感到我们的教学的确要从学情出发，构建满足学生需求的课堂，使之成为学生乐享的课堂。

——苏姗姗

课改的一个目的是要充分地调动学生的积极性，变要“我学”为“我要学”，让学习成为学生的需要，主动探究，自主学习，真正成为学习的主人。新颁布的北京市《课程计划》对作业布置提出了新的要求，对于教学重点和难点一周只能布置一次书面作业，这既是“减负”落实的需要，也是培养学生自主学习的意识和能力的需要。老师们在这方面着重进行了研究，努力优化作业设计，改革作业形式。

从留一周作业开始，我在班里进行留自主性探究作业方面的试验。

首先我向学生说明原因，并说明愿意自己在家对数学进行研究的学生可以报名。全班 40 人，有 29 名学生报名。

于是我布置了第一次自主性学习研究单。因为是第一次，孩子们会做成什么样，我没有把握，所以就做得比较细致。

孩子们在这一周中认真完成了研究单。他们有和爸爸妈妈讨论的，有和外婆、爷爷、奶奶讨论的，有和同学一起讨论的，还有自己研究的。研究次数最少 1 次，最多 8 次，时间 30 分钟至 3 小时。

第二次设计与第一次不一样，这一次老师们经过讨论，简化了问题，留给学生更大的思考空间。

学生比上次有了进步。学生有的参考数学书、课外资料，还有的上网查找有关资料。

第三次自主学习单的内容更加简化。

经过几次自主活动，学生学习的积极性提高了，他们非常喜欢这种学习方式。

在这样的研究中，学生们有收获——知识与能力，自信与愉悦；老师们有收获——新的教学理念得到了很好的落实，在这样的研究中发现学生的潜能；家长们也表示支持与理解。

——李莉

创新就是稳扎稳打，践行育心教育。创新不仅仅指的是打破常规，积极参与学校的各项改革，其实更多的是指我们日常工作的小灵感，小变革，并形成新常态。依托更进，将尊重和理解带入课堂，启迪智慧，触动心灵。改变课堂，从激发学生的兴趣入手；多和学生交流，多和家长沟通，在尊重、平等、活动中打动学生，激励学生。我们的教师一次次走进学生的心灵，也一次次历练成长。

育心团队建设始终伴随着育心教育的实践与探索，成为实现育心教育的核心力量。育心团队也在实践中逐步成长。有了这样的前提和基础，心动德育和心智课堂这两条路径才可以有效地实施。

第二节　心智课堂，精彩纷呈

心智课堂是以学生为中心，充分尊重学生的感受，鼓励学生质疑，给予他们自由学习的空间和自主学习的权利，让学生真正动起来的课堂。在心智课堂上，学生的人格得到尊重，身心得以放松，知识不断丰富，能力逐步提高，学习真正成了学生自己的事。我们的老师在用自己的体悟，不断理解和践行着自己心中的心智课堂。

一、关注生命，关注成长

刚刚走进课堂不久的我，总是认为能够教给学生知识的课才是一堂好课，但在实践中发现，我理想中的一堂好课上起来真没意思。教师仿佛一部教书的机器，学生就像记忆的工具；教师苦口婆心地教，学生胆战心惊地学。这样的课堂又有什么意义？一堂课下来教师大汗淋漓，学生噤若寒蝉。渐渐地，我发现这样的课堂并不能满足学生的需要，他们的思维被禁锢在了一本教科书的小圈圈里；教师的教学水平也没有得到提高，如何应对课堂的生成并没有挑战。长此以往，学生学傻了，教师教傻了。况且学生的学习成绩不见得很高，学习热情不见得很浓。因此，如何让一堂课变得有生命力才是我们应该思考的。

在我看来，心智课堂就是一堂有生命的课。这堂课要从学生的需要出发，回到学生的需要中去。这样的课要让学生产生“原来如此”或是“我也想……”等一些发自内心的冲动和想法。无论是教师精心创设的环境，还是尊重学生的生活体验，都是为了让学生有心灵的触动，把没有生命的文字变成美丽的图画、变成美妙的诗歌、变成动听的音乐、变成美好的旅途、变成内心的向往。真正有生命的课堂是学生之间、师生之间心灵的沟通，是灵魂的对话。

就用《威尼斯的小艇》这一课来举例说明。课文通过介绍威尼斯小艇的样子、船夫驾驶小艇的高超技术以及小艇的重要作用，为学生展示了威尼斯这座水上名城特有的风光。由于威尼斯这个水上城市离学生生活较远，大部分学生对这个城市的样子和人们的生活也不甚了解，对于一座城市的生活如何能与小艇紧密相连不能形成理解。以往的教学就是指导学生抓住语言文字，多读，谈体会，枯燥、乏味。如果有一种方式能够引导学生，让他们走进那个没去过的城市去看一看、想一想，学生就会对课文产生兴趣，教师也能得以互动。因此，我设计让一部分学生谈一谈他们去过威尼斯的经历，谈谈坐小艇的感觉；让另外一部分学生分享他们通过查资料所了解的威尼斯的风土人情。发挥想象，感受乘上小艇，饱览威尼斯水城两岸秀美风光，会产生哪些新奇的想法？请同学们边读课文，边演示，边体会。把桌面当作河面，把书本摆放在“河面”上作来往的船只，用自己的文具盒作小艇，自己当船夫，根据课文的描述，驾驶小艇穿梭河面等环节，不仅激发了学生学习的兴趣，也能使学生和教师之间产生互动，帮助学生理解课文内容。通过这篇课文的学习，学生对威尼斯这个水上城市有了一定的了解，对威尼斯的生活产生了向往。很多同学都愿意在假期和家长一起到威尼斯这个美丽的地方去玩一玩，亲自坐一坐威尼斯的小艇。我想，这就是语文学习的又一动力。语文学习不仅能让学生学习相关的语文知识，更是让学生热爱生活的一种方式。我想，好的语文课堂，是可以帮助学生身心健康成长的。作为教师，走出死气沉沉的书本和教参，走进活灵活现的课堂，也是一种心灵的享受。当然，这样的课堂更具灵活性，对教师的应对的要求也更高，教师才能够得以成长。

一堂有生命力的课，不仅能满足学生的需要，也能激励教师的成长，让教与学和谐地融为一体，我想这才是心智课堂带来的真正财富。

——赵璇

安可馨老师对心智课堂的理解与体悟也同样聚焦到“生命”上。

以前常说把课堂还给孩子，由于没有清晰的理念认知，课堂中的孩子如我们手中的风筝，飞得再高也是被老师牵着，不得自由飞翔，不能在高空中探索、再探索！而现在，有了育心教育的理念，我在关注知识的同时关注情感。课堂成为了孩子们展示自我的舞台，在这个舞台上，我看到了孩子们的智慧与潜能，我被他们所折服！原来打开智慧之门的钥匙就是情感，就是教师对学生深深的爱！这就是心智课堂的魅力所在吧！

课堂不再仅仅是教知识的场所，教师也不再仅仅是教书匠，教师在课堂上更应该探寻每个人生长发展的需求，站在生命的高度上，对每一个个体负责，通过心灵的交流碰撞，带给孩子们健康美好、积极向上的启蒙教育。

——安可馨

二、关注思维，关注方法

“学以思为贵”，“学而不思则罔，思而不学则殆”，由此不难看出“思”在古代学习中的重要性。在提倡素质教育的今天，“思”同样起着至关重要的作用。

“思”即思维，它是人脑对客观事物间接概括的反映。人是通过思维而达到理性认识的，所以人的一切活动都是建立在思维活动的基础上。思维是人类认识世界、改造世界最重要的主观来源，恩格斯把它比作“地球上最美的花朵”。

思维同样是创造力的源泉。创造力是在思维的基础上，将高智力因素与良好的非智力因素综合的表现。也可以这么说，创造力是在人们心理活动过程中达到最高水平，养成一定社会价值的综合能力。因此，培养学生的思维能力是尤为重要的。

阅读教学是语文教学的核心。通常语文老师在阅读教学中，为了让学生理清文章的思路、理解主要内容，所采取的传统方法就是让学生在通读课文之后将课文划分成几大段落，然后概括段落大意，进而总结出文章的中心思想。不可否认，这种教学方法有其可取之处，但它是建立在一种线性思维基础之上的思维过程，略显保守和陈旧。而思维导图具有放射性思考的能力和多感官学习的特性，现在逐渐成为教师的一种教学手段。它不仅有助于提高学生的认知能力、学习能力、理解能力和记忆能力，还能使师生双方都从新的视角对所学知识进行系统梳理、深化拓展，从而实现对知识的活学活用，提高学生的阅读思维能力。

《钓鱼的启示》是高年级的语文课，贾思涵老师在进行教学设计的过程中，引入了思维导图。学生通过思维导图获取知识和方法，思维得到发散和提升，从而感受到学习语文的乐趣。在愉悦的课堂氛围中，激发了学生对语文学习的兴趣，使他们感受到了语文这门学科所散发的魅力，学生的思维能力也得到了培养。

《钓鱼的启示》这篇课文，事与理有序连接、巧妙结合，对这种叙事说理文结构的感悟和借鉴，不仅能给予学生崭新的阅读体验，还能提升阅读的思维能力。

基于对教材的把握和学情的了解，贾老师从阅读和习作入手，力争渗透思维导图的学习方式。一开课就以学生为主体，让他们敢于提出问题，培养学生的语文质疑能力，并结合板书和学生的问题，建立起本课思维“导”图的主要框架——是什么、为什么、怎么写，这三个主要问题从上课伊始一直到写作指导部分都起到了引领的作用。接着展开学习，联系课文内容加以解决。在阅读的思考中，潜移默化地和学生一起构建了思维导图，为深入学习课文奠定了一个良好的基础。

为了培养学生的思维能力，构建思维导图，在接下来的教学环节中，学生主要围绕两大问题展开学习。一是为什么实践起来很难呢；二是作者是通过怎样的描写就写出了鲈鱼既大又漂亮的。通过学生的汇报交流和教师的引导，第一个问题很快就能解决(鱼大而且漂亮、钓得不容易、周围无人的环境)。在理解第二个问题时，在老师的引导下，学生们从读中感悟到作者是从人物的动作、神态、心理等细节进行描写的。教师结合学生理解后的回答将板书完成，当学生看到眼前崭新的思维导图式的板书时，不仅思维得到了发散和提升，而且对文本中主要问题的理解也上升了一个层次。

在阅读教学中使用思维导图，不仅可以解决学生记忆方面的问题，还可以调动学生学习的积极性，更可以激发学生更多地去思考与课文有关的内容，从而拓宽文本的深度和广度。本课所设计的思维导图从内容、理解到表达方式入手，提升了学生的语文思维能力。学生在阅读时的学习方法在发生着改变，而与此同时教师的授课方式也在进行转变，师生教与学的方式的改变过程也正是学生思维得以发展的过程。

在语文教学中，写作一直是令学生、老师最为头疼的一项内容，大家都在抱怨学生写不出东西。尤其是现在，学生越发缺少广泛的社会生活实践，每日只是在学校与家之间往返，把更多的时间用在了虚拟世界，造成了思维单一等现象。如何让学生不再惧怕作文？怎样才能让他们把自己的心里话与独特感受倾注于笔端或者采取其他方式表达出来呢？

思维导图用于写作教学同样具有较大的功效。在一节课的写作部分教师也进行了大胆的尝试：在运动会上，你获得的启示是什么呢？你为什么得出这个启示？你又会怎么写呢？学生带着这三个问题，去完成自己的思维导图。

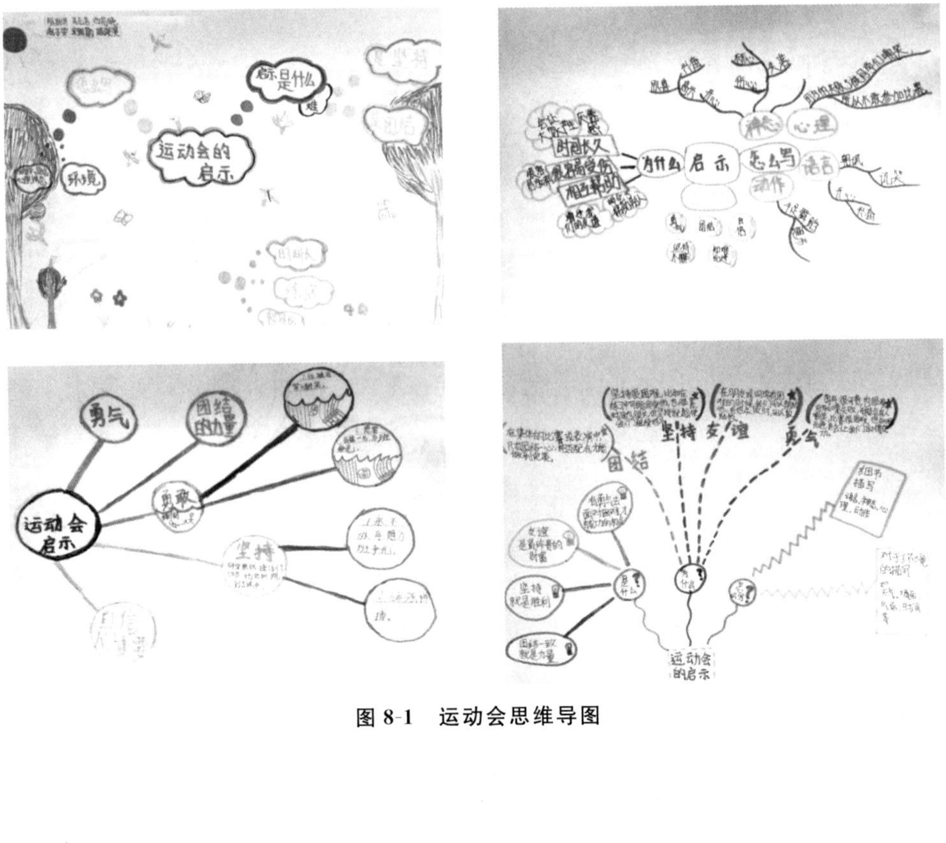

图 8-1　运动会思维导图

从学生绘制的思维"导"图可以看出，学生的思维是多样的。

例如，有的学生把启示定为"坚持不懈"，原因是要克服身体上的劳累、训练时的乏味、时间的漫长等。对于"怎么写"，学生结合自己的经历，有的侧重心理描写、动作描写，还有的侧重描写赛场的氛围等。绝大多数学生能做到思维有序，更有一部分学生思维得到了更好的发散。

所以说，运用思维导图优化了语文阅读教学过程——学生绘制思维导图、借助导图分享文本的理解、师生与生生互相交流、教师用导图导读导思。这种教学方式的转变，不仅改变了传统教学的纯课内阅读知识的讲授，而且唤起学生的阅读热情，催化学生产生浓厚的阅读兴趣，培养了学生思维的有序性和发散性，逐步提升思维能力。

三、关注创新，关注个性

心智课堂在研究过程中，将课堂的空间留给学生，学生在广阔的想象过程中，思维能力得到了充分的发展，创新精神得以培养和发展；学生在活动中主动参与，积极体验，也为创新精神的培养奠定了基础。

如美术老师们在美术课程中特别重视对学生个性与创新精神的培养，采取多种方法，帮助学生学会运用美术的方法，将创意转化为具体成果。

《图形变变变》是一年级课程。在仔细分析研读教材后，我们的美术老师贾晨申以"训练低年级学生的思维能力，培养其想象力"作为切入点，精心设计每一个教学环节，创设有时效性的乐学课堂。

《图形变变变》一课要引导学生利用圆形、三角形、梯形等这些基本图形进行组合，展开联想，表现生活中的事物。对于成年人来说，看到三角形，我们就可以联想到三角板、山峰、金字塔等很多形象。但对于一年级学生来说，他们能够联想到的内容就比较少，而且最容易联想到的就是常见的房顶，因为他们正处于直觉思维阶段，而在绘画发展阶段中，处于意象期初期。所以他们头脑中形象的储存量少，所能联想到的就比较有限，比较简单。那么，如何引导他们充分展开联想，训练思维能力，使他们能够创作出具有想象力的画面呢？

美术科贾老师精心设计了以下三个主要环节来解决重难点，训练一年级学生的思维能力，培养其想象力，从而提高学生的整体作业水平。

环节一：小魔术表演——调动学生的"内隐记忆"，并使其外化。

环节二：考眼力游戏——培养学生的“逻辑思维”能力。

环节三：大比拼竞赛——提高学生的“直觉思维”能力。

图形变变变

1. 小魔术

我以介绍好朋友的方式展示出基本形，学生根据已有的经验认识，都可以准确地说出这些基本形的名称。在此基础上，我激发学生的学习兴趣，告诉他们“这些基本形都是小小的魔术师，都会变魔术”，从而引出课题《图形变变变》。此时学生兴致高涨，我就以变魔术的形式调动学生思维，引导学生快速回忆起可以用这些基本形概括的生活中的事物，如圆形可变成熊猫；变成太阳；变成闹钟。我引导学生用圆形、长方形、正方形、三角形、梯形概括常见的生活中的物象。在小魔术环节，我有针对性地选择了动物、植物等，这些都是和学生密切相关的事物。根据一年级学生的认知规律，其实他们头脑中已经存在这些形象，只是没能被调动出来。所以，我利用小魔术为学生搭建支架，使学生快速回忆起这些物象，训练学生思维能力。我还安排学生互相启发，说一说：“这些基本形还可以变成什么?”充分引导学生展开联想。

2. 考眼力

在这一环节中，我设计了“考眼力”的小游戏，引导学生快速抢答：这些基本形组合成了什么？学生会在一步步地组合完成后看出是一只小兔子。这时，我出示生活中玩具兔子的照片，引导学生了解到生活中的事物是可以用基本形进行组合表现出来的。在此基础上，我进一步引导学生利用玩具兔子的照片进行概括：圆形的头，椭圆形的耳朵，圆形的身体，椭圆形的四肢，让学生学习利用基本形概括生活中物象的方法，并引导学生将这样的方法迁移到观察生活中其他物象中去，培养学生的思维能力。为了丰富学生的想象空间，我利用这种游戏形式继续引导学生概括生活用品及建筑，发散学生思维，为下一步绘画创作打下基础。

3. 大比拼

学生已经了解了利用基本形组合表现物象的方法，但是如何将这种方法落实到绘画表现之中，使学生的画面效果更加理想呢？针对此想法，我设计了“大比拼”竞赛。

在这一环节中，我精选了九个图形，让学生在充裕的时间内发挥想象力随意拼摆，比一比，谁摆的种类多。一年级学生的年龄特点决定他们在操作时有着偶然性和自发性，想象主题也不稳定，他们并不是根据事先想好的内容进行拼摆，而是会先随意拼摆图形，再根据拼好的图形联想摆出的到底是什么。而在充裕的时间里，反复拼摆实践会激发出他们灵感的火花，他们会不经意地拼摆出很多形象。这一环节的设计也在一定程度上培养了学生的思维能力。

图 8-2 拼摆图形

本节课，根据学生年龄及心理特点，我精心设计的教学环节营造了轻松愉悦的学习氛围，在短短的 30 分钟内，调动了学生多种感官参与学习。他们通过猜、拼、画等活动唤起“内隐记忆”，思维能力、想象力得以提高，学生的作业也呈现出多姿多彩的效果。

——贾晨申

想象力不是生来就有的先天素质，而是后天开发的结果，它是完全能够培养的一种能力。这节一年级的美术课，通过活动的形式激发所有学生参与课堂活动，在体验的过程中学生的思维能力得到了进一步的提升和发展，学生的想象力得到了提高。学生在课堂上充分展开想象的翅膀，任思维自由自在、无拘无束地飞翔，才可能出现无数的创意，为学生创新精神的形成和发展打下了坚实的基础。

四、关注自主，关注探究

自主探究能力，可以说是学生打开知识宝库的钥匙，因为一个人如果博学广闻、知识丰富，大都是靠自学得来的，这是无可非议的。因此，我们培养的学生应当是具有很高的自主探究能力的人。在心智课堂上，我们给学生更多自主探究的空间，让学生在参与中体验，在体验中感悟，在动手、动脑、动口等多感官活动中，学生自主探究能力得到提高和发展。

积的变化规律

积的变化规律属于小学数学运算概念范畴。在运算概念教学中，如何化抽象为具体、变复杂为简明，一直是教学关注的焦点。教材设计了两组既有联系又有区别的乘法算式，目的是要引导学生在观察、计算、对比的基础上自主发现积的变化规律。在研读教材时，我发现，这页教材出现最多的语句是“发现变化规律”。那么如何引导学生发现蕴含在乘法算式中变与不变的规律呢？学生会遇到怎样的困难呢？为此，我在授课前对学生进行了前测。

通过前测我发现，大部分学生虽然对比观察了算式，但是40%的学生不能清晰地表述自己的发现，16%的学生只观察了等号一边的变化。学生在观察较为抽象的算式时，观察方法单一，很难兼顾全面，或无从下手，不能有序观察。

以什么方法帮助学生建构、感悟积的变化规律的本质呢？我认为，几何直观可以借助形与数的对应帮助学生理解抽象的运算算理，还可以激发学生对运算规律的探究欲望，有助于运算规律的应用，可以说几何直观是运算概念教学目标达成的有效通道。

因此，我将本节课的教学目标制定为以下三点。其中，探究并掌握积的变化规律，应用规律解决实际问题既是本节课的教学重点，又是本节课的教学难点。

首先，带着学生动手操作，探究、感悟积的变化规律。为了给学生开放的探究空间，我让学生准备了长3厘米、宽2厘米的长方形。通过小组合作，来拼摆各式各样的长方形。在拼、画、算、说的过程中，将图形与算式建立联系，发现蕴含其中的变与不变。

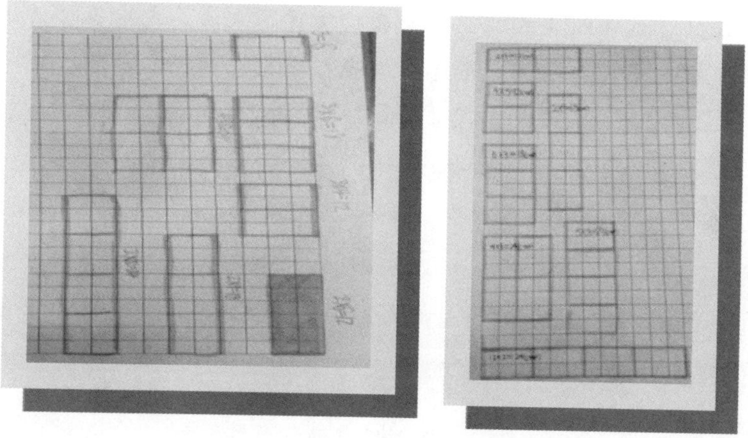

图 8-3　图形与算式建立联系

接着，带着学生分类观察，归纳验证积的变化规律。分类是发现规律的有效途径。通过分类，学生更加清晰地看到长方形一条边不变，另一条边变化，面积也随之发生了变化。

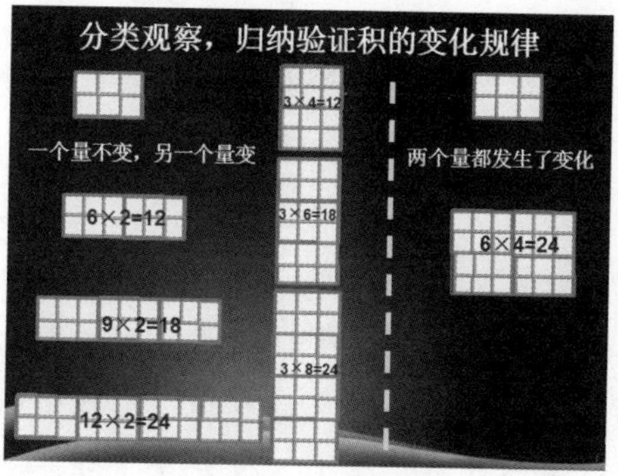

图 8-4　归纳规律

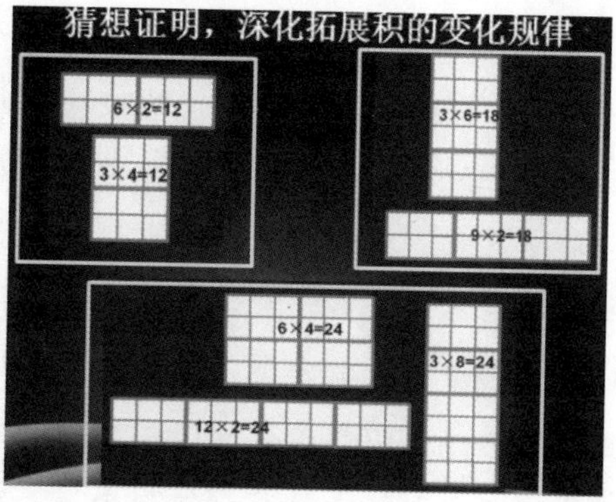

图 8-5　深化规律

然后，我引导学生观察第一类，结合图观察算式，看发现了什么。此时的观察发现是建立在学生已经积累了一定的活动经验，在动手操作的过程中对于长方形长、宽、面积的变化有了一定认识的基础上。

在这个环节，我提出了两个关键问题：

一、通过观察算式，发现规律，再思考一下之前的分类，有什么新的想法吗？学生说，其实这两类可以整合为一类，因为它们都是一个量变，另一个量不变，而这一类是两个量都变。随着第二次分类，学生头脑中对于图形和算式的本质特征更加明晰了。

二、仅仅通过一组算式就能说明我们发现了乘法算式中蕴含着这样的规律吗？学生想了想说，不能。那怎么办呢？学生说，可以再通过几个算式验证一下。

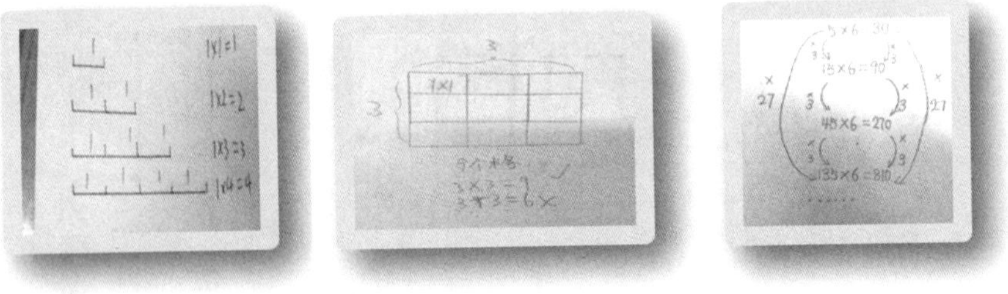

图 8-6　验证

这是学生的验证，看到孩子们的验证方法，我感到非常惊喜！有较大数据验证的，有用字母验证的，还有用线段图验证的。看着孩子们的笑脸，我说：“咱们真是发现了乘法中蕴含的规律，那试着归纳一下我们发现的规律吧。”

……

此时，我已经发现了这节课借助几何直观给学生学习带来的收获，孩子们已经开始有了把图形作为数学语言帮助自己说理的意识了。

接下来，我继续引导学生：分类帮助我们发现了积的变化规律，这些长方形还能怎么分类呢？学生提出还可以按照块数分类。

如果按照块数分类，什么变了？什么没有变呢？学生说：长方形的长和宽都变了，而面积没有变。两个因数都变了，乘积没有变。我说：那我们快研究一下，因数怎么变，乘积不变。通过这个环节，学生不仅发现了积不变的规律，也认识到不同的分类标准带给我们不同的观察角度，自然就会有不同的发现。

为了帮助学生更好地理解积不变的规律，我展示了学生熟悉的生活情境——两队变四队。看到自己排队的照片，学生非常开心，很快就列出了算式，生活中的情境与抽象的算式再一次建立起了联系。这时候，我告诉学生，其实生活中很多地方蕴含着积的变化规律，等着他们去发现。

联系应用，内化理解积的变化规律。为了检测学生对知识的掌握程度及我的教学效果，我抛出了这样一个实际问题：小区重新规划，原有510平方米的绿地，现要把长扩大到原来的3倍，宽扩大到原来的2倍，现在这块绿地的面积是多少？学生很快列出了正确的算式。以往教学中的难点、学生的易错点，因几何直观的介入而变得简单了。

最后在总结收获时，学生提到了很多帮助他们研究学习的方法——动手操作、分类、观察、验证。我告诉学生，正是这些数学思想方法帮助我们发现了积的变化规律。在今后的学习中，希望同学们能够应用这些方法，继续探索。

——安可馨

这是学生小学阶段第一次概括运算规律、应用规律。本节课上，我们可以清楚地看到，在动手操作的过程中，在教师一个个巧妙的问题引领下，学生不仅仅在形式上主动参与，最为重要的是他们的思维也经历了一个从直观到抽象的过程，在探究规律的过程中“形”成为了“数”的支撑。这就是学生真正主动探究的过程。由此看到，我们的心智课堂，是遵循学生发展规律的课堂，是在学生参与体验中启迪智慧的课堂，是学生自主探究、教师辅助指导的课堂。

五、注重融合，关注体验

学生的生活世界是由各种复杂关系相互交织在一起构成的。在这其中，学生与自然、学生与他人或社会、学生与自我的关系是生活世界中最普遍的关系。学生处理这些关系的过程，就是对学生的发展具有教育价值的活动过程。因而，学生的个性发展不是不同学科知识杂汇的结果，而是通过对知识的综合运用而不断探究世界与自我的结果。

心智课堂是关注人的情感体验的课堂，其根本目的在于根据个人自身完善和发展的需要，帮助并激发儿童的天赋和能力，使人的自然本能和本性得到自由发展，成就人的价值。因此，学生不应该仅仅在教室内接受单一学科的教育，而是要通过多种形式的教育教学活动，让学生真正走进大自然、走进博物馆、走进社会，去亲身感受人与社会、人与自然的关系，这样才能够促成学生“成‘人’”的教育愿景。为此，在心智课堂的延展研究中，我们的教师开始尝试学科综合实践活动，这种综合实践活动课程超越了严密的知识体系的学科界限，着眼于学生的整体发展的综合性特点，它的内容更具自主性和开放性，它以学生的现实生活需要、社会需要，学生素质发展的需要以及促进学生个性发展为总目的，它能够满足学生的个性差异，提升学生的综合素养。

如结合课文《圆明园的毁灭》，五年级语文学科和同年级其他学科开展了学科联动教研。如品社学科和美术学科，活动前制订了详细的综合实践活动计划，老师们一起研讨制作了任务单。活动当天学生带着任务，来到了圆明园，在体验中感悟历史的沧桑，用画笔画出了历史的沉重，用一句句肺腑之言表达了自己的情感，非常圆满地完成了学科联动综合实践活动。

实践活动当天，在去往圆明园的路上，老师把精心设计的学习单发到学生手中，让学生对今天外出实践要学习的内容有了初步的了解，使学生能够带着问题参观游览，带着思考进行学习。因为刚刚学习了《圆明园的毁灭》一课，学生在感受祖国璀璨文明的同时，也了解了一段中华民族屈辱的历史，所以对学习单上的题目并不感到陌生。到了圆明园遗址，同学们积极地参与了“新天地，乐实践——构建语文新课堂”的语文现场实践活动。在听了秦安文老师激情的演讲、贾思涵老师动情的诗朗诵后，师生们心潮澎湃。所到之处，秦老师一路讲解，补充了很多的历史知识。当语文课堂迁移到实处，参观景观、领略文化时，学生的视野更加开阔，吸收、储备的信息量更大。

在参观完遗址景观后，同学们纷纷拿出当天的学习单奋笔疾书，有的写下了当时的感受，有的画出断壁的景观。回到学校后，各班进行学习体会的分享。从同学们的发言中，老师们深刻地感受到，学生领悟到圆明园的残柱上记录着我们的耻辱，历史的教训就是“落后就要挨打”。许多同学在学习单上这样写道：“站在遗址前，我看见了残垣断壁，手摸到了那冰冷的石块。我回忆起课文中外国侵略者在园内肆意烧杀抢掠，出园时每个人的腰包都鼓鼓的，甚至还放火将这具有无限价值的圆明园付之一炬。我不禁感慨：圆明园的毁灭是我国屈辱历史的一段见证，它的残垣断壁仿佛在对人们诉说它辉煌的过去，又好像在向人们讲述侵略者的残暴行径。它的毁灭在我国文化史上，在世界文化史上，都是不可估量的损失！我们要好好学习，长大后为祖国服务，不让祖国再受蹂躏，让祖国永远列于强国之位！”还有的学生得到了这样的收获：“虽然今日的圆明园已变成一片废墟，但我们更不能忘记侵略者从我们中国掠去的奇珍异宝和给[redacted]家带来的耻辱。此时，我握着拳头，心里万分愤怒与惋惜，但也默默下定决心：我一定要好好学习，长大后报效祖国!”听着他们铿锵有力的发言，看着他们激动坚定的神情，老师们感到学生的收获是满满的，不但激发了他们的爱国热情，加深了对侵略者的仇恨，而且增强学生振兴中华的责任感和使命感。

由于有了品社学科的联动教研和联合实践活动，我们在读书中激发了学生的爱国情怀，在写画中渗透了思想教育，深入地践行了社会主义核心价值观，抚今追昔，勿忘国耻，奋发向上，实现习主席提出的“中国梦”。在现场，学生目睹残垣断壁，我手写我心，并画出那份沧桑与悲凉，画出了历史的沉重，每一个笔道、线条，都真实地记录了历史的风云。

从学习单的初读到实践过程的思考，从学习单的填写，到知识吸收的反馈，学生们的综合能力有所提升。如审题的能力，信息的筛选，认知的判断，填写的表达，对旧知识的积累，对新知识的吸收与消化等，都在原有的基础上有了各自的进步与发展。学生知道学前要有准备，学习要有目的，学习的过程要有独立的思考，也要有与伙伴的交流合作，这些智力方面、非智力方面的收获对学生未来的发展大有益处。

实践活动带来了语文课堂的新面貌，为学生发展服务就是我们最终追求的教育教学目标。有了这次实践活动的成功，老师们又陆续开展了其他综合实践活动，如语文学科和学校德育联动开展的“走进图书馆”的综合实践活动，大大激发了学生的阅读热情，取得了非常好的教育效果。

综合实践活动是心智课堂的延伸，可以研究和开发的形式和内容还有很多，比如还可以研究“家校联合的综合实践活动模式”“主题式综合实践活动模式”等。这些还需要我们的教师更为深入地探索，大胆地创新，逐步摸索、形成符合年段特点、具有年级特色、满足学生个性化需求的实践课程。让我校的心智课堂建设助飞育翔梦，帮助学生飞得高远，飞得幸福。

总之，我校的心智课堂是以学生为中心的课堂。在这样的课堂上，我们的学生全面参与，大胆质疑，思维的火花频频迸发；我们的学生全员参与，同学间主动交流疑难问题，互相补充，甚至激烈争论；我们的教师全程参与，师生间平等对话，其乐融融。在这里，学生的人格得到尊重，身心得以放松，知识不断丰富，能力逐步增强，学习真正成了学生自己的事；在这里，各科老师根据学生的年龄特点、知识经验和认知规律，抓住学生思维活动的热点和焦点，为学生提供丰富的材料进行设计，让学生在不知不觉中学会知识，提高能力；在这里，孩子们兴致勃勃，笑声阵阵。学习，真正成为一件有趣的事情。请听听数学课堂学习后，来自学生心声：

我最感兴趣的就是找规律，上课时老师给我们展示了很多生活中的规律。原来生活中有那么多的规律，以前都没有注意到。我还特别喜欢自己创造规律，让别人猜猜我画的规律是什么，考考大家，我觉得特别有趣。

——一年级(1)班　许琪壹

在数学课上，我可以学到好多有趣的东西，比如制作大风车、制作米尺、自己创造规律。数学可以让我动脑筋、想办法，让我学会了思考，使我变得更聪明。我还会算账呢，知道买冰激凌给多少钱，应找回多少钱，我愿意学数学。

——一年级(2)班　李丝淇

曲老师让我们在家里用图画记录在生活当中见到的数，我很喜欢画画，在家里家外找自己能见到的数字并画了下来，觉得数学学习非常有意思。

——一年级(6)班　邓天尧

曲老师为了让我们认识图形，教我们用七巧板拼图形，开动脑筋，用7个不同形状的小板就能拼出各种各样的动物，真神奇！你看，我正努力想拼出一匹小马呢！

还有，在数学课上我还学会了脑筋急转弯呢，给你出个题目：8根小棍，摆出两个菱形，要求只挪动两根小棍，把它们变成一个菱形，你会吗？

哈哈，想不出来吧！我也是想了好久没想出来，后来曲老师教会我了：把两根小棍挪动位置，变成“一个”这两个字，这不就成“一个菱形”了么？回家后，我把爸爸妈妈都考住了！

最重要的是，在数学课上，我学会数的加减了，每次出去吃饭，都是我把所有菜的钱加起来后，告诉爸爸妈妈应该交多少钱。有一次，我还帮助爸爸妈妈发现了一个错误呢，被他们大大表扬了一番，太有成就感了。

——二年级(2)班　王羽扬

数学是我最喜欢的课程，因为我们生活中处处离不开数学。通过小学这两年的学习，我知道了：时间是数学、钱币是数学、距离是数学、重量是数学……飞机飞行用到数学；宇宙飞船用到数学；买水果、买玩具用到数学；摩天轮的运转用到数学。数学无处不在！

——二年级(2)班　张澜骞

这个学期，我们的作业变少了，有更多的时间做自己喜欢的事了，真的很开心！数学的课后作业都变成了有意思的生活实践活动，老师告诉我们去用一些生活中的常识解答问题，如通过到超市中去买东西来了解“克”和“千克”的知识，要求我们在家中观察一些平移和旋转的东西等。在生活中完成的这些练习，让我们把数学知识记得特别清楚。还有数学小报、实践小报，都是我们非常喜欢做的，它们使我既复习了知识，又锻炼了动手能力。

——二年级(9)班　饶家毓

记得那是我刚上四年级的一天，在一节数学课上，安老师让我讲题。我大步走上讲台，开始发言。在讲题时，我发现安老师总是边听边频频点头。讲完后，安老师对同学们说：“给曾老师来点掌声吧！”霎时，台下响起了热烈的掌声。从此以后，无论老师还是同学，都亲切地叫我“曾老师”，我非常喜欢这个称呼，它使我更加自信，更加喜欢数学！

——四年级(2)班　曾冠宁

“轴对称图形”课上，老师先发给大家每人三张彩纸，同学们举着彩纸，都疑惑地看着老师：“老师，发彩纸干吗用呀？”老师笑了，神秘地说：“一会儿你们就知道了！”老师打开电脑文件，屏幕上立刻出现了一些色彩斑斓的图案。“哦！”同学们惊奇地叫了出来。老师指着屏幕问道：“谁能告诉我这些图案是不是轴对称图形啊？有几条对称轴呢？”学生回答：“这是蝴蝶，一条对称轴；那是地毯，四条对称轴；那是大灯泡，一条……”还没说完，底下已经乱成了一锅粥：“老师，那是皮球，无数条对称轴！”“老师，等边三角形，三条对称轴！”……老师笑了，双手向下一按，教室里立刻鸦雀无声。“你们知道轴对称图形的特征是什么吗？”接着，老师详细讲解了轴对称图形的特征和特例，同学们听得津津有味。忽然，老师提高了嗓音，说：“同学们！现在就让我们一起制作漂亮的轴对称图形吧！”一阵雷鸣般的掌声过后，同学们都兴高采烈地忙碌起来，真是八仙过海，各显神通。不一会儿，一件件漂亮的剪纸图案诞生了。老师喊道：“同学们，这是我们用双手精心制作的，咱们把它们粘到展板上，好吗?”“好!”

大家跟着老师把展板布置成了一个五彩的奇妙世界。这是一堂有趣的数学课，学生们在热情参与中获取了关于对称的知识。

——四年级(3)班　蔡天悦

“正方形展开图”课上，共有11个正方形展开图。起初老师拿出1个展开图，通过反复折叠，将一个正方体展示在学生面前。学生不理解。接着老师又陆续拿出其余10个展开图，都折成了正方体。老师还风趣地说：“三连方像一匹小马驹呢!”正是李老师形象生动的比喻使学生们深深地记住了这11个展开图。

——五年级(6)班　塔拉

第三节　心动德育，润泽心灵

心动德育的起步早于心智课堂，我们开展过精彩的打动人心的入队典礼、别致新颖的迎新活动英语嘉年华、快乐自主的读书节、动手实践的科技节等许多经典的德育活动，这些丰富多彩的活动足以在孩子们心中留下印迹。让我们的孩子都成为有童年故事的人，这样的童年才是幸福的。随着心动德育研究的深入，心动德育理念开始融汇于日常的教育之中，碰撞出无数的火花——难忘的活动、校园赛事、班级生活、升旗仪式等，绚丽多彩。

一、丰富活动，快乐成长

腹有诗书气自华，书籍是传承文明的载体，是人类进步的阶梯。好书是能滋养心灵一生的东西，应从小培养孩子的阅读习惯，让孩子爱读书、会读书、读好书、常读书，让书香飘满校园。

“读好书、唱童谣——争做文明使者”是从2011年9月起开展的一项长期的主题教育活动，所有的教育活动都紧密结合读书活动开展。

通过一系列的教育活动，无论是在高年级学生还是中年级学生中，甚至在刚刚入学的低年级学生中，读书都成了孩子们的最爱。无论是课间还是午后，学生最喜欢的就是班里的借书角和年级的“开放阅读吧”，随处可见安安静静捧着书读的孩子，读书已经成为育翔一道亮丽的风景。

莎士比亚曾经说过：生活里没有书籍，就好像没有阳光；智慧里没有书籍，就好像鸟儿没有翅膀。一本好书就像是我的一个好朋友，我可以从书中汲取到很多对我有益的东西。我喜欢读书，读书丰富了我的生活。

读书给了我幸福和快乐。记得小时候，常常是安徒生、格林童话伴着我进入甜甜的梦乡。那时候我最大的乐趣就是缠着妈妈给我读童话故事。我常常把自己当成书中的主人公，同他们一起紧张、兴奋和快乐。我曾为卖火柴的小女孩悲惨的命运伤心不已；为美丽善良的白雪公主终于摆脱了狠心的继母，和英俊的王子过上幸福的生活而激动得热泪盈眶；为丑小鸭变成了一只美丽的白天鹅而欢呼雀跃。

读书带给了我许多知识。现在，我已经是一名四年级的小学生了，自己可以阅读更多的书了，我对书籍更加爱不释手。看吧，我的书柜中已经摆满了各种各样的书籍。《小妇人》《假如给我三天光明》这些世界名著仿佛把我带到了一个奇妙非凡的世界，与书中的人物进行心灵对话，让我体会到了对人生的感悟；《十万个为什么》《可怕的科学》这类科普书籍激发了我对科学浓浓的兴趣与爱好；漫画《绝对小孩》却是寓教于乐，在轻松中给了我对生活的启迪。我深深地陶醉在书的海洋之中。

读书给了我无穷的力量。在书的海洋中，我结识了不向命运低头、创造了生命奇迹的海伦·凯勒；结识了助人为乐、愿做一颗永不生锈的螺丝钉的雷锋叔叔……读书让我学会了在困难和挫折面前做一个坚强、乐观的人。

我喜欢读书，读书不仅让我增长知识，读书还给了我幸福、快乐和力量。

——吴宇琛　《读书，丰富了我的生活》

除了读书节，学校还开展了其他丰富多彩的主题活动。

科技节上齐动手，自主创新出能手；英语节上展风采，话剧小品带配音；体育节上显英姿，个人团体争第一……

学生们在参与各项活动的过程中提高了能力，陶冶了情操，展示了自己的风采和魅力。学校还努力为学生搭建各类平台，结合校内外的教育资源，组织多姿多彩的各类教育活动。学生参与各类活动的过程，不仅仅是逐渐丰富知识的过程，更是开始接触社会、了解社会，在活动中逐步提升综合素养、增加文化内涵和提高修养的过程。多姿多彩的德育活动吸引着不同年龄、不同特长的学生，使很多学有余力、学有所长的学生有了展示自己优势的舞台。

大队辅导员郭老师带领我和另外几个少先队员参观了北京青年报社。通过这次参观，我了解到了新闻的制作过程，体会到了记者、编辑叔叔和阿姨们工作的辛苦。

——范约熠 《参观北京青年报社》

2013年4月28日这天，我们红领巾通讯社的小记者在老师的带领下，来到红领巾公园参加“重温长征路，环湖健步走”北京国际青年营文化启动仪式。

我们参加了开幕式，听老师讲解关于长征的知识。北京团市委副书记郭文杰叔叔耐心地一一解答了小记者们的问题。小记者问他如何将长征精神和我们的学习生活联系在一起。郭文杰叔叔告诉我们，在校园里、生活中要学习长征中互相帮助、不怕困难的精神。

这次活动我们都受益匪浅。在长征石碑前我们用相机记录下了这宝贵的一刻。

——王忻然 《“重温长征路，环湖健步走”活动采访报告》

我的游学生活

2012年8月1日我告别了爸爸妈妈，和老师、同学们一起登上了前往英国伦敦的航班。我的暑期游学生活正式开始了。

1. 学习

看看课表，我们的学习生活安排得满满的。在这次游学中，教过我们英语课的老师有 Ms. Ina 和 Mr. Ben。两位英国老师的授课内容很丰富，教学方法也非常好，比如通过填写纵横字游戏来让我们背单词。通过这次游学，我们还学到很多语法，像一般过去时、过去进行时、过去完成时、“used to”的用法等，老师们一般是通过一些故事(如像007、海盗的故事)来引出当天的主题。除了学习英语，我们还学习了一种英国的传统舞蹈。这是一种集体舞，动作很容易学，不过要是想从整体上达到很好效果的话，还是要靠大家去努力呢。没想到我们的英语学习如此轻松、愉快，真想每个假期都来学。

2. 生活

我们和老师都分成了小组，我们组有6个同学，由乔主任带队，孙拓是我们小组唯一的男子汉。原来在学校和乔主任接触很少，家长不在身边的这半个月，乔主任就像妈妈一样照顾我们。

游学生活很有规律。7 点起床，8 点吃饭，9 点 15 分上课；12 点吃午饭，下午 1 点开始活动；晚上 6 点吃晚饭，7 点半开始晚上的活动；晚上 10 点准时熄灯休息。我非常喜欢吃西餐，从家里带来的零食根本没怎么动。

在英国的第一个早晨，我 5 点就醒了，开始倒时差。我们宿舍的四个人都醒得比较早。6 点钟我给妈妈打了个电话，这时北京是下午 1 点。第一次远离爸爸妈妈，我很想家，打电话时我也没有跟妈妈讲，要不他们就更不放心了。我们宿舍一共有四个人，都是我们班的同学。我们四个一起吃饭，一起活动。一个人得了奖，我们四个都高兴；一个人有困难，我们大伙都来帮助她。我很快适应了游学生活，快乐地度过了每一天。

3. 出游

这次游学活动中，我们去了牛津大学、剑桥大学，参观了大本钟、伦敦眼、伦敦塔桥、白金汉宫、温莎城堡等。每次出游时间都很紧张，出游和购物要遵守时间，听老师的指挥，坐客车时务必要系好安全带，不在行进的车里走动。我用爸爸妈妈给的零花钱，给家人买了小礼物，希望他们都能分享我这次游学生活的快乐。

能到牛津大学和剑桥大学这样著名的学府参观，我很兴奋。牛津大学离伦敦比较近，当天我们就返回了学校。剑桥大学离伦敦大概有 100 公里的路程。我们告别了爱德华贵族学校的老师，来到了剑桥，住在了剑桥大学。这里有一条很有名的河，叫剑河。我们和老师泛舟剑河上，乘坐的不是电动的船，也不是脚踏船，而是要船夫来撑的小船。我还去学了一下如何撑船，我发现，要想撑好船，必须有力气。

难忘的游学生活很快就结束了。这次游学生活我有很多收获：生活自理，十多公斤的旅行箱自己可以搬上三楼，也可以从三楼上搬下来，原来都是爸爸妈妈搬箱子，以后我也可以给他们帮忙了；和同学们一起过上了集体生活，大家互相帮助，彼此关照，就像亲人一样；饱览了异国风光，开阔了视野，我希望将来能到世界其他地方去看看。

——五年级(6)班　赵唯

丰富的校园生活给孩子们留下了美好回忆，在享受快乐的同时，他们也收获了一份成长。

二、典礼文化，终身留痕

典礼文化蕴藏着无形的教育资源，亲情传播、共享快乐、承载责任、精神传播等一系列精神内涵感染着学生，打动着学生的心灵。典礼虽然不大，但可以说是人文精神的充分体现和折射，是我们将和谐、愉快放在了教育本位，将人文精神落到实处的必然结果，是给孩子们和谐的精神、心理拔节的一个“体温表”。

不少著名学府的毕业典礼上都留下了经典的演讲，其中很多话都成了教育的经典名言，在这样高质量的典礼文化中，学生们的成就感、成功感、被尊重感以及社会责任感瞬间就被激活了。他们虽然毕业了，但这富有意义而令人骄傲的典礼却留在他们的内心，成为无穷的精神动力。

在育心教育理念引领下的育翔人，开始逐步打造我们特有的典礼文化，形成我校一道独特的风景线。一个个精心策划的典礼，留下了一个个难忘的情景，让学生在快乐成长的道路上洒下了一行行感动的泪水，打动着学生的心灵，使学生在感悟中快乐地成长。

少先队是中国少年儿童的群众组织，是少年儿童学习共产主义的学校。它的成立彰显了社会发展的进步，肩负了时代发展的期望。少先队入队仪式是每个学生人生中的重要节点，它象征着学生从此有了自己的责任、自己的义务、自己的目标，有了让自己积极向上的信心和决心。因此入队仪式不仅仅是一种仪式，还是教育的一种载体，更是展现我校心动德育的一个重要平台。

2012年建队日前夕，我校在红领巾公园内的红领巾之歌主题广场举行了庄严的二年级入队仪式。在队会仪式上，我们充分利用红领巾公园的环境内涵，请二年级活动辅导员介绍“红领巾之歌”主题广场，由学生们来讲述在广场两侧矗立的八位小英雄的故事。当家长亲手为学生佩戴上红领巾后，每班有两名新队员代表在队旗下表决心。最后，学生在小英雄塑像前，献上自己的目标卡。

一系列生动精彩的展示，令孩子们的自豪感油然而生。

队旗下，425名二年级学生戴上红领巾，成为了光荣的少先队队员；队旗下，每班两名新队员代表表决心，他们个个握紧拳头，无比激昂地宣誓，决心坚定爱国信念，勤奋学习，迈好人生的第一步。队旗下，家长代表的讲话，让新队员们倍感亲切和温暖。忆往昔，感今朝，展未来，家长们用亲身的感受讲红领巾、讲童年的理想、讲自己的努力和对孩子们的期望，赢得了孩子们的阵阵掌声。

在现场，所有人被激动无比、热情绽放的孩子们感动了。老师和家长们脸上挂着泪花，分享着孩子们的进步与快乐。

家长们感言：

“时隔 26 年，当听到队歌响起，心里涌出久违的激动！”

“当听到小同学们慷慨激昂的入队宣誓和嘹亮的队歌时，我激动万分。我给孩子佩戴红领巾时，手都颤抖了。”

“情”的营造与渲染让这次入队经历根植于每个参与者心中。共同的情感经历密切了大家彼此的关系，无形中在学生周围形成了一个情感能量场，使他们在其中得到了极大的满足和鼓励，而这种鼓励与慰藉是积极的、正向的，有着清晰目标和正确指引的。以情促行，情感的升华可以帮助行为获得更大、更加积极的改善。

在“感恩母校，扬帆起航”毕业典礼上，学生们在留言板上给母校留言，近 300 条彩色留言，凝结着一颗颗孩子们的心……

于泓潇：老师，您是雨水，我是您的爱心小苗苗，我在土壤里扎根，需要浇水时，是您把我浇灌。

冯昊玥：6 年过去了，很多的同学、很多的事一一浮现在眼前，挥之不去。我收获了快乐，培养了勇敢的品质，学到了良好的学习方法。感激、难忘一起涌上心头。

马瑶瑄：今天，是可喜可贺的美丽日子，我们毕业了。回忆 6 年的学习生活，我心情澎湃，思绪万千。进校第一天我很害怕，不停地哭，现在我依依不舍，又哭了，是你们让我离不开，让我爱上了育翔小学；是你们蜡烛般的精神照亮了我，给了我勇气，使我不仅学习优异，还担任了班长。今后我一定不辜负你们的厚爱。

姜雨萱：感恩母校，您让我茁壮成长；感谢老师，您教会了我像海绵一样汲取知识；感谢同学，你们给了我快乐和友谊。我们即将开始新的起航，我为母校祝福！

李天阔：育翔小学把我引入知识的海洋，让我快乐，让我自信。现在即将离开，心中有一种说不出来的感觉，将来一定要报答母校的恩惠。

于屹泉：我的每一点进步，都凝聚着刘爱馨老师的心血，我让您操了很多心，您都不烦我，像母亲一样对我很宽容。我要用一生来感恩您！

刘昊望：前三年，我吃了很多苦，受了很多罪，身体还受过一次重伤；后三年，我的心情最快乐，学习轻松，成绩突飞猛进。感谢安可馨老师，是她让我发现自己有数学天赋；感谢刘爱馨老师和张雅媛老师，她们二人让我在班级里有了很多朋友，收获了友情。我成长得不容易，所以我会记住你们，感恩你们。

白婧贞：育翔小学六年级(4)班就像《红楼梦》里的大观园，到处都有幸福的芳香和诗意。我特别快乐，我要把微笑与快乐带到中学去，以表示对母校的感恩。

从那一个个用钢笔或水彩笔写就的汉字里，我们阅读着一颗颗纯洁、朴素、感恩的心，看到了孩子们纵情地放飞他们的语言天赋与灵气。在汉语的海浪中，孩子们虔诚地陶冶着心灵，在汉语的草地上追逐着未来的童谣。在这里我们读到的不仅是博爱与给予、感激与收获，而且读到了希望和明天。

一张张多彩多姿、学生亲手绘制的留言卡片似一朵朵情感的浪花，当它集中起来时，汇聚的便是一片感恩的海洋。

小小的心灵因为得到了优质教育而懂得了“回报”，因为得到了关心而懂得了“关心”，见到孩子们的“汇报”“关心”，即使再冰冷的心也会融化、也会激动。

毕业典礼上有一个环节是发给学生一封家长的信，家长用含蓄的语言写成了长长短短的信，有回忆的、有祝福的，把六年中最想对孩子说的话，以信的方式告诉了孩子。信中充满了温馨，有的孩子现场流泪了，很多家长也忍不住热泪盈眶……

在毕业典礼上，学生们拿到校长亲自颁发的毕业证书，自信地站在台上，向往着美好的未来，相信这一幕一定会深深地印在学生的脑海中，这一幕也见证了学生们的成长。

六年的岁月，既漫长又短暂，六年的小学生活一幕幕犹在眼前。而如今，他们都将离开，飞向广阔而湛蓝的天空。他们长大了，再也不是那嗷嗷待哺的雏鸟，他们要变做那展翅翱翔的大鹏，蔚蓝的天空在向他们召唤。成才之路从这里开始，不管以后走得多远，飞得多高，这里一直是他们成长的土壤。而我们，每一个育翔人，就肩负着这样光荣而神圣的使命，让我们以一颗充满智慧和爱的心灵滋养学生们的心田，让他们在快乐中成长！

三、呵护心灵，关注成长

教育是一门艺术，需要育人者的智慧和创造力。教育应该是春风化雨，悄悄浸润学生的心灵，能够真正走近孩子，走进孩子的心里，去了解他们的内心世界；能从孩子的视角去思考问题，寻求解决办法。当面对孩子出现一个又一个“问题”的时候，教师们要走近孩子，走进孩子的内心，真正了解他的所思、所想，了解他行为背后的动机，发现属于孩子的真正世界。这就是我们所说的育人先育心，以心为本。

【案例分享 1】

这次我没发火

——张娜

做了十九年班主任的我回顾往事，与学生间发生的酸甜苦辣的故事许多都已淡忘，但用爱尊重、鼓励、引导一位应该受到批评的同学的故事，我至今仍牢记心中。这件事让我深深懂得：爱学生，就得像对待花瓣上颤动欲坠的露珠那样，小心呵护孩子们的心灵，让学生充满自信与自尊，快乐地度过每一天。

记得两年前，我班有一名学生叫殷子文。七岁时父亲因车祸去世，她长期同母亲生活在一起。这个孩子性格孤僻，比较自私，做什么事总是先考虑自己。去年，她妈妈改嫁，她就变得更加孤僻了，身上缺少孩子所特有的活泼、开朗、乐观的精神。她最大的爱好就是看科普方面的课外书，经常不分课上、课下地阅读。为此，科任老师和班内同学没少找我告状。我也常为此批评她，可总是收效甚微。

记得一次上科任课，上课铃响后，我回到办公室。刚坐下没几分钟，班干部就跑来气急败坏地说：“张老师，您快去看看吧！殷子文看课外书，老师要把她的书给没收了，她却拽着书不撒手，还与老师顶嘴。老师让我来叫您。”我赶到班里一看，殷子文正红着脸，怒视着老师，一脸不服气的样子。

看到这情景，我顿时火冒三丈，刚想冲她发火，但转念一想，此时不能激化矛盾，要保护她的自尊心，给她一个台阶下，而且这正是寻找师生情感连接点的最佳时机。于是我很歉意地让科任老师先回办公室，改天再补上这节科任课。

科任老师走后，我很客气地请殷子文坐下。然后我就以“看课外书有什么好处”为主题，组织学生展开讨论。大家你一言、我一语地争相发言，可殷子文只是默默地坐在那儿一言不发，显然怒火消了很多，但脸上充满疑虑。

在大家讨论后我发言：“既然看课外书有这么多的好处，咱们班的殷子文又这么爱看科普书，我们应该支持她。你们谁家有这方面的书，明天带来借给她好吗？”“好！”我的建议得到同学们的响应。这时的殷子文，很诧异地看了我一眼，还是没说话，但看起来心情好了许多。

第二天，我把同学们给她带来的书和我特意给她买的一套科普书籍放到了她的面前，她激动得热泪盈眶。我对她说：“你看，老师、同学们都很支持你看课外书，希望你认真阅读，期末由你协助班干部组织召开一个‘科普知识竞赛’。不过你必须答应我，不在课上看这些课外书。”只见她频频地使劲儿点头。我又用此事教育全班同学，爱读书是好习惯，但是读课外书的时间应该……

此后，我发现她好像变了一个人，课上不再看课外书，专心听讲，学习成绩直线上升，但课外爱读科普书的爱好依然没变。我还发现她变得爱笑了，人也不那么孤僻了，开始和同学友好交往，和我的感情日渐亲近。在期末的一次作文考试中，她还写了一篇充满真情实感的作文《我爱我的老师》。

这次我没发火就把问题解决了，这让我很感慨。看着孩子可喜的变化，我想起了一位名人说的话：“差生是小草，优生是鲜花。就让所有的小草和鲜花都享有同样的阳光，让他们快乐地成长吧。”是的，每位学生都有他自己的长处、弱点，尤其是后进的学生。教师要学会尊重、关心他们，要努力寻找他们身上的闪光点，鼓励发扬；要艺术地处理他们出现的问题，选择适当的教育时机、采用适合的教育方法加以批评、引导，使这些孩子能够感受到爱和尊重，体会到成功的快乐，他们一定会慢慢进步的。让每一个孩子都能在充满关爱、充满自信的氛围中健康快乐地成长，我想，这正是我和所有的教育者所苦苦追寻的目标。

【案例分享2】

自信点亮她心中的明灯

——殷园园

一、案例背景

我们的时代，需要孩子有敢于冒险、敢于探索、善于竞争的心理素质。为此，对自信心的培养显得尤其重要。

在现实生活中，盲目自信、期待过高，导致失败的事情时有发生，但在学生当中，更多的情况却是自我评价过低，在能够完成的事情面前，认为自己干不了，不能胜任，于是畏缩犹豫、裹足不前，压制了内在能力的发挥，丧失了锻炼的机会。过强的自我否定评价就是通常所说的自卑感。有自卑感的学生行为怯懦，处处依赖老师、父母和同学，活动效率很低。小学生处于生理发育和自我意识迅速发展的阶段，情绪的两极性较为明显。老师的疏忽、教育的误区很容易使孩子产生自卑感。使学生增强自信，获得成功，享受成功的喜悦，途径有很多。针对班级情况，在平时工作中，我对学生多做肯定性评价，用期待的目光、激励的语言培养学生的自信心。

二、案例过程

王仪是我们班一个品学兼优的女孩子。她喜欢画画、写作、朗读，各科成绩优异，人际关系良好，两年来在区级美术、书法、作文比赛中多次获奖。在我看来，一个八岁的孩子能有这样的成绩，她内心应该是无忧无虑、充满自信的。但通过一段时间的观察，我却发现我想的并不完全正确。

在一次家访中，她的妈妈悄悄地告诉我："王仪只喜欢连续做她擅长的事，对于自己可能会做不好或需要努力才能做好的事总是选择逃避。例如，有一次为了给集体争光，她信誓旦旦地要学乐器，于是自己选择了学习手风琴。一个学期下来，在汇报表演中，我却发现她一直低着头，等大家都表演完了，她也没有举起小手。这急坏了旁边坐着的我——明明昨晚拉得很好，怎么今天就不敢举手呢？王仪在回家的路上跟我说，她怕自己拉不好，被人家笑话。"

我不敢相信平时课间和同学吵吵闹闹、被大家认为很"刺"的她竟然会有这么不自信的时候。于是我打算在新年联欢会上一探究竟。

机会总是给有准备的人。新年前学校宣布今年的联欢形式是每个班出一个节目，六个班的同学组成汇报表演小组分别去各个班表演。抓住这个好机会，我在班会中把学校的安排公布给大家。同学们立刻欢呼起来，是呀，孩子们平时学习太辛苦了，家长带来的压力又大，放松精神玩耍对于他们来说是奢求，他们多么想在联欢会中展示自己学习以外的本领，和小朋友们交流切磋呀！此时他们已开始高兴地谈论联欢会表演什么节目了。我说："谁愿意跟大家说说，你打算表演什么节目或平时你有什么特长？学校给你一次展示自己的机会，可要好好把握呀！"大家立刻争先恐后地举手表达。我看到王仪也跃跃欲试，只是手举得太低，连同桌都想帮她举手。

我看着她说："联欢会遵循自愿的原则，老师希望大家能积极参与，只要你自信勇敢，不管表演什么内容都能给大家带来欢乐。"

她好像听懂了我的话，手突然举高了一些，我抓住这个机会说："听说王仪为了在联欢会给大家表演节目，为班级争光，很早就报名学习了手风琴，已经会拉很多曲子了，是吗？"她点点头，但马上说："刚学恐怕拉得不好。"此时我把目光转向大家。孩子们仿佛猜出了我的想法，马上你一言、我一语地说："你真棒，事事处处想着为集体添光彩。"还有的说："我刚练小提琴时也有这种想法，但谁没有第一次登台时的害怕呢？"是呀！我紧接着说："万事开头难，只要你充满自信，勇敢地挑战自己的第一次，就一定能战胜自己，展示自己的能力。"

在我和大家的鼓励下，她总算是迈出了第一步，鼓起勇气接受了这次代表班级表演的任务。当她说"我想试试"时，班里立刻响起持久、热烈的掌声。但很快她又想打退堂鼓了。只见课间她总是在我身边绕来绕去，好像有话想对我说，于是我就先说："孩子，明天就彩排了，你首先代表的是你自己，不要有任何压力，你能参与已经为集体加分了，如果能发挥你正常的水平就是锦上添花，好上加好。今晚我想做你的第一个听众，你能在电话中为殷老师演奏吗？"她兴奋地点点头。

晚上电话如约打来。妈妈拿电话配合，她自己报幕，然后一曲一曲地一一演奏。每一曲结束我都给予中肯的建议或真诚的夸奖，渐渐地她越拉越起劲儿，越拉越动听。曲终她问："殷老师，您说我行吗？"我说："希望你自己回答。"电话那头停滞了几秒后，传来她的声音："我想我能行！谢谢殷老师！""我为你骄傲！"我说这句话时声音有些颤抖，眼前一片模糊。

很快元旦到了，那天早上她来得格外早，画了淡妆的她显得有些不自然。我让她在座位上按顺序把曲子先拉一遍，因为已有几个同学迫不及待地想听听了。一曲没拉两句我就发现她的手都有点发颤，她脸色发白，神情很紧张，像个小老太太一样，驼着背，撇着嘴，眼睛盯着地板。看到这种情况，我心里真是不痛快，怎么会这个样子呢？当时真想说她两句。但马上又思忖了一下：不能在这么关键的时候说她压力，她一定太想表演好，过于紧张了……对，要从肯定她入手，让她找到自信。瞬间，我面带微笑，拍了拍她的肩膀，说："好像有点紧张了，是不是？没关系，你看，咱们班的小朋友都挑你代表班级表演，为什么呢？因为你在同学们和老师的心目中是最棒的！你要把腰板儿挺得直直的，像小松树一样！行吗？"她听了之后，看了我一眼，对我点点头。当乐曲再次响起时，她不仅曲子拉得连贯，脸上的表情也自然了许多，我立即肯定地表扬她："你看！其他小朋友都羡慕地看着你，说'你真棒'呢！"并对她竖起了拇指。第三次，第四次……她不再那么紧张，从她那认真的表情，我已看出她对自己充满信心。

就这样，她在同学们的掌声中完成了在一个又一个班的演出。当最后来到我们二(5)班时，她已经像一只自信的孔雀，在中央坐稳，自如地报幕。那优美的乐曲，让大家陶醉，当一次次的掌声响起时，她的眼眶有些湿润了……

联欢会结束了，我问她："感觉如何？""太好了！下次我们还开联欢会吗？如果开，我还要为大家表演，我还想给大家出个谜语猜猜呢！"她兴奋地对我说。"好！就这么定了！拉钩！"我终于看见自信的她，此时她脸色红润，笑容可爱。是自信点亮了她心中的明灯。

三、感悟反思

从这个案例中，我发现其实每个学生都有不同的特长，善于学习的，可能在动手方面比较差；擅长体育的，可能在美术方面有所欠缺；德智体美劳各方面都完美的，可能在性格方面会薄弱些。作为班主任，要尽量做到客观，多做肯定性评价，给他们创造机会，让他们发展、锻炼自己的能力，培养自信心。

学生的判断能力比较弱，老师心理投射是他们形成自我评价的主要来源，这在小学低年级尤其明显，学生需要从老师给予的肯定性评价中树立自信心。

除了案例中描述的口头肯定的方面，我在平时的工作中还经常利用家校联系本来突出表扬他们的优点，写些激励性的语言。学生认为自己确实是这样，遇事就敢于自己动手去做；如果你平时老是讲有损自尊的话语，他们就觉得自己真的不行，失去自己动手去做的信心。

总之，可以用一句话来归纳：教师的一句肯定，是学生找回自信的一剂良药。就让我们用肯定的话来点亮他们心中那盏自信的灯吧！

【案例分享 3】

就这样拉起你的手

——刘亚宁

2014 年 9 月是我再次接手一年级新生的日子，也是我的小朋友上幼儿园的日子。这两次新的拉手，一次是拉起别人的孩子，一次是放手自己的孩子，那种期待和不舍交织在一起，让我觉得当个妈妈虽然不容易，但当个教师妈妈更需要勇气和坚持。

今年的小豆包们一如既往地来到学校，貌似平静的背后却有着诸多的不平静。有刚刚开学大哭不止的瘦瘦的男生，有拽着妈妈的手死活不松开，小声哭泣但却如世界末日一样不进学校的大个子男生，还有磨磨蹭蹭、被老师半抱着送进来的女生，和直到开学一周后仍然哭着不进教室的女孩子……这样的情况在 16 个班中不断地出现，在感叹参与了三年系统的集体生活后依然出现这么明显的分离焦虑的同时，我突然庆幸自己的班里没有这样的状况。

第二天早晨，大部分孩子都已经安静地坐到了座位上。突然张娜老师把一个哭泣的孩子送到门口，对我说："刘老师，这个是你们班的孩子，他不敢进来……"然后冲我点点头。瞬间我就明白了，得嘞，中奖了，又一个分离焦虑的孩子。此刻，全班同学都在看着这个男生，我知道每个孩子也在看着我。看着这个小声哭泣又害怕的男生，我突然蹲了下来。他瞪着眼睛看着我，当我伸出手拉着他的手时，明显感觉到他的手和身体在向后缩。也许这退缩的手在告诉我他很紧张，也许这不知所措的表情在告诉我他对老师未表明态度感到茫然无助。望着他的眼睛，我笑了，我又把他的手掌放在我的手心，轻声地说："元哲，你冷吗?"那个男生突然愣住了，小声说："我不冷。"

成功地让他转移了一点点焦虑情绪后，我继续说：“握着你的手，让刘老师觉得很温暖，因为你的手胖胖的，有肉，也很热。”听了我的话，他有点不好意思了，用力地握了握我的手。我继续拉着他的手对全班同学说：“我又认识了一个很有力量、很温暖的男生，他叫邢元哲。你们认识他了吗?”全班孩子看着我，然后都笑了。

这个男孩子轻松地回到了自己的座位，准备开始上课。在语文课快要结束的时候，元哲貌似恢复了平静的情绪，但胆怯的目光和坐得笔直的样子让我觉得其实他的情绪还绷得很紧。我知道其实我还可以再做一点什么，让他相信我们是在一起的。于是我对全班同学说：“同学们，今天最后一个进来的元哲，我要为他鼓掌。”孩子们困惑地摇头，有的大胆的还忍不住说：“老师，为什么?”我平静地说：“因为他战胜了心里一个叫‘害怕’的小人，虽然他哭了，但还是来了，为勇敢的小人鼓掌!”孩子们笑了，元哲也坐在那里笑了。看着他们轻松地冲我微笑，我知道，鼓励每个孩子去尝试接触新的环境、新的人，鼓励孩子即使哭泣也愿意往前走，这才是我最好的陪伴。我笑着说：“元哲，我可以抱抱勇敢的你吗?”他不好意思地笑着走过来。抱着这个小胖子，我想他再面对任何事情的时候都一定会记得我们的掌声和鼓励。当分离焦虑的情绪被温暖的语言和幽默的转移替代，当焦虑的情绪被一层层自然地剥离，他会发现其实自己并不孤单，因为老师和同学接纳哭泣的小胖子、胆小的小胖子、开心的小胖子和那个会犯错误的小胖子。因为接纳，所以懂得；因为懂得，所以拉起手的时候才会有温度。小豆包们，希望你们愿意把你们的紧张和不适应交给我，我就这样拉起你们的手，牵着你们走入精彩的集体世界，你们会发现成为小学生也是一件不赖的事情。

在以后的日子里，每次早晨小胖子都会笑着和我问好，每节课他都会努力地举手发言，每次放学，他都会拉着我的手和我笑着说“明天见”。这每一次的变化让我喜悦，让我真心地为他喝彩。我知道小胖子已经开始逐渐适应学校生活，逐渐认识新的朋友和老师，试着做一个白胖的小豆包。我为他的变化而开心，更庆幸自己一直在等待和接纳小胖子所有情绪的过程中成为了他的依靠。就让我这样拉着小胖子的手，直到他成为真正的豆包吧!

教育要深入学生的灵魂，但自有它深入的方法。什么叫尊重?敬重、重视。理论上讲，人的内心里都渴望得到他人的尊重，只有尊重他人才能赢得他人的尊重。人们在人格上都是平等的。这种平等决定了我们不能把自己的意志强加于人，而是要容纳个性，允许差异。以育心育人为目的的教育首要的便是对人性需要的洞察与尊重，真正了解学生行为背后传递出的意愿信息，针对意愿实施教育，满足其行为背后真正的人性的需要。

尊重不是示好示弱，不是曲意逢迎，而是智慧下的洞察，理智下的调控，真正了解孩子成长中的问题，合理满足孩子成长中的需要，让他们获得积极健康的成长。这样才是真正的育心教育，尊重人性的教育。

育心理念下的老师应该给学生什么样的爱？作为教师，我们可以给予学生的，不仅仅是呵护的爱。每个人身上都有疤，淘气也好，不小心也好，都曾受过伤——疤就是成长的记号。某种意义上讲，当我们为孩子挡住了所有的困难挫折时，也就挡住了孩子生命的多彩体验，挡住了孩子的未来成就。我们的育心教育就是尊重人性，遵循规律而行。生活本就丰富多彩，只有珍惜多姿多彩的人生体验，才有可能使孩子在生病之后、在失落之后更加懂得何谓健康、何谓快乐，也才会更加懂得如何去珍惜、去创造“健康”和“快乐”！

第四节　更进文化，彰显魅力

“行为更进”是育翔小学在十几年的研究实践中总结形成的，促进教师教育教学行为改进，实现专业发展的特有的研修策略。在育心教育的引领下，它逐步成为推动学校发展的一种“不为最好，只为更好”的“更进”文化和办学特色。

一、立足校本，形成特色

校本研修是立足校本、促进教师专业发展的重要途径。校本研修中，主体参与与行动研究是核心要素。

“行为更进”校本研修是以课例研究为突破口，关注教学方案的形成与实施过程，在全员主动参与中实现整体提升的研修活动。它的主要特点为：

一，它是立足于校本的行动研究。研修活动立足教师教育教学实际，确立研究目标，围绕课例设计、制定研究方案，组内教师依次展开研究。这一过程促使教师在研究中反思，在反思中改变，在改变中前行，在前行中成长。

二，它是以教师为主体的研究。教师根据研究专题、自身发展需求或教学中的困惑等，参与研究内容的确定与实施方案的设计。“更进”过程经历“确定目标—理论学习—设计方案—研究实践—反思改进—再次实践—总结反馈”的循环往复。“更进”方式的选择来源于研究的要求和研修的目的。要充分调动教师参与研修的主动性和积极性。

三，它是全组教师共同参与的研究。每位教师都要参与研究的全过程，在研究中交替引领，相互吸纳，自我反思。研究的结果在共研中得到共享，并呈阶梯式上升，实现整体提升的目标。

“行动研究、主体参与、整体发展”成为“行为更进”校本研修活动的突出特征，它是教师教育教学行为改进，实现专业发展的有效途径，也是教师自主研究、自主反思、自我展示，促进个人成长的重要平台。

经过不断实践、总结、丰富、完善、提炼，我们逐步形成了七种比较完整的操作方式，并且明确了不同操作方式的实施目标和操作流程，充分发挥校本研修提升教师课堂教学能力的作用。

1. 同年级“多人同课更进”

同年级“多人同课更进”方式，即教研组全体成员围绕研究目标，结合同一节课共同研究，经过独立备课、课堂实践、组内研讨，而最终形成的代表组内集体研究成果的研究方式。

2. 同年级“一人同课更进”

根据青年教师培养的需要产生了“一人同课更进”的方式。即围绕同一节课的教学内容，由一位青年教师完成每一次更进，全组教师共同参与备课、听课、评课、改进、再上课的“更进”过程的研究方式。实现了一人上课，全组每位教师都能经历“学习—实践—反思—再实践—再反思”的研究过程。

3. 同年级“多人多课更进”

“多人多课更进方式”，即根据单元教学特点，围绕研究主题，组内每位教师深入研究其中一节课，再共同研讨，共享研究成果的研究方式。实现了教学内容、教学行为的层层更进，也使教学研究从整体入手并形成体系。

4. 不同年级“多人多课更进”

不同年级“多人多课更进”方式，即不同年级教研组的老师们结合教学中的共性问题，开展联动研修活动的研究方式。从对教材内容的把握，到根据不同年级学生特点设计教学方法，进行研究，促进不同教研组之间的交流与合作，取得了“1+1>2”的效果。

5. 同年级“多人多课，分组更进”

同年级“多人多课，分组更进”方式，即同年级教研组围绕研究主题分组开展研究的研究方式。具体操作为：明确任务，分组备课；全组听课，聚焦问题；取长补短，再次实践；更进展示，共同提高。它解决了班级多、教师多、时间长等现实困难，教研时间更灵活，针对性更强，实效性更大。

6. 同年级“多人同课螺旋式更进”

同年级“多人同课螺旋式更进”方式是在同年级“多人同课更进”的基础上发展而来的，是组内教师依次完成一轮更进课教学后，再次由第一位更进的老师修改教学设计，呈现教学过程的一种方式。其目的是通过一轮教学实践后发现年段学生的共性和特点，寻找规律性的教学方式，以提高教学实效性。

7. 微格式更进

微格式更进是全组每位教师针对同一教学内容进行微格教学的研修方式，是教师个性化设计在集体研究过程中得到发展和改进的过程，提升了教师对教材的理解与教学设计的能力。

在行为更进校本研修活动中，无论采用哪一种方式，各教研组根据心智课堂要求、组内研究专题设计的课堂观察表都是一项重要研究内容，并随着更进课的开展不断修改、完善。观察表中的数据分析也成为教师课堂改进的重要依据，帮助教师更加科学、准确地分析、评价、改进课堂，逐步养成在研究状态下工作的习惯。

二、不断积淀，形成文化

围绕教师培养与专业发展，我们依托“行为更进”校本研修策略，扎实开展研修活动，取得了一定效果，提升了教师专业发展的内驱力。

“行为更进”校本研修活动是以教师的教育教学行为改进为目的的，其内核在于提升教师专业智慧及专业发展内驱力。研修活动是紧密结合教师发展需求开展的，是在教师实践研究、数据分析、集体研讨的基础上完成的，研修方式的产生也来源于教师专业发展的内在需求和自主愿望。因此，教师在动态的、持续不断的研修过程中收获专业成长：教育理念提升，教材理解加深，反思意识、创新意识、学情意识增强，整体把握教材与实践研究的能力提高，激发了教师内在的职业发展和教研追求以及由此带来的幸福体验，教师自身的专业理解力以及创造力也得到充分发挥。

尤其让我们感到自豪和骄傲的是，经过不断积累、探索，我们已将“行为更进”校本教研策略延伸成教育、教学、管理等多方面的“更进”，使之成为多元化发展的育翔“更进文化”。其中，提高实效性的“代币制更进”就是更进文化的典型代表。

代币制的理论依据是行为主义理论三大流派中，斯金纳的操作性条件反射理论和班杜拉的社会学习理论。其实，老师们多年来使用的小红花、小奖片等，运用的都是代币制的原理。但是，这其中存在单纯数量累计，缺少系统强化物；不能坚持不懈，容易流于形式等问题。为此，我们的老师针对问题开展研究，从规范教师在班级中实施代币制的操作过程入手，借助具体数据信息的支持，不断总结改进，使代币制的使用更加理性、科学、规范化，能够真实地反映学生的成长情况，真正起到激励鼓舞的作用。

第一阶段的实践：

1. 让家长知晓活动，促进活动高效开展。活动之初，班主任将活动的内容、理论依据、评比方式及预计取得的效果等与家长沟通。活动开展一周后及时向家长反馈活动近期效果，给家长发去报喜短信。

2. 制定活动细则，班级公示全知晓。学生、教师利用班会共同制定加分细则，决定哪些适当的行为可以兑换代币、选择奖励品、选择代币 100、200、300 积分。在班级生活中发现问题，随时与孩子一起补充此细则，并及时公示在班级邮箱中，同时将纸质文稿张贴在班级明显位置，方便师生查看。由于孩子较小，初次尝试基本以加分为主，不扣分，只做口头提醒，尽量注入正能量。

3. 实践后总结，我们看到的效果是：

(1)教师付出多，学生收获大。由于代币制是用积分换礼物，那么积分的发放、统计，礼物的挑选、发放都需要占用老师大量的时间。但是由于规则是由孩子们讨论制定的，因而实施起来效果非常明显。活动采取一天一评的方法。活动开展前后，孩子们从心理到行为均有明显的变化，他们更加积极主动，因为在方方面面做到班级约定的活动要求就可以得到相应的积分。看到孩子们拿到因自己努力而换来礼物时的激动表情，收到家长发来的支持代币制活动的短信时，看到孩子更加积极主动地参与班级活动时，老师们觉得辛苦是值得的。

(2)家长认可度高。活动自设计之初便在各方面得到家长们的大力支持。家长负责统计积分、自愿捐献超市换购物品、随时将孩子对此活动的动态与老师沟通。利用代币的奖励制度来帮助孩子学习自治，是一种有趣又容易实施的方法，漂亮的表格和可能赢得的奖励，都会吸引孩子的注意，而父母则会看到孩子的表现一天比一天有进步。

当然也存在问题：发放代币的数量过多，兑换次数太频繁，无形中给班主任增加了不少工作量。强化刺激物种类单调，容易削弱激励作用。对那些只对实物形式的强化刺激物产生兴趣的学生而言，期末进行兑换太漫长，削弱了对他们的激励作用。这让我们认识到，在采用这种制度的时候，要注意绝不要用它来增强“不”的信息(如课间不能在楼道跑)，而是用它来强化适当的行为(如课间安静地靠楼道右行去卫生间)。

第二阶段的更进：

在总结前一阶段活动得失的基础上，我们不断更进。更进措施有：

1. 结合学生特点，新学期整合评分方式，每月根据班级整体表现调整评比表；定期更新礼物；与所有任课教师沟通，统一要求。全员德育，让这次心动德育活动走进孩子的情感世界，进而促进孩子习惯的养成。

2. 深入理解“代币制”。代币制的实践推进，经过长时间的巩固，必然会形成一个“良好行为→自己需要或是喜欢的事物”的联结。为了获得奖励，儿童必然对良好行为产生兴趣，主动表现出良好的行为，从而促进自我的发展。通过代币的积累换取某种强化物，在小学生行为习惯养成中的应用培养了儿童延迟满足的能力，在一定程度上培养了儿童的意志力。在执行过程中，通过协商及时解决出现的各种现实问题，这样在无形中培养了儿童的协商意识，促进了儿童自我意识的发展，使儿童的心理逐渐成熟。代币制成为促进小学生良好行为习惯养成的见证。

很多低年级班主任在通过代币制对学生进行评价、鼓励后，都感到效果良好，并积累了一些经验。

将代币制用于激励全体学生。我在执行时带领全班学生制定行为规范、代币制实施细则，用积分换礼物。由于规则是由孩子们讨论制定的，所以学生愿意遵守，实施起来效果非常明显。

采取一天一评的方法。我班一天一评，活动开展前后，孩子们从心理到行为均有明显的变化，更加积极主动，因为孩子在方方面面达到班级约定的要求就可以得到相应的积分。孩子们拿到因自己努力而换来的礼物时十分激动，积极主动地参与班级其他活动。

将代币制激励用于少数学生。我班有两三个学生课间总是追跑打闹，我先引导他们认识到追跑打闹的危险性，然后带领他们共同商议课间做些什么，比如帮老师送东西、帮课代表发本、捡教室地上的纸等，并约定哪个课间做到了，就可以得到相应的积分。效果很好。

显然，代币制的实施，更进了以往不够科学规范的评比过程，使评价更加具有说服力和激励作用。

“不为最好，只为更好。”更进文化引领我们在行动研究中不断反思、改进、前行。基于学校与师生发展，围绕计划制订、方案实施以及管理行为的“更进”；基于育人目标，围绕校级、年级、班级开展的主题教育活动策划与实施的“更进”，成为学校多层面、多角度、多方位有计划、有步骤地开展行动研究的一种研修方式。在不断实施及改进的过程中，我们的教师逐渐由“经验型”向“研究型”转化，育心教育的理念也植入育翔人的心里，作用于行动中，使他们真正感受到：“我们的研究是为了不错过孩子内心最纯美的风景，更是为了孩子可爱的心灵在我们的理解中得到滋养。”

第九章　承载梦想，扬帆起航

从2010年至今，育翔小学在“育心教育”理念下，脚踏实地，扎实研究，不断实践，实现学校跨越式发展。面向未来，我不仅心潮澎湃，无限憧憬。

一、积蓄力量，迎接挑战

2010年育翔小学有44个教学班，学生1638人，教职工101人，学校总占地面积1万平方米。历经九年的发展，今天的育翔小学拥有三个校区，一校三址办学，总占地面积2.5万平方米；有82个教学班，约3200名学生，200名教职工。2014年9月育翔集团成立，开启集团化办学的模式。育翔小学教育集团包括鸦儿胡同小学和民族团结幼儿园，在昌平还建立了育翔小学回龙观学校。

2010年，西城区提出“校校精彩，人人成功”的教育理念，育翔小学也积极突出“育心教育”办学特色。在五年的特色建设中，育心教育理念已经深入人心，指导着教师日常的教育教学实践。育心理念下的心动德育、心智课堂建设初放异彩。育翔的孩子们在育心理念孕育下快乐成长。

2014年，伴随着北京市教育综合改革全面启动，在“育心团队、心智课堂、心动德育、童心校园”四条路径推进的基础上，乘着北京市课改的东风，正式启动“育心教育”的第五条路径，也就是育心教育的核心——“育心课程”的建设与研究。

2016年，我们一同走进“十三五”，育翔小学也迎来新的五年，有机遇、有挑战，更有美好的发展前景。

国家“十三五”规划中明确提出了“创新、协调、绿色、开放、共享”的发展理念。以提高教育发展质量为目标，全面贯彻党的教育方针，坚持立德树人，深化教育改革，促进学生德智体美全面发展，增强社会责任感、创新精神和实践能力，成为教育的使命。

2015年7月北京市推出《北京市〈义务教育课程设置实验方案〉的课程计划（试行）》。新方案源于国家明确了立德树人的根本要求，人才强国战略深入实施，时代和社会发展需要进一步提高国民的综合素质、培养创新人才，这些对课程改革提出了更高要求。为全面贯彻党的教育方针，践行社会主义核心价值观，需进一步深化教育领域综合改革，特别是充分发挥课程在人才培养中的核心作用，更好地促进中小学学生全面发展、健康成长。

西城区在“十三五”期间，积极培育和践行社会主义核心价值观，将改革创新、依法治教的要求贯穿教育改革与发展全过程，积极推动教育生态建设。增强学生社会责任感、创新意识、创新能力成为教育的重点任务。

“社会责任感、创新精神、实践能力”成为“十三五”教育的核心词，而我们“育心教育”的实质就是培养一个完整的人，让孩子身心健康、心灵自由，人性中的各种品质得到和谐发展。一个心灵自由的人是具有创造潜力的人，一个身心健康的人才具备“飞翔”的能力。我们通过“爱心、好奇心、自信心、进取心、责任心”“五心并育”，培养学生健康自我的核心品质，即小学阶段学生培养目标中的核心素养。

未来五年，继续深入推进育心教育的实践与研究，关注育心团队的发展，开启育心课程的研究，深化管理体制的改革将成为育翔小学发展的重要内容。

二、育心团队，任重道远

教师是立校之本，是一所学校得以欣欣向荣的不竭动力。“育心”文化所承载的是爱心、进取心，更是责任心。育心团队是生发爱的力量，是赋予教育以生命的团队。我们管理者的职责与义务就是尊重并赋予教师学校主人翁的权利；挖掘并激发教师自主成长、自主发展的力量；调动教师投身教育教学改革，促进学生全面成长。在进一步推进育心教育的进程中，围绕着育心团队的建设，教师的自主发展、主动发展成为重中之重。

为此，在今后的五年，我们将以文化建设为引领，促进团队建设。以提升干部整体素质、激发教师主体性为重点，进一步打造“尊重、服务、高效”的管理文化，建设具有“爱心、公心、责任心”的“育心型”干部团队。干部还需进一步牢固树立立足校本培养人的意识，充分发挥“激励、引领、指导、促进、保障”的作用。我们要通过管理文化的变革，提升教师幸福感和归属感，并进一步以促进教师专业发展、凝聚团队力量为重点，打造“严谨、和谐、奋进”的教师文化，建设具有“爱心、责任心、进取心”的“育心型”教师团队。

身处变革时期，自主发展是教师的第一要务，而教师的主体意识和主动态度是关键。我们还要继续通过组文化建设、典型示范、榜样影响，打造积极向上、和谐正向、主动发展的团队，引领学生实现自我飞翔的目标。

我们还要以项目研究为载体，提升教师主体意识，促进教师自主参与课题研究及项目研究的积极性，深化教育教学改革；强化民主管理，充分发挥教师主人翁精神，参与学校各项管理；搭建各种展示交流平台，树立典型与榜样，在发挥主体作用的同时，实现教师自主发展。

三、育心课程，助力飞翔

育翔小学自 2011 年提出“育心教育”特色办学以来，围绕育心团队、心动德育、心智课堂的建设初见成效，并为课程建设奠定坚实基础。课程，是育心教育的核心与灵魂。走进“十三五”，我们将从育心理念出发，围绕学校的育人目标，着眼于育心课程体系的实践与研究，力求构建满足学生生命成长需要、彰显生命活力、激发灵性与智慧的课程体系。通过学科间的交融、整合以及课程的不断延展创新，促进学生的健康幸福成长，为学生实现飞翔的梦想打下坚实的基础，最终达成育心教育的目标。

目前，我们已经形成以语言文学、数学、人文与社会、科学与技术、艺术、体育与健康六大领域为基础，以核心课程、飞天课程和个性化课程三大类别互为支撑的育心课程体系框架。核心课程包含国家基础性课程和在国家课程的基础上延展和发展出来的课程两部分。核心课程面向全体学生，注重实践和体验，为学生打下全面发展的坚实基础。飞天课程是我校特色课程，是面向全体学生，体现多学科、全方位、多角度融合与整合的课程，注重学生核心素养的培育与综合能力的提升。而个性化课程是保证学生在基础教育阶段通过丰富多彩的课程找到自己的兴趣点，逐渐认识自我并发展自我，从而获得个体成长。

依照《北京市课程设置方案》，结合育心课程体系，我们已重新制定育翔小学课程设置方案，并开始实行。围绕育心课程，我们制定了《育心课程实施手册》，包含育心课程的解读、课程设置、课程实施备案与评价等，并形成年度更新制度。手册的编写与更新制度的建立为育心课程的科学实施做好充分的保障，同时也为学校逐渐形成良好的课程建设力奠定坚实的基础。

四、管理机制，四化运行

面对一校三址的规模化办学，面对教育教学改革的深化，面对教育集团的发展，我们还要不断探索、改革管理模式，建立健全管理机制，探索“四化并行”的综合化管理模式，提高管理实效。

“四化并行”的综合化管理模式，即层级化管理、扁平化管理、模块化管理、网格化管理并行。

“四化并行”的综合化管理模式包括：

层级化管理：校级—中层—年级—班级管理模式；

扁平化管理：校级—年级管理模式；

模块化管理：年级负责制、校区负责制；

网格化管理：教育、教学、校区交叉管理。

围绕管理模式变革，我们将建立健全管理机制，包括设立校区负责制——建立校区管理机构，校区主管干部负责校区的全面管理工作；年级负责制——建立年级管理机构，年级负责人负责本年级的教育教学管理工作；家长委员会制度：建立班级、年级、校级家长委员会，参与学生教育与学校管理。

同时，我们还将继续加强常规管理，严格遵循管理制度，做到执行到位、监管到位、奖惩到位。依据《育翔小学校章》，强化依法治校，依法执教，依章管理。严格执行《育翔小学规章制度》，各项管理实行首问负责制和干部问责制。

中国有梦，那么中国教育梦是什么？在千万教师心中，它或许是将教室变成温情的绿洲和创造的沃土，让孩子们少一些负担，多一些个性发展。在两亿家长的心里，它或许就是进入优质学校读书，不论贫穷还是富有，每个孩子都拥有一个快乐的童年。作为育翔人，我们的育翔梦又是什么？在西城区“校校精彩，人人成功”的教育理念指导下，2011 年我们明确了一条“将优势转化为特色，用特色凝聚文化”的学校持续发展之路——从“心育”到“育心”，深化、拓展心理健康教育，打造“育心教育”办学特色，实现育心飞翔的目标。由此，“做育心教育——让师生享受教育的幸福与快乐”就成为我们的育翔梦。我们把“关注学生心灵成长，提高生命价值”作为核心价值观，通过对“心”的培养，形成共同的价值取向和精神情怀，使学生拥有幸福童年，感受到生命美好，朝着自己心中的梦想快乐地飞翔，让校园生活成为他们成长中最美好的回忆。这是我们育翔人对教育的追求，这就是我们的育翔梦。

育翔梦要靠每一个育翔人来实现，作为育翔的教师，我们会在实现育翔梦的过程中实现自己的青春梦、人生梦。

“十三五”的大幕已经拉开，未来的蓝图已经展开，让我们继续向着“育心教育”的山峰攀登，探求教育真谛，感悟教育的快乐与幸福。

驻校研究者手记

与智者相伴同行

首都师范大学 UDS 项目组　张梅青

教育的本质是心灵的教育，是一棵树摇动一棵树，一朵云推动一朵云，一个灵魂唤醒一个灵魂。

——著名教育学家雅斯贝尔斯

第一次见到胡晓峰校长是2010年5月在西城区复兴门外一小。在“UDS合作下的学校发展共同体建设项目”(简称“伴飞计划”)中，我受聘为该校下校人员。听着她到学校一年多来，把一个历经合校、人心涣散的学校引入发展正轨的工作汇报和办学设想，我心中充满敬意。当项目组刚刚完成调研访谈，形成对复兴门外一小的调研报告时，一纸调令，胡校长于7月放假前被“空降”到育翔小学任校长。也因此，我这个伴飞者与胡校长和她的新学校——育翔小学结缘。新学期我们一同走进了这所学校，开始了我落实项目组的“伴飞计划”，和与智者同行的研究实践。

走进育翔，不够宽敞、气派的校舍让我马上体会到了城区的寸土寸金。楼内转一圈儿下来，墙上宣传栏展示的师生教育教学活动内容、作品给我留下了深刻的印象，育翔人的“五种精神”和课堂教学“五带进”①贴在墙上，让我对这里的教师产生了极大的兴趣。教室内学生满满的；没有更多的专业教室；心理小屋很有特点，这是育翔给我留下的第一印象(摘自我的总结)。以后，随着每周至少一次的下校，观察、访谈、听课、参会，特别是与胡校长

---

① 五种精神：尽心尽力的奉献精神，开拓进取的创新精神，勇挑重担的拼搏精神，顾全大局的协作精神，为校分忧的主人翁精神。五带进：把信任的目光带进课堂，把尊重的话语带进课堂，把和蔼的微笑带进课堂，把善意的激励带进课堂，把适度的竞争带进课堂。

逐步深入的交流，使我一点点了解了胡校长，了解了育翔，走近了育翔，融入了育翔。感受着学校日常不断发生的变化，分享着育翔人的成功、成长，见证着胡校长这位智者的敬业精神和领导才华，我一次次被感动、被激励，在履行工作职责的同时，也常常体验着与智者同行的幸福。

作为伴飞者，要具有一双发现的眼睛。这双眼睛时刻提醒我，在融入育翔的过程中，始终站在育翔人和项目人双重角色的角度，并在两个角色中巧妙转换。在新时期，一所学校如何实现新发展？一名新校长如何带领一所学校实现新发展？在见证了胡校长带领育翔师生五年的研究实践过程后，我有了自己的感悟与答案：在新的发展起点上，发现、传承、整合、更进，凝心聚力，形成特色。

一、点燃几把微火，形成良好开局

育翔小学是北京市西城区北部地区一所优质资源校。一直以来，育翔小学以教学质量高、师资力量强而著称，在社会上享有很高的声誉，也因此成为西城区招生压力最大的学校。

2010 年的育翔小学已经发展到了一个高度，按照扬·莫里森学校发展的“第二曲线”理论，面对新时期教育发展的形势和育人的需求，校长要寻求学校新的发展生长点，实施“第二曲线 ”策略。带领学校稳步地实现新的发展非常关键，此时，胡校长面临考验，项目组的助力恰逢其时。

俗话说，新官上任三把火，胡校长的火种却是慢慢燃起来的。

1. 学会科学订计划

2010 年暑期，与新校长见过一面的育翔教师的心不似以往那么平静，新校长的到来引发了许多联想与话题。干部们参加了项目组的第一次培训，对“学校发展从计划开始，从我做起”有了新的认识。正常开学，原定计划思路、重点基本照旧，但细心的人却发现了其中的变化：计划重复交叉少了，空话少了，特别是新增加了开展调研的重点工作。我了解到，在培训后，胡校长带领干部对原定计划进行了认真的研讨，认为原定计划内容经过了原校长和干部们讨论，因此工作思路和内容应保持不变。但是，现有计划并不是没有可改进的空间，对照项目组研讨计划的标准，可以结合学校实际进行可行性的修改。对计划的改进，传递给干部三个信息：尊重已有干部成果；学习要见效果；计划要指导工作的开展，能改的一定要改。对计划的改进，促进了干部对工作的理性思考，提高了干部对工作计划重要性的认识。

正是基于这种严谨、客观的做法和认识，在以后的几年中，育翔的工作计划始终以指导性强，具有连续性、可操作性、可检性，成为项目组开展计划学习的样板。“从没见过这么好的计划，思路清晰，工作连续……”区督导组领导在督导时大加赞赏。事实是，育翔的计划已经成为干部教师开展工作的指南。计划、执行、总结，形成新的计划，育翔的工作有序开展，年年不断线，年年有新意。“学校发展从计划开始”的项目理念被育翔有效落实，效果明显。

2. 开展调研，让教师说话

调研对刚走马上任的新领导来说是再普通不过的事了——熟悉情况、发现问题，较快确立自己的工作方向。调研对多数老师而言也习以为常——对付一下，随便说点，问题说了也没什么用。胡校长在育翔开展的调研采取了多种方式，常规调研、专题调研、培训调研……持续了近半个学期。调研是形式，让教师参与学校发展才是目的。让育翔教师没想到的是，自己都会投入其中，由开始被动作答，到后来主动研究、建言。“对专注教学高标准、没有时间管其他事的育翔教师而言，这种变化太不容易了！”这是经历了全过程的我当时的感言。

育翔调研的成功之处在于：

(1)较好地借势。在开学初期的常规调研中，育翔的调研与项目组的调研联合开展。胡校长与项目组专家一起精心制订调研计划，多位专家参与的听课、访谈、分析给校长提供了一手资料；由于大学专业团队的介入，使得调研更加科学，提供的信息更加真实，问题诊断更加准确。

(2)目标激励。育翔在后面的系列调研中，采用“培训式调研”的方式进行，紧紧围绕“我与育翔”的主题来开展。通过培训，使教师在角色认同的同时，初步建立起个人与学校的联系，把个人与学校的发展紧密结合在了一起，充分体现了对教师的尊重，对教师专业的尊重。无论是退休教师、骨干、组长，还是班主任、心理教育团队，参加座谈时，学校都把他们当作某一方面的专家，使大家感到，自己的发言很重要，关系到学校的发展。由此，教师的角色自然就由参会者变为具有专业水平的主人了。也因此，育翔教师在长期学科教研中获得的研究能力在谋划学校发展上得以展现发挥。调研凝聚了大家的智慧。

在后来的学校发展中，“我与育翔”的系列活动成为了学校文化的一部分。育翔人在做好本职工作的同时，开始关注学校发展，人变得更加大气了。

3. 不回避问题，及时改进

我还清晰地记得第一次调研，初识育翔人时，大家一片叫苦声，似乎忙得都没时间接受我们的访谈。有的教师说：“我们经常都是跑着去上厕所”，“别搞什么活动了，最想好好回家睡觉”，“骨干谁愿意评谁评去，反正我是不想评了”……老师都喊累的现象引起了胡校长和项目组的注意。经商定，我们马上调整了调研的方案，针对教师状态开展了重点调研，查原因，找根源。我也对育翔 36 位教师填写的“本人当前工作状态”做了数据统计。其中，感觉忙、累、压力大的教师占到了 61%。为什么会是这样？在调查中我们找到答案：育翔的教师确实很累，这源于他们的认真、高标准和对学生的那份责任，源于外界的各种压力，也源于人多和缺乏真正有效的管理。

经梳理，胡校长提出了及时改进的措施——先从管理上给老师减负。会议减少了，上交的材料减少了，管理的要求分类了……老师们笑了，因为反映的问题得到了回应。接下来，针对吃盒饭问题、停车问题、孩子上学问题……一件件改进的小举措温暖人心。“现在我们依然累，但很愉快。校长干部带头干，这么关心我们，帮助我们解决困难，我们只能把工作做好。”这是大家在督导座谈会上表达的真实心声。且调且微改，调研赢得了大家的信任，凝聚了教师的人心。这个结果对后来干部工作方式的转变起到了推动作用。调研作为管理机制的第一个环节得到干部的认同和践行。干部们发现问题、及时解决的意识也在提升。

由此看到，胡校长新官上任的“三把火”是谨慎的，是明智的，更是巧妙的，既保证了学校健康、可持续发展，同时又获得了老师的尊重和支持。胡校长的“三把火”打开了新校长到新学校的新局面。

二、站在新起点，确立学校发展方向

一所学校也像自然界的万物一样有着新陈代谢的过程，学校发展的历史在新旧交替中不断演变，慢慢地形成了一所学校独有的文化。这个过程是漫长的，是由许许多多细节积累起来的。

经过系列化校本调研，总结经验，发现优势，分析不足，我们理清了学校的发展脉络。其中，教师普遍认同“十五”和“十一五”期间学校开展的“心理健康教育”“行为更进”校本教研，认为这两项研究成果显著，特色明显，有效推动了学校的发展。这期间，胡校长一直在思考：在新老校长的交替过程中，怎样传承“老”的精华，寻找“新”的发展契机？怎样在变革中保持学校在办学中已经形成的思路和风格？怎样在确保教育教学工作有序运转的前提下实现自己作为新校长的价值？怎样把办学理念、办学特色、学校新的五年发展规划思路结合起来呢？她不时地把自己的想法同我坦诚交流：既然心理健康教育在育翔拥有如此好的平台和基础，那么应在此基础上进一步深入研究，逐步形成育翔小学的育人特色，最终形成育翔小学的办学特色。她还专门请项目组长杨朝晖教授、顾问万福院长等专家来校指导。

在深入研究、论证后，大家达成共识：

多年来，育翔小学始终坚持“以人为本、和谐发展、严谨治学”的办学思想，取得较高的教学水平，得到社会赞誉。在“十五”“十一五”期间，以科研促发展，学校行为更进式校本教研模式以及心理健康教育的研究形成了具有鲜明特点的办学优势；“十一五”期间，还提炼出“全元心育”的育人理念（即调动学校所有的教育资源，全人化、全员化、全面化、全方位、全渠道地实施心理教育，利用多元化的途径、方法探索“心育”的实践路径，着重培养学生良好的心理素质、品质），有效地促进了教师、学生的发展。

学校的心理健康教育虽然是学校办学的一大优势，但只是小部分心理教师在关注，而广大教师对于广大学生身心的关注则远远不够。心理健康教育目前还不能有效带促动学校整体的发展与提升。尤其值得关注的是，有相当一部分教师自身都存在职业倦怠的现象，在这样的现状下也很难实现“全元心育”的育人理念。

更进的提法很有特点。“更”为“改变”，“进”是“前行”，“更进”就是行为在动态过程中的改变，寓意深刻。“行为更进”的校本研修策略可以拓展。

由此，可将两大办学优势整合，使优势更突出；将“全元心育”理念发展为“育心教育”。于是，在调研的基础上和项目组专家的帮助、指导下，学校将“十二五”的发展方向确定为：坚持“以人为本、和谐发展、严谨治学”的办学思想，以“行为更进”促进学校“育心”教育办学特色的形成。

所谓“行为更进”，指不断进取的精神，是将其学校特有的“行为更进式”研修策略，拓展到德育、管理等方面，形成学校的“更进文化”，倡导“没有最好，只有更好”。

所谓“育心教育”是在学校管理、课程建设、学校德育、课堂教学、师生活动、校园环境等方面，体现以“育心”为核心价值取向，以心育心，滋养心灵，培育师生健康的心理素质，形成健全、和谐人格，促进学校内涵发展的教育。如胡校长所说，“育心教育”，不仅指心理教育或心理素质教育，而是一种以心育心的教育活动，因为育人要先育心，所有的教育形式只有“育心”才能达到“育人”的效果，在滋养心灵的教育中，促进孩子心灵的发展。

育心教育的提出，将教育引向更高层面，以心育心，更加关注师生在校生活的内心感受与体验；关心每一个孩子的身心健康，强调良好品行的形成，知识与能力获得的真正意义，以及教育的过程与方法；让“以人为本”的理念真正落地生根。

开展育心教育，触摸到了教育最柔软的地方，也是教育最核心的地方。确定方向的那一刻，我对育翔人充满敬意。

多年来，育翔人坚持在以人为本的教育之路上研究探索，今天，明晰方向的育翔人在胡校长的带领下开始在新起点起航。那一刻起，“以人为本”不再是那么高大上，育翔人赋予它“育心”的内涵。育翔人理解的育心教育蕴含着对教育本质的理解，对教育与身心发展规律的尊重；其核心思想是让学生获得健康、快乐的成长，实现自我放飞的目标——学生的个性得到发展、潜能得以开发、自信逐步建立、健康心态逐渐养成。这预示着通过育翔小学六年“育心教育”的滋养，每一个育翔小学的学生都能成为有梦想、有智慧、有毅力、积极乐观、健康快乐的小学生，从育翔小学这片教育的热土起飞，飞翔到更远更好的天空中。那一刻起，我对育翔的育心教育充满信心和期待，尽管这是需要付出心血、不断探索，但效果最难外显的教育。因为我知道这是胡校长一直以来追求的梦想，也是今天“育翔人”(也包括我)心中理想的教育。

三、在传承中起航，文化引领发展

从梳理办学优势到“育心教育”特色、“更进文化”的提出，学校特色办学理念、思路不断清晰。紧接着，胡校长引领大家经过反复自上而下，自下而上地学习、研讨、交流、碰撞，明确了“心育”与“育心”理念的不同，明确了“更进”从策略到文化的不同，制订了“育心教育”特色发展总体规划。在广泛参与调研、定向、定规划的过程中，全体教师对学校“育心教育”从认知到认同，对理念不断理解、深化。这是凝心聚力、推动学校发展的重要过程，也是育翔进入可持续发展阶段的前奏，从此育翔进入方向明确、路径清晰、文化引领的新的发展阶段。

“真正进入到实践探索阶段，我认为最重要的是干部教师，关键在理念。有什么样的教育理念，就会有什么样的教育行为。因此，在之后的每个学期计划中，我们都明确指出，在推进育心教育研究中，以明确教育理念为核心，以育心团队建设为重点，以行为更进为策略，实现在理念落地中更进教育教学行为，在积累总结中推广提升，逐步扩大研究的成果，真正让我们的育心团队，引领我们的飞翔”。（采访语）胡校长清晰的工作思路，一直引领着育心教育在育心团队建设、心动德育、心智课堂三个领域的推进。

（一）将“传承中发展”进行到底

没有突变，除校长和新教师外，育翔干部依旧，教育教学在教师的认真工作下正常开展，但大家又感觉一切都在悄然变化着。

1. 传承发展中，“更进文化”引领育心团队建设

由过去的“行为更进”校本研修策略发展而来的“更进文化”，由于有着深厚的基础，被大家认同后，很快便见到了更进的行动。“更也，人皆仰之。”更进中，人的新想法、新认识和自我改进的点滴，都被拿来交流分享；育心教育的方案被不断修改，育翔人反思意识增强，学校积极向上的风气日益浓厚。

（1）更进中，干部率先动起来

胡校长在前期几把微火的基础上，首先提出树立“尊重教师，服务教师”的管理理念。从“三变四多”（变布置工作为培训；变检查工作为指导；变评价为引领；多听、多看、多走、多思）更进管理行为的做法，使得干部将尊重与欣赏运用于管理实践，及时发现闪光点和问题，随时总结、解决问题，提高了工作效率，凝聚了教师的发展力量。干部们朝着具有“爱心、诚心、热心、公心、责任心、奉献心”的“育心型”干部努力。“以胡晓峰校长为首的

领导班子亲民、务实，是育翔小学发展的最大优势”，育翔教师在记者采访时如是说。这是干部团队用不断进取的行动赢得了信任。

(2)更进中，师德被不断强化

育心先育师，育师先育德。师德教育在育心团队的建设中形成新常态。学校提出“爱心、责任心、进取心”的师德建设目标，每学期开学的第一个月被定为“师德教育月”。以师德建设为核心，持续开展学习、研讨、先进经验交流、案例分享，使大家开阔眼界，转变观念，学有榜样。

2011 年 9 月的主题是“教师的职业精神”——师德与育心。

2012 年 3 月的主题是“呵护心灵，关注成长”——树立正确的学生观和育人观。

2012 年 9 月的主题是“育心教育，做育心型教师”——“育心教育”是促进人的健康自我发展的教育，是以心为先、以心育心的教育，是为了师生幸福服务的教育。

活动不再是枯燥的学习，干部、教师、小团队纷纷登台，讲自己的观点，谈自己的做法，一个个鲜活的案例生动感人，引发思考；而校长每次的专题发言有理论，更有大家研究实践的经验提炼，起到了总结激励、方向引领的作用……

(3)更进中，常规的好做法得以发扬

第一，每年一次的“鸿翔杯”教学展示活动被保留下来。以此活动为载体，更新育心教育理念，提高了教师育人能力。通过引领、熏陶、感染，凝聚、建设了一支积极向上、敬业爱生、团结和谐的育心型教师团队。

第二，原有的校本研修依然坚持下去，深化教师的研究意识后，在原有“行为更进”教研模式的基础上，经历着一次又一次的“学习—实践—反思—再实践—再反思”的研究过程，根据不同的研究重点和研究目标，又更进、创新出了新的教研模式，如同年级“多人同课螺旋式更进”模式、不同年级“多人多课更进”模式、微格式更进等。

第三，校本研修模式的创新进一步激发了教师的研究热情，使教师在校本研修中不断优化教学策略，改进教学行为，生成属于自己的教育智慧，成为心智课堂的研究成果。

第四，原有心理团队专业人员的作用得到发挥：心理人员分布在各年级组，深入年级组学生、课堂，使得培训、咨询、心理疏导等更加及时，更具针对性。育翔在招生中，由心理教师面试，孩子的心理状况被反馈给班主任，使他们对不同学生给予不同的关注。

第五，学校尊重教师的价值，关注教师的成长，把教育者自身的心灵成长与健康自我作为“育心教育”的重要组成部分。心理团队开展以“促进教师的身心健康发展”为目标的丰富多彩的活动，让教师享受到职业的幸福。

第六，关注家长，开展了系列培训。

第七，心理团队教师在育心教育中的专业引领作用凸显。

2. 传承发展中，“更进文化”助推育心实践

(1)心动德育在策划更进中推进

基于对“只有为心灵认可、接纳的教育，才能生成‘发于心而形于外’的行为力量；只有着眼于生命天性和存在样式并激起了心灵跃动的教育，才能唤起生命的本质力量”和“活性”机能的“心动”认识，基于“育心教育”理念下的“心动德育”，是从使学生产生心动效应的德育研究和“活动让学生心动”开始的，旨在提高德育工作实效性，以心动促行动。

“教育活动符合学生的年龄特点和心理特点，能够吸引孩子，打动孩子。教育活动注重学生在活动中的体验，使学生在体验中成长，在体验中收获。教育活动给学生留下难忘的印象和美好的回忆。”育翔“心动德育”活动的标准凸显了教育的本质与内涵。正是有了这样的标准，才有了一个个精心策划下，吸引学生参与、触动孩子心灵的活动，这些活动似曾相识但又透着新意。

研究实践中，育翔没有齐步走，而是借鉴教学中“行为更进”的教研方法，使心动德育活动更进探索在校级、年级、班级层面逐步展开，分别体现了活动的引领性和针对性。点面结合，上下互动，从精心策划到活动后的研讨，德育活动由“轰轰烈烈”向“动心而扎实”转变。

(2)心智课堂在创新更进中发展

育翔小学要打造的心智课堂突出“三尊重”：尊重学生的主体地位，在参与中感悟；尊重孩子的天性，感受成长快乐；尊重个性差异，充满灵动与和谐。为此，以严谨著称的教师们在保持教学严谨的同时，从两个角度进行研究：一是激发学生自主学习的动机，培养学生自主学习能力；二是营造良好、和谐、宽松的课堂氛围，建立和谐师生、生生关系。在不断探索中，创

新了“更进”模式；同时，不同学科教师利用课堂观察的科学方法所创建的课堂观察表，随着更进课的开展不断得到修改完善。观察表具有针对性和指导性，引导教师更加关注学生在课堂中的情感体验，改进教学方法和策略；更加聚焦问题，解决问题；教学语言更加清晰简洁，更加注重在教学中“激趣、激情、激发学生主动思维”。观察后的讨论、分析、批判、反省，使教师从中获得教学反馈，集体的智慧得到充分利用，对教师的专业学习发挥了极其重要的功能。科学的方法使心智课堂的研究不断深化，使学生受益。

当然，育翔在发展的道路上也不是一帆风顺的。我清楚地记得，育翔心智课堂初期的推进是很不顺利的，教学上原有的做法使得育翔的教学水平一直处在较高水平，还有必要改吗？校长果断放慢推进速度，回过头来再学习、再培训，改变教师的育人观；选择六年级语文课研究，展示引领；又选择美术课示范，让大家感悟学生主体参与心智课堂的重要性。就这样，从一节一节课的研究切入，坚持持续的跟进，才有了从一个学科到各个学科的全面展开。

(二)巧用资源，借势发展

育翔在新起点上的健康发展，得益于胡校长巧用资源，借势发展。

1. 巧用学校内部资源

对学校历史资源调研挖掘，整理出办学优势，整合为今天的育心教育。

借学校建校60周年之机，用了近一年的时间，寻根、走访，艰难地整理出了校史，挖掘出育翔人应保持传承的精神(如“严谨治学的研究精神应该是我们育翔人的制胜法宝；在教学研究的道路上没有捷径，也不应该有捷径，更没有尽头，无论是谁，如果你选择了做教师，选择了在育翔，就一定要做一个在教学上精益求精、深入钻研、不断探索、勇于实践的人”——胡晓峰)，并通过学生的表演展现出来。胡校长说，校庆是载体、过程是体验、育人才是目的。

尊重教师的专业特长，尊重劳动成果。人人可成骨干，更进示范引领、激活了人才的发展。

2. 巧借项目组之势

可以说，育翔的发展与UDS项目的伴飞和大学项目团队的智力支持是分不开的。而在此过程中，胡校长能够审时度势，有效借助专家团队的智力支持，也是学校获得快速发展的重要外因之一。

借助 UDS 项目组培训，借力干部“三划(规划、计划、策划)”能力和反思意识的培养，胡校长跟进实践应用，以日常工作为载体，提高干部领导力与执行力，倡导要让策划走进育心教育的深处，形成在研究状态下工作的习惯，逐步形成“日常调研—策划方案—过程调控—总结反馈—反思改进”的螺旋式上升的行动研究机制。

将项目组“改变在日常”的理念，与学校“行为更进”策略相结合，加速更进文化的形成。

在项目学校的展示和开放活动的交流中学习并提升自己。

每年以参加 UDS 项目案例评选为载体，促进干部、教师反思能力的提升。

与伴飞者同心同行。胡校长对我这位伴飞者非常尊重，我们常常一起参会、听课、访谈、参加活动，当然有时站的角度是不同的。更多的时候我们在一起相互交流。她真诚地诉说想法，我理解地倾听，慢慢地道来，希望将我这“第三只眼”看到的一切和“局外人”的想法讲给她。而我更喜欢“育翔人”的角色，这让我们的心很近，能很快达成共识。心理学家证实，倾听可以帮助减轻他人的压力，帮助他人理清思绪，而且还可以净化心灵。倾听对方的任何一种意见或议论就是尊重，对此我颇有同感。我们一直朝着通过有效聆听实现有效沟通的目标努力着。

3. 学会把“任务”转化成资源

学校办学中，来自方方面面的“任务”很多，不得不做。育翔处理的办法是巧妙地把“任务”纳入学校的工作主线中来，整合处理。比如针对督导检查，学校制订计划，借督导整理、规范资料，督促干部对部门工作科学总结，特别是充分利用督导结论，研究发展中的问题和解决办法，使干部整体能力提升。关注过程，锻炼干部，督导不再是负担。

四、在新起点上起飞，祝愿育心飞翔

伴飞的过程，让我深入了解了胡校长。她具有鲜明的教育思想和梦想，对教育有着深刻的理解，有强烈的事业心但不急功近利；她懂得尊重，注重培养、发挥干部教师的主动性；她很好地处理了继承与发展的关系；她用文化引领学校，对特色进行了整体的理论架构，为办学理念落地奠定了基础；她善于借助外力，有策略地小步推进，开展点上研究，总结经验，典型引路，面上推进，使学校日常变革得以不断推进，促进学校的发展……记得哈佛学者曾告诉人们："真正的领导者是能影响别人，使别人追随自己的人物，他能使别人参加进来，跟他一起干。他鼓舞周围的人协助他朝着他的理想、目标和成就迈进，他给了他们成功的力量。"相伴同行中的我深深感到，胡校长就是这样的领导——一位能给人成功力量的智者。与智者相伴，我常常被感动、被激励；与智者相伴，我不敢停下脚步；与智者相伴，我们都在成长；与智者相伴，有缘有情难忘。

伴飞的过程让我见证了育翔的发展，也使我为自己是育翔人而骄傲。在"十三五"即将来临之际，我衷心地希望育翔能继续更快、更好地发展。

正如杨朝晖教授在培训时所讲："文化建设是一个极其缓慢的过程，需要持久的建设与培育，因此，文化建设不仅需要耐心与坚持，更需要有不断持续的措施跟进，只有这样，新的文化特质才能得以固化与沉淀。"

在这里，我见证了育翔的发展，更见证了干部管理从理念到行为转变的艰难。改变习以为常的想法和做法是多么的不易！文化改进贵在坚持和不断地更进。

在未来的五年，育翔小学应该继续坚持"育心教育"和"更进文化"的引领，深入系统地研究、落实"育心教育特色文化体系"教育理念，促进学校育心团队更全面、更和谐、更主动地健康发展。

希望"心动德育"的研究在体现心动的同时，更加关注促进学生行动发生变化的研究，形成校本德育课程，打造学校体现以"育心"为核心取向的价值观念体系和行为规范体系，在以心育心、滋养心灵的教育教学活动中，培育师生健康的心理素质，促进师生形成健全、和谐的人格。心智课堂的研究需要进一步深入，要与课程建设、评价紧密结合，引领教师不断探索、研究育心理念下的校本特色课程、课堂、评价等。研究的内容还可以扩展到学校工作的方方面面，如学校管理、师生互动、家校互动以及校园环境建设等。

在区域综合改革的背景下，育翔小学又合并了另外一所小学，同时也开发了新的校区。在新的外来文化的冲击下，如何保持育翔已有的积极文化，同时又要兼顾、吸收其他外来文化的优势，进行学校文化的进一步融合，育翔小学面临着巨大挑战。然而，从“育心教育”的内涵来看，由于它符合教育的本质，具有很强的包容性，因此具有了进行文化包容与渗透的可能性与条件。另外，育翔小学已经形成了具有“育心教育”特征的干部、教师团队，因此在未来的日子里，我有理由相信育翔小学在胡校长的带领下，能够处理好自身发展的新矛盾，在更大的机遇和挑战面前，继续将“育心教育”带向新的发展阶段。

每周至少一次的下校让我记住了育翔独具匠心的大门设计。在两扇主体大门之间，镶嵌着 36 只金色和平鸽。它们昂着头、张着翅膀，围成了“育翔”的字母缩写“Y”“X”形。在“和平鸽”的周围，雕刻着 100 朵金色小花。和平鸽代表育翔的学生，小花代表育翔的教师。它的寓意是，育翔小学的每一位学生将在老师的精心呵护下，像和平鸽一样，搏击长空，振翅高飞！多么美丽的画面呀！它印在了我的脑海中——这是育翔人为之奋斗的梦想。衷心地祝福育翔，祝愿它育心飞翔！

后　记

《触摸教育最柔软的地方》一书，终于完稿了。它记载了育翔小学全体干部教师五年来探索“育心教育”的历程。在此，我们对多年以来关心和支持育翔小学发展的西城区教委张燕军副主任、卢乃静科长、林春腾所长等领导，以及UDS项目的杨朝晖教授、张梅青校长等专家表示衷心感谢，是你们给予育翔小学大力的支持和帮助，是你们陪伴着我们在研究的路上执着向前。

这里，要特别感谢项目组下校专家张梅青校长。五年来，张校长每周四都会准时出现在育翔。悉心的指导、真诚的帮助、贴心的关怀给了我智慧、勇气和力量，帮助我不断更新教育理念，转变思维方式，改进管理行为，使我们的工作不断迈上新台阶。

还要感谢杨朝晖教授、万福院长和林春腾所长，每每在我们遇到困境的时候，他们都会及时出现，通过团队会诊、专家把脉、定向指导，推动着我们的研究不断走向深入。

本书的出版让我们在回顾、梳理、总结过去的同时，更加明晰学校的发展方向，引领学校实现新的发展。

本书是全体干部教师辛勤劳动的结晶。参加各章节编写的有：第一章至第五章，胡晓峰；第六章，生烁；第七章，刘晶；第八章，姚映红；第九章，胡晓峰。

另外，为本书提供稿件并被采用的老师有彭涛、勾彦芳、黄蕾、郭蕾、谷丰、陈晨、陈一、李颖、李莉、王雪莹、赵小琰、刘爱馨、张雅媛、杨朔、蒲文丽、郭敏、李丹、姜璐、姜海超、郑丽、李春梅、韩素绢、刘沿、陈利壬、柳晶、蒲文利、刘靖怡、纪瑞莲、刘亚宁、张娜、殷园园、苏姗姗、贾思涵、赵璇、安可馨、李雪岩、贾晨申。

在本书即将出版之际，让我们向所有为推进育心教育的实践与研究付出努力的教师们表示深深的敬意，向在本书编写过程中付出辛勤劳动的老师们表示诚挚的谢意！向所有为育翔发展作出贡献的人们表示衷心的感谢！因为正是您的付出，才使得我们的“育心教育”绽放光彩！

著　者

2016年3月

图书在版编目(CIP)数据

触摸教育最柔软的地方：北京市育翔小学的育心教育之路／胡晓峰等著．—北京：北京师范大学出版社，2017.2（2019.3重印）
（学校改进叙事丛书／杨朝晖主编）
ISBN 978-7-303-21563-8

Ⅰ．①触… Ⅱ．①胡… Ⅲ．①小学教育—教学研究—北京
Ⅳ．①G622.0

中国版本图书馆 CIP 数据核字(2016)第 278244 号

营 销 中 心 电 话 010-58805072 58807651
北师大出版社学术著作与大众读物分社 http：//xueda.bnup.com

CHUMO JIAOYU ZUI ROURUAN DE DIFANG
出版发行：北京师范大学出版社 www.bnup.com
北京市海淀区新街口外大街 19 号
邮政编码：100875
印 刷：天津中印联印务有限公司
经 销：全国新华书店
开 本：787 mm×1092 mm 1/16
印 张：19
字 数：356 千字
版 次：2017 年 2 月第 1 版
印 次：2019 年 3 月第 2 次印刷
定 价：64.00 元

策划编辑：周益群 责任编辑：刘 畅
美术编辑：王齐云 装帧设计：宋 涛
责任校对：陈 民 责任印制：马 洁